Inhalt

Vorwort

Dieses Buch hat nur einen Zweck. Es soll dem Leser helfen, zu seiner Freiheit im Wollen, Handeln und im Charakter zu gelangen. Es ist insofern ein Lehr-, Lern- und Praxis-Buch. Die Betonung liegt darin, dem Leser das biblische Handwerkszeug zu vermitteln, um die Freiheiten zu erlangen, welche ihm im Worte Gottes verheißen sind.

Ich gehe davon aus, daß die allermeisten Leser, die dieses Buch in die Hand nehmen, in dem Sinne Betroffene sind, als sie selbst dringendst Hilfe für ihre Gebundenheiten, Symptome und Charakterveränderungen suchen. Wenn jemand so in den ärgsten Nöten ist und seine Befreiung keinen Aufschub mehr duldet, kann er gleich bei den entsprechenden Kapiteln einsteigen, die die Anleitung zur Praxis, aber auch den Schlüssel zum Verständnis der Methoden enthalten. Die Theorie rate ich dann später zu erarbeiten. Der für diesen Fall geeignete Anfang der Lektüre liegt im zweiten Teil des dritten Kapitels. Die wichtigsten Anleitungen für die Erfahrung der Befreiung befinden sich im fünften bis achten Kapitel.

Dieses Buch enthält eine Fülle von Hintergrundinformationen über verborgene Ursachen vordergründiger Haltungen und Charakterdeformierungen. Solche Einsichten und Wahrheiten können mißbraucht werden. Das geschieht dann, wenn man sie *gegen* Menschen benutzt. Ich möchte meinen Leser bitten, davon Abstand zu nehmen. Andererseits wird der Seelsorger, der als Laie häufig gerufen wird oder als hauptamtlicher Pastor sich in ständigen seelsorgerlichen Aufgaben befindet, auf solche Hintergrundanalysen nicht verzichten können.

Das Besondere dieses Buches liegt darin, daß es dem Befreiungsdienst eine ganz andere Grundlage gibt, als man sie sonst vorfindet. Ich kann mir vorstellen, daß viele Prinzipien des Befreiungsdienstes Verwunderung und Erstaunen auslösen. Aber dieses Buch ist frei von jeglicher Absicht zu provozieren, um dadurch Gehör zu finden. Es geht mir nur darum, bessere Resultate im Befreiungsdienst möglich zu machen, was nur durch bessere biblische Methoden zustande kommen kann.

Dieses Buch hat seine Vorgeschichte. Zum Zeitpunkt des Verfassens dieses Buches kann ich auf ungefähr fünfzehn Jahre Erfahrung im Befreiungsdienst zurückschauen. In meinem seelsorgerlichen und pastoralen Dienst spielte die Tatsache, daß Menschen durch dämonische Kräfte gebunden waren, immer eine bedeutende, wenngleich auch nicht zu jeder Zeit im Vordergrund stehende Rolle. Diese wahrgenommenen Tatsachen von offensichtlicher Unfreiheit nötigten zum Handeln, sie forderten heraus, die Macht des Herrn gegen die Zwänge des Teufels zu gebrauchen. Indem ich die Erfahrungen, die ich im Laufe der Jahre gesammelt hatte, ständig mit den biblischen Aussagen zu diesem Thema verglich, bekam ich mehr und mehr Einsicht in die Zusammenhänge und Hintergründe dieser Thematik. Dabei entwickelte sich allmählich ein Konzept über den Befreiungsdienst, wie ich es mit diesem Buch vorlege.

Erste Anteile dieser Einsichten haben ihren Niederschlag gefunden in den Büchern „Heilung durch sein Wort". Die Erkenntnisse, wie ich sie damals formuliert hatte, haben bis zum heutigen Tage ihre Gültigkeit behalten. Ich muß nichts von jenen Aussagen zurücknehmen, die manche Leser als recht radikal empfunden haben. Aber im Laufe der letzten Jahre hat die ständige Beschäftigung mit dieser Aufgabe ergeben, daß ich durch Gottes Wort und die Hilfe des Heiligen Geistes ständig mehr Aufschluß bekam, so daß der Befreiungsdienst immer effizienter wurde. Damit wuchs auch die Menge der Arbeit und der Druck durch Seelsorge Suchende, die vom Feind gegeißelt und geknechtet wurden.

In den letzten zwei bis drei Jahren erlebte ich dann sehr deutlich, wie der Herr mich mehr und mehr aus seelsorgerlichen Aufgaben herausführte und andere Prioritäten setzte. Dann ergab es sich im Frühsommer des Jahres 1987, daß ich mich auf einmal unversehens wieder in eine Fülle von seelsorgerlichen Aufgaben gestellt sah, die mit Befreiung zusammenhingen. Zunächst sträubte ich mich heftig, weil es so schien, daß diese Seelsorge-Arbeit einfach keinen Platz mehr in meinem pastoralen Arbeitsalltag finden konnte. Aber dann merkte ich bald, daß dieser neue Schub von Seelsorgefällen einen gemeinsamen Nenner hatte. Sie waren alle Herausforderungen zum Befreiungsdienst.

Ich nahm dann schließlich diese Herausforderung an, weil ich spürte, daß ich hierbei noch neue Aspekte des ansonsten mir wohlvertrauten Dienstes sehen sollte. Und in der Tat, ich machte innerhalb von wenigen Wochen so schöne Entdeckungen und erlebte dabei auch eine solch hohe Quote von Befreiungen und Heilungen, daß sich dieser erneute Einsatz gelohnt hat. Ich erfuhr eine Abrundung meiner gesamten, bis dahin schon gesammelten Erkenntnisse. Daraus resultierte dann dieses Buch.

Gottes Wort sagt uns, daß die Braut Jesu bei der Wiederkehr des Herrn in einem tadellosen Zustand ohne Flecken und Runzeln dem Herrn entgegentreten wird. Das heißt doch, daß die Menschen, die die Gemeinde Jesu darstellen, nach biblischem Urteil und Maßstab erwarten dürfen, daß der Herr sie in neue Bereiche von Freiheit und Heiligkeit hineinführt, die weit über dem sind, was wir zur Zeit an uns und um uns sehen.

Vor einigen Jahren habe ich einige interessante Entdeckungen im Kolosserbrief über die Grundlagen von Heiligung und Charakterveränderung gemacht. Seitdem habe ich keinen Zweifel mehr daran, daß der Heilige Geist dafür sorgen wird, daß die von ihm längst bereitgestellten seelsorgerlichen Mittel zu unserer Charakterveränderung, Reinigung und Umgestaltung in das Bild Jesu von uns wiederentdeckt und angewandt werden.

Meine jüngste seelsorgerliche Erfahrung, die auf diesen biblischen Erkenntnissen basiert, beweist mir, daß Freiheit für jeden in der Gemeinde Jesu, der sie nur haben will, möglich ist. Ich rede nicht von einer Freiheit im Sinne eines langwierigen und schwierigen bis qualvollen Prozesses. Ich meine eine Freiheit, die durch den Heiligen Geist von uns gewollt und durch ihn und das Wort Gottes geschenkt wird.

Ich fühle mich so außerordentlich ermutigt durch die Anwendung biblischer Prinzipien, aber auch des gesamten biblischen Menschenbildes in der Seelsorge, daß ich gar nicht abwarten kann zu sehen, wie Tausende von Christen zurückkehren zu den einfachen biblischen Prinzipien, um diese mit Mut und Wahrhaftigkeit für sich zu nutzen.

Wahrhaftigkeit allerdings ist schon vonnöten. Aber auch an dieser Stelle hilft uns der Heilige Geist. Er macht es uns leicht zu wollen, wenn wir sehen, welche guten Absichten er hat und wenn wir den Charakter des Vaters durch ihn erklärt bekommen.

Mit alldem habe ich bereits gesagt, daß wir uns eine freischwebende Seelsorge, die nicht an biblische Wahrheiten angebunden ist, nicht mehr leisten können. Es reicht auch nicht aus, daß wir einige schöne oder gar erhebende Erfahrungen in der Seelsorge machen und nachher nachschauen, ob wir einen biblischen Beleg dafür finden. Die wesentlichen Entdeckungen müssen von vornherein biblische Wahrheiten sein, die sich dann in der praktischen Anwendung als echt und hilfreich erweisen.

Es ist der Sinn dieses Buches, durch eine möglichst detaillierte Schilderung der Voraussetzungen zur Befreiung dem Leser und dem Betroffenen genaue und anschauliche Hilfe zukommen zu lassen. Dennoch kann man in der Befreiungs-Seelsorge, wenn man sie regelmäßig betreibt, nicht auf die Unterstützung des Heiligen Geistes in Gestalt der Geistesgaben verzichten.

Manche Gedanken und Prinzipien, die in diesem Buch entfaltet werden, haben schon ihre Vorbereitung gefunden in den beiden Büchern "Heilung durch sein Wort". Sonderlich der zweite Band enthält einige Gemeinsamkeiten, wenn auch die Methodik dort anders gegliedert und zum Teil unterschiedlich begründet war. Weil ich eigentlich nichts von den Inhalten dieser beiden Bücher durch zusätzliche Entdeckungen und Erfahrungen der letzten Jahre revidieren mußte, können diese Bücher dem Leser durchaus zur weiteren wertvollen Hilfe werden.

Natürlich sind alle formalen Kennzeichnungen bei gegebenen Beispielen wie Name, Alter, Ort und Geschlecht verändert, so daß es unmöglich ist, die wahre, mit dem jeweiligen Beispiel verbundene Person auszumachen. Wenn in den Darlegungen über die Seelsorge meistens nur von dem Seelsorger und den Seelsorge Suchenden die Rede ist, so meint das selbstverständlich nicht, daß dieses Buch nur für Männer gedacht ist. Selbstverständlich können auch Frauen den Befreiungsdienst übernehmen, wenn die sonst in dem Buch aufgezeigten Voraussetzungen gegeben sind.

Es ist mein starkes Verlangen zu sehen, wie durch dieses Buch viele an Jesus gläubige Menschen eine durchgreifende und nachweisbare Hilfe im Sinne einer Befreiung erfahren. Dazu braucht der Leser allerdings Mut und Liebe zur Wahrheit. Denn die Wahrheit macht uns frei, wie es Jesus uns gesagt hat und wie es in diesem Buch immer wieder ausgeführt wird. Ich halte es für möglich und für notwendig, daß bestimmte Passagen in den oben genannten, zentralen Kapiteln vom Seelsorge Suchenden mehrfach mit Gebet durchgearbeitet werden müssen, bis die entscheidenden Entdeckungen zustande kommen. Es könnte auch wohl sein, daß der Seelsorge Suchende erst einmal seinem Pastor oder Seelsorger dieses Buch in die Hand drücken muß, damit er mit ihm lernt, wie man es macht.

Wenn das der Fall sein sollte, bitte ich Sie, mein lieber Kollege, doch die Größe aufzubringen, diese „demütigende“ Erfahrung auf sich zu nehmen. Vielleicht finden Sie in diesem Buch tatsächlich das Material, das es wert ist, benutzt zu werden.

Zum Schluß möchte ich noch ausdrücklich beteuern, daß die Grundbegriffe biblischer Seelsorge leicht zu verstehen sind. Daher wird jeder, der Hilfe braucht und die Erfahrung der Wiedergeburt gemacht hat, Zugang zu den Wahrheiten bekommen, die er verstehen muß, um Hilfe zu empfangen. So möchte ich den Leser ermutigen, beim Lesen dieses Buches sich nicht mit dem Gewinn von Informationen zu begnügen, sondern von der Information zur heilsamen Erfahrung zu schreiten.

Kapitel 1

Befreiung für jeden

Wir haben uns an die gewaltigsten Worte der Heiligen Schrift gewöhnt. Haben wir sie nur einige Male gelesen und ist ihr Klang uns vertraut, dann werden sie in uns abgespeichert und zur Seite gelegt, ohne daß wir im mindesten ahnen oder erfahren haben, was sie eigentlich bedeuten.

Eines dieser Worte lautet: „Gott hat uns errettet von der Macht der Finsternis und hat uns versetzt in das Reich seines lieben Sohnes.“ (Kolosser 1,13). Gott hat offenbar schon sehr viel getan. Weil er uns liebt, hat er die Finsternis besiegt, die uns knechten und zerstören will. Ja, das Wort sagt sogar noch mehr: Er hat uns errettet von der Macht der Finsternis. Das heißt doch, daß die Finsternis nun keine Macht mehr über uns hat. Wir sind befreit von der Macht der Finsternis. Sie kann uns nicht mehr zwingen!

Das müssen wir uns noch einmal vergegenwärtigen, was das Buch der Bücher, das absolute Wahrheit bringt und ist, uns da sagt: Gott hat uns errettet von einer furchtbaren, zwanghaften Macht, so daß diese Macht eben nicht mehr über uns herrschen und verfügen kann. Wir sind frei! Zumindest haben wir die Möglichkeit, frei sein zu können, wenn wir wollen. Gott hat ganze Arbeit getan, so daß all das, was wir als Unfreiheit empfinden und erleiden und was uns knechten und zwingen will, keine Macht mehr über uns hat.

Das sind die Worte Gottes. Was sagt nun unsere Lebenserfahrung? Die Erfahrung beweist, daß auch die an Jesus Gläubigen nur Bruchteile von den Freiheiten erleben, die das Wort Gottes uns verheißt.

Die Macht der Finsternis ist erkennbar an allem, was abbaut, einengt, würgt, raubt, zerstört und tötet. Damit weist sich die Finsternis aus. Diese Merkmale des Finsteren und Bösen sind im Charakter, in den Symptomen, in den Behinderungen, in den Krankheiten und Zwängen von Millionen Gläubigen zu erkennen. Und offenbar muß das so nicht sein. Wenn wir uns einen gesunden Sinn für Wahrheit und Wirklichkeit behalten haben, muß diese Schriftaussage aus dem Kolosserbrief für uns eine ungeheure Herausforderung sein.

Ich will den Leser von Anfang an wissen lassen, von welchen menschlichen Mangel- und Krankheitszuständen bzw. Zwängen ich rede. Dieses Buch handelt nicht in erster Linie von jenen relativ selten vorkommenden Fällen von „Besessenheit", die durch eine von vornherein lärmende, spektakuläre und auffällige Symptomatik gekennzeichnet sind. Solche Fälle gibt es ohne Frage. Ich kenne sie aus eigener Anschauung von meiner Seelsorge. Und natürlich müssen wir informiert und bereit sein, Menschen zu helfen, die so offensichtlich fremdgelenkt werden durch dämonische Kräfte, daß ihre Auffälligkeit und ihr Dirigiertwerden vor den Augen der Umgebung offensichtlich wird.

Interessanterweise hält das Wort Gottes selbst für diese Fälle nicht den Begriff „Besessenheit" bereit. Wir finden im Neuen Testament genaugenommen keine einzige Erwähnung dieses Wortes. Das Neue Testament spricht in solchen Fällen von „Dämonisiertsein". Wenn nun eine offensichtliche und produktive Symptomatik mit Zwängen und abnormen Reaktionsweisen vorliegt, dann muß man davon ausgehen, daß eine solche Person in einem größeren Umfange durch Dämonen kontrolliert wird. Fast immer kann man bei derartigen Fällen eine spezifisch antigöttliche Komponente erkennen. Solche Menschen können das Wort Gottes nicht ertragen, obwohl sie manchmal regelrecht von der Bibel angezogen werden. Auf der einen Seite haben in den meisten Fällen solche fortgeschritten dämonisierten Personen ein starkes Verlangen nach Gott, andererseits können sie die Gemeinschaft von Christen nicht ertragen. Besonders unerträglich erscheint ihnen das Wort und die Gegenwart des Heiligen Geistes und die Erfahrung, daß in ihrer Umgebung wiedergeborene Christen Gott anbeten.

Das Bild solcher dämonisierten Personen, die man landläufig als „besessen“ deklariert, kann schillernd sein: Typisch ist, daß die Betroffenen zu bestimmten Zeiten keine Kontrolle über ihre Motorik und über ihr Sprachwerkzeug haben. Es kommt zu rasenden und zwanghaften Bewegungen, zum Ausstoßen von seltsamsten Lauten, die zum Teil Verwandtschaft mit Tierlauten haben.

Zu bestimmten Zeiten, meistens bei untauglichen Befreiungsversuchen, entwickeln solche Menschen gewaltige körperliche Kräfte, die weit über das natürlicherweise Erklärbare hinausgehen. Sie vollziehen seltsame, zum Teil schlangenartige Bewegungen und Haltungen. Und in alldem beweisen sie durch Gestik, Mimik und ihre sprachlichen Äußerungen die Gegenwart von haßerfüllten und zerstörerischen Kräften, die sich bedrohlich, abweisend, selbstzerstörerisch, unflätig, unrein und lästerlich äußern.

Dazu kommt nicht selten eine Komponente von übernatürlicher Befähigung, die sich in Wahrsagen, Hellsehen, der Beherrschung einer nicht erlernten, fremden Sprache oder in der Kenntnis von eigentlich der Person nicht zugänglichen Informationen beweist. Solche Zustände können auch alle Übergänge zu Krankheitserscheinungen haben, die wir heute als Psychosen einordnen.

Das Wort Gottes sagt uns sehr deutlich, wie wir uns in Anbetracht solcher Herausforderungen zu verhalten haben. Mit Fasten, Gebet und Glauben und in der Fülle des Heiligen Geistes können wir kühn und in Gottes Schutz geborgen diesen Kräften entgegentreten, und sie haben sich uns zu beugen. Im Grunde genommen bieten sie gar kein zu großes diagnostisches und therapeutisches Problem. Manchmal wird der Kampf mit ihnen etwas länger dauern. Aber wenn wir wissen, wer wir in Jesus sind und was wir durch ihn haben und können, wird auf die Dauer jeder, der nur gesund werden will, seine Befreiung durch unseren seelsorgerlichen Einsatz, der ein Power-Einsatz ist, erfahren.

Es gibt Krankheitserscheinungen, Symptome und Charakterdeformierungen, die viel unscheinbarer, aber dafür allgegenwärtig sind und das Leben von Millionen von Gläubigen beschweren. Natürlich sehen wir solche Erscheinungen erst recht bei Ungläubigen. Sie haben ja keinen besonderen göttlichen Schutz und sind deswegen mehr oder weniger allen Angriffen aus der finsteren Welt ausgeliefert. Wir jedoch werden den biblischen Weg finden, wie wir die Spuren des Bösen in unserem Leben aufdecken können und über alle seine Beeinträchtigungen, Bindungen und Belästigungen Herr werden.

Mit dieser Aussage ist bereits die Tatsache erklärt, daß der Feind viel umfangreicher, häufiger und selbstverständlicher im Leben von Gläubigen verwüstend eingreifen kann, als wir uns das denken. Natürlich muß auch das von der Schrift her bewiesen werden und das um so mehr, als nicht wenige die Möglichkeit leugnen, daß der Feind mit seinen Untertanen überhaupt das Leben von uns an Jesus Gläubigen beeinträchtigen darf. Er darf es, wenn wir ihn einladen! Wie das geschieht, das will ich in großer Ausführlichkeit herausarbeiten, weil es für uns wichtig ist, die Taktiken und Finten des Teufels zu kennen, um sie zerstören zu können.

Natürlich muß notgedrungen bei diesem Thema relativ viel vom Feind, seinem Reich und seinen Absichten die Rede sein. Und doch darf auf keinen Fall dadurch dem Teufel Ehre und Anerkennung zuteil werden. Wenn wir vom Sieg Jesu herkommen und von seinen klaren Aufschlüssen über ihn, die er uns in seinem Wort hinterlassen hat, wird der Teufel nicht den Triumph haben, uns atmosphärisch und gedanklich herunterzuziehen und in seinen Bann zu nehmen. In den vielen Jahren des Befreiungsdienstes konnte ich im Gegenteil feststellen, daß das Befreiungsgeschehen in aller Regel lichtvoll und auferbauend ist. Es kann ja eigentlich auch gar nicht anders sein, denn in der wirklichen Befreiungsarbeit wird ja der Sieg des Herrn über die Macht des Teufels ganz offensichtlich, und das ist ein Grund zum Freuen, zur Anbetung und zum Jubel. So braucht niemand Angst zu haben, der als depressiver, selbstunsicherer und vielfältig gehandicapter Christ dieses Buch in die Hand nimmt, daß er dabei unter die Räder gerät, indem sich Aufzählungen über die Aktivitäten des Feindes verselbständigen und ihm allen Mut nehmen.

heit. Wie wird er als die lebendige Wahrheit jemandem helfen können, der die Wahrheit scheut?

Auf der anderen Seite gilt gerade für den Befreiungsdienst das Wort Jesu (Johannes 8,31-32): „Wenn ihr bleiben werdet in meiner Rede, so seid ihr in Wahrheit meine Jünger und ihr werdet die Wahrheit erkennen und die Wahrheit wird euch frei machen." Wir müssen nur ausreichend lange mit offenem Herzen bei der Rede unseres Herrn verweilen und sie auf unser Herz einwirken lassen, dann werden wir erleben, wie diese Wahrheit uns frei macht.

Also: Wir machen uns nicht selbst frei. Wir werden von der Wahrheit des Herrn befreit, sofern wir sie erkannt und uns glaubend angeeignet haben. Der Befreiungsdienst hat also zwei Aspekte: die überragende Kraft Jesu, die sich im geglaubten Wort offenbart, und unseren Willen, der diese Kraft beansprucht.

Kapitel 2

Dämonische Aktivitäten bei wiedergeborenen Christen?

Caroline war schon lange eine wiedergeborene Christin, bevor sie in unsere Gemeinde kam. Ich kannte sie eigentlich schon von gelegentlichen Kontakten, die sich ergeben hatten, als sie noch in Hessen lebte. Sie hatte schon in ihrer Jugendzeit ihr Leben Jesus übergeben und war immer in den Gemeinden und Gruppierungen, denen sie jeweils zugehörte, eine treue Gottesdienstbesucherin. Sie war keine starke Christin und bedurfte immer des Zuspruchs und der seelsorgerlichen Begleitung. Aber keine Frage, ihr Leben gehörte Jesus.

Eines Tages suchte sie mich auf, weil sie von schweren Depressionen geplagt wurde und obendrein starke Verfolgungsgedanken hatte. Im Gespräch mit ihr stellte ich dann fest, daß sie ausgeprägte Verfolgungsgedanken von quasi psychotischem Charakter hatte. Weil diese Symptome so quälend waren, hatte sie sich bereits einem Psychiater anvertraut, der ihr dafür entsprechende Neuroleptica gab, Medikamente, die psychotische Erscheinungen niederhalten sollen. Was war zu tun?

Ich kannte von den früheren Kontakten ein wenig ihre Vorgeschichte. So wußte ich, daß sie in ihrer Kindheit keine Liebe empfangen hatte. Ihre Mutter war früh verstorben. Der Vater hatte sich schon vor dem Tod der Mutter durch Ehescheidung aus der Familie herausgestohlen. So ging die Erziehung weitgehend in die Hände der Großeltern über, die eigentlich recht lieb waren, aber doch wenig Verständnis für die Bedürfnisse von Caroline aufbrachten. Caroline hatte in ihrer Kindheit sehr viel Abweisung und manche seelische Verwundung und Brüskierung eingesteckt. Mehrfach wurde ihr gesagt, und zwar von vielen Seiten, daß sie ein lebensuntauglicher Mensch sei, daß sie keine Begabung habe und zu nichts nütze sei. Ihre Großeltern reagierten trotz aller Versuche, Liebe zu geben, doch überwiegend mit Aggression und mürrischem und abweisendem Verhalten.

Die weitere Befragung ergab dann, daß Caroline sich in den letzten Wochen und Monaten in einem Arbeitskreis der Gemeinde, in welchem sie tätig war, brüskiert und übergangen fühlte. Ihre eigenen musikalischen Fähigkeiten am Klavier wurden nicht so hoch eingeschätzt. Ihr wurde ein junger Mann, der erst kurze Zeit in der Gemeinde war, vorgezogen. Er glänzte am Instrument und bekam die Gunst vieler anderer. Obendrein gab es eine Reihe von weiteren Zurücksetzungen.

Das Bild, das sich ergab, war dann folgendes: Caroline fühlte sich sehr verletzt und spürte einen Riesenmangel an Liebe und Wertgefühl. Sie hängte sich an Menschen, wo sie nur jemanden fand, der ihr Zuwendung und Liebe gab. Auf der anderen Seite war sie tief in Selbstmitleid eingetaucht und hatte sich isoliert. Daraus entwickelte sich dann die handfeste Depression.

Die zweite Entwicklung, die aufweisbar war, entstand aus den Zurücksetzungen und Brüskierungen, die sie im Hinblick auf ihre musikalische Fähigkeit und ihre Kontakte in der Arbeitsgruppe der Gemeinde erlebte. Daraus entwickelte sie zunächst einmal eine Haltung von Mißtrauen und Vorbehalt. Schließlich weitete sich diese Haltung in paranoide Reaktionen in Gestalt von Verfolgungsgedanken und Bezugsgedanken und -systemen aus.

Es war möglich, Caroline die Hintergründe dieser Symptome in Gestalt ihrer Haltungen und Reaktionen klarzumachen. Sie erkannte, daß sie voll von Unversöhnlichkeit und Verbitterung war. Ihre bisherigen Versuche zu vergeben waren ganz am Anfang steckengeblieben. Sie durchschaute ihr Selbstmitleid und ihren Stolz, trennte sich davon und vollzog eine neue Hingabe an den Herrn und an die Gemeinde.

Bei diesem Stand der Dinge sah ich dann die Möglichkeit, in der Vollmacht des Herrn die von mir diagnostizierten dämonischen

Kräfte von der Persönlichkeit von Caroline zu trennen, was schon durch die eigene Umkehr Carolines vorbereitet war. Ich warf im Namen Jesu die dämonischen Kräfte mit den Namen und den Funktionen Selbstmitleid und Depression, Mißtrauen und Verfolgungsgedanken aus Caroline hinaus. Unter unübersehbaren körperlichen und seelischen Manifestationen wie Schreien, Stöhnen, starke Atmung und krampfartige Körperbewegungen wichen diese Kräfte. Danach war Caroline frei, entspannt und sehr glücklich. Die Symptome waren gänzlich verschwunden.

Was war in dieser Begebenheit tatsächlich abgelaufen? Eine wiedergeborene Christin wurde auf dem Boden einer vorgegebenen Labilität innerhalb von wenigen Wochen von einer Symptomatik erfaßt, die quälend war, ihre Beziehung zu ihrer Umgebung störte und sich sogar so deutlich entwickelte, daß sie in das Bild einer psychiatrischen Krankheitsgruppe paßte. Ich diagnostizierte bei Caroline dämonische Kräfte. Allerdings sah ich auch sehr deutlich bestimmte Grundhaltungen, die erst den Eintritt von dämonischen Kräften möglich machen. Nach einer seelsorgerlichen Vorbereitung, die in diesem Fall ein bis zwei Stunden in Anspruch nahm, und die zu dem führte, was die Bibel eigentlich Buße nennt, kam es zu der von mir gewünschten Konfrontation mit diesen dämonischen Mächten. Sie mußten gehen. Danach war Caroline von den Symptomen frei.

In Hinblick auf die Tatsache, daß nicht wenige Christen und ganze theologische Anschauungen unter Christen sagen, daß wiedergeborene Christen nicht von dämonischen Mächten besetzt sein können, ergibt sich die Frage, was in diesem Fall geschehen ist. Folgende Möglichkeiten der Deutung wären denkbar:

Caroline war eigentlich gar nicht gläubig. Ihre vorher stattgehabte Bekehrung war nicht echt oder ist irgendwo steckengeblieben. Jedenfalls dürfte sie nach dieser Anschauung nicht wiedergeboren sein.

Zweite Möglichkeit der Deutung: Caroline war tatsächlich eine wiedergeborene Christin, die durch irgendwelche Faktoren krank wurde und auf dem Wege der erneuten Hinwendung zu Jesus Heilung empfing. Krankheit und Heilung hatten aber nichts mit dämonischen Mächten zu tun.

Dritte Möglichkeit: Caroline war zum Teil bekehrt. Weil sie aber steckengeblieben war in ihrer Bekehrung, konnten dämonische Kräfte sich ihrer bemächtigen. Im Verlauf der Seelsorge hatte sie ihre Bekehrung quasi nachvollzogen und wurde deswegen augenblicklich von dämonischen Kräften verlassen.

Die vierte Möglichkeit: Caroline war von Anfang der Seelsorge an ein Kind Gottes und hat unter der Seelsorge Heilung erfahren. Die begleitenden Befreiungsmanifestationen sowie überhaupt die gesamte Wahrnehmung von dämonischen Kräften waren ein Ausdruck von Betrug, dem ich und auch sie selbst erlegen waren. Aber die Heilung hat tatsächlich stattgefunden und war echt.

Und folgendes fand tatsächlich statt: Caroline war eine wiedergeborene Christin, die dem Teufel Raum gab, wodurch dämonische Kräfte eingeladen wurden. Sie tat Buße, und zwar detailliert, und deswegen hatten diese Kräfte keine Anrechte mehr: Sie mußten gehen.

Wir sehen, ein solcher erfreulicher Verlauf wirft eine Menge von Fragen auf, wenn die vorgegebenen Anschauungen sich nicht auf biblischer Höhe bewegen. Es müssen dann sehr viele Erklärungs- und Anpassungsversuche und -arbeiten vorgenommen werden, um die Abläufe verstehbar zu machen. Die Frage lautet also ganz einfach: Können sich dämonische Kräfte wiedergeborener Christen bemächtigen? Meine Antwort lautet daraufhin: Selbstverständlich ja. Wir müssen nur wissen, was sie dabei tun und unter welchen Umständen sie auf wiedergeborene Christen einwirken können. Dazu will ich der Reihenfolge nach anhand folgender Schriftstellen die biblische Position darlegen:

1. Johannes 5,18
Wir wissen, daß, wer von Gott geboren ist, der sündigt nicht, sondern wer von Gott geboren ist, den bewahrt er, und der Arge wird ihn nicht antasten.

Das ist ein Schlüsselwort zum Verständnis des Kräftespiels zwischen dämonischer Welt und uns wiedergeborenen Christen. Dieses Wort sagt uns eindeutig, daß dämonische Kräfte und der Arge selbst uns nicht nach ihrem Gutdünken überfallen oder in uns eindringen können. Ja, sie dürfen uns nicht einmal antasten.

Diese Aussage bedeutet indessen nicht, daß damit grundsätzlich der wiedergeborene Christ frei von jeder dämonischen Belästigung ist. Diese Schriftstelle sagt nur aus – was bereits gewaltig genug ist –, daß es den finsteren Kräften nicht möglich ist, gegen unseren Willen sich unserer zu bemächtigen. Es bedarf unserer eigenen direkten oder indirekten Entscheidung, mit ihnen zusammenzuarbeiten, damit die Mächte des Bösen uns anrühren oder betreten dürfen. Menschen und auch Gläubige können geplagt und gedemütigt werden von dämonischen Kräften, weil sie ihnen willentlich in sich Platz geben.

Daß es offenbar möglich ist, dem Teufel und seinem Reich Raum zu geben, davon geht die Textstelle aus, die ich aus dem Epheserbrief anführe:

> **Epheser 4,26-27**
> **26 Zürnet ihr, so sündiget nicht; lasset die Sonne nicht über eurem Zorn untergehen**
> **27 und gebet nicht Raum dem Lästerer (Teufel).**

Diese Aufforderung, dem Teufel durch bestimmte Verhaltensweisen nicht etwa Raum zu überlassen, setzt die Möglichkeit voraus, daß er überhaupt in uns, die wir gläubig sind, Raum bekommen kann. Denn von Gläubigen ist in dieser Textstelle zweifellos die Rede. Welches die Haltungen und Handlungen sind, durch die man dem Teufel Raum in sich gewährt, macht die Umgebung der zitierten Textstelle sehr deutlich: Umgang mit Lüge, sich dem Zorn zu ergeben, zu stehlen und sich der Faulheit zu ergeben, böses und faules Geschwätz zu verbreiten, Bitterkeit, Grimm, Zorn und Lästerung, alle andere Bosheit sowie das Leben in Unversöhnlichkeit. Das sind offenbar einige der in Frage kommenden Verhaltensweisen, die eine Eintrittspforte dämonischer Kräfte darstellen. Deswegen nachfolgend der ganze Abschnitt:

Epheser 4,25-32
25 Darum leget die Lüge ab und redet die Wahrheit, ein jeglicher mit seinem Nächsten, weil wir untereinander Glieder sind.
26 Zürnet ihr, so sündiget nicht; lasset die Sonne nicht über eurem Zorn untergehen
27 und gebet nicht Raum dem Lästerer.
28 Wer gestohlen hat, der stehle nicht mehr, sondern arbeite und schaffe mit seinen Händen etwas Gutes, auf daß er habe, zu geben dem Bedürftigen.
29 Lasset kein faul Geschwätz aus eurem Munde gehen, sondern was gut ist und das Nötige fördert, das redet, auf daß es Segen bringe denen, die es hören.
30 Und betrübet nicht den Heiligen Geist Gottes, mit dem ihr versiegelt seid auf den Tag der Erlösung.
31 Alle Bitterkeit und Grimm und Zorn und Geschrei und Lästerung sei ferne von euch samt aller Bosheit.
32 Seid aber miteinander freundlich, herzlich und vergebet einer dem anderen, gleichwie Gott euch vergeben hat in Christus.

In diesem Zusammenhang sind einige Verse am Anfang des nachfolgenden Kapitels ebenfalls noch von Bedeutung, weil aus ihnen zum Teil direkt abgeleitet werden muß, daß bestimmte Haltungen identisch sind mit Dienst an Götzen, sprich Dienst an Dämonen:

Epheser 5,3-5
3 Unzucht aber und alle Unreinigkeit oder Habsucht lasset nicht von euch gesagt werden, wie es den Heiligen ziemt,
4 auch nicht schandbare Worte und närrische Dinge oder Scherze, welche euch nicht anstehen, sondern vielmehr Danksagung.
5 Denn das sollt ihr wissen, daß kein Unzüchtiger oder Unreiner oder Habsüchtiger, das ist ein Götzendiener, Erbe hat an dem Reich Christi und Gottes.

Aus dieser Liste von schlimmen Einstellungen und Haltungen wird ausgerechnet jene als Ausdruck eines direkten Dämonendienstes angesprochen, die wir vielleicht noch am weitesten davon entfernt sehen würden: die Habsucht. Wir wissen aber, daß der Götzendienst in Wirklichkeit einen Dienst an den bösen Geistern darstellt:

1. Korinther 10,19-20
19 Was will ich nun damit sagen? Daß das Götzenopfer etwas sei? Oder daß der Götze etwas sei?
20 Nein; sondern was die Heiden opfern, das opfern sie den bösen Geistern und nicht Gott. Nun will ich nicht, daß ihr in der Teufel Gemeinschaft sein sollt.

Hier treten uns Gedanken und Gesetzmäßigkeiten entgegen, die uns zum Nachdenken und zum gewissenhaften und behutsamen Verarbeiten und zum Folgern herausfordern:

1. Es gibt für den Christen die Möglichkeit und die Gefahr, daß er der Finsternis Raum in sich überläßt.
2. Diese Entscheidung ist in aller Regel keine verbale oder ausdrückliche, die etwa primitiverweise so aussieht: Teufel oder du Dämon, komm und nimm von mir Besitz. „Die Einladung" und das Einlassen des Teufels und seiner Untertanen erfolgt indirekt durch Haltungen und Reaktionen, die wir wollen, in uns zulassen und deren Autor wir sind. Mehrere solcher Haltungen werden im Text beschrieben.
3. Bei dieser Aufzählung von Haltungen und Einstellungen, die dem Teufel Raum verschaffen und somit eine Eintrittspforte für ihn darstellen, wird von einer sogar ausdrücklich gesagt, daß sie Dienst an Dämonen darstellt. Indem von allen aufgelisteten Negativhaltungen ausdrücklich die gesellschaftlich am wenigsten auffällige als Dienst an bösen Geistern dargestellt wird – die Rede ist von der Habsucht –, darf oder muß gar geschlossen werden, daß es die anderen genannten sündhaften Haltungen erst recht sind.

Mit dieser Kette von Schlüssen ist der grundsätzliche argumentative biblische Beweis erbracht, daß das Böse in uns Platz haben kann, wenn wir es wollen. Es wäre auch gar nicht einzusehen, daß es anders sein sollte oder könnte. Aber weswegen sollte denn an dieser Stelle die Macht und die Bedeutung des Willens bei uns Gläubigen aufgehoben sein? Was wir wollen und begehren mit unserem Willen, das geschieht bei uns und in uns. Es gibt weit und breit keinen geistlich logischen Gesichtspunkt, daß bei angestrebter Kooperation mit der Macht des Bösen, die sich in der Willensentscheidung zu solchen ungeistlichen Reaktionen und sündhaften Haltungen äußert, diese nicht die Erlaubnis bekäme, uns zu betreten. Was wir gestatten, darf in uns hinein. Das ist die andere Seite unserer Willens-und Entscheidungsfähigkeit und der damit verbundenen Verantwortung.

Somit müssen wir im Hinblick auf die oben genannten Fragen im Anschluß an den Fall Caroline feststellen: Es spricht von der Schrift her nichts dagegen, daß Caroline sich tatsächlich durch bestimmte Verhaltensweisen, in die sie eingewilligt hatte und die sie selbst vollzogen hatte, sich dem Zutritt bestimmter Dämonen öffnete und diese schließlich hereinließ. Wir dürfen jetzt, gleichsam nebenbei, feststellen, daß nicht irgendwelche dämonischen Kräfte beliebiger zerstörerischer Funktion Einlaß fanden, sondern jene mit einer ganz spezifischen Negativbesetzung und einem Charakter, die den Haltungen entsprachen, welche Caroline vorher selbst aufgebracht hatte.

Wir halten also fest: Die übergeordnete geistliche Grundwahrheit, wonach der Mensch nach seinem Willen und seiner willentlichen Entscheidung bemessen wird, findet bei dem Sonderfall der Berührung mit der Welt des Dämonischen keine Auflösung! Was wir wollen, das geschieht in uns. Der an Jesus Gläubige und vom Heiligen Geist erfüllte Jünger Jesu kann wollen, daß er mit mehr Heiligem Geist erfüllt wird, und er bekommt ihn. Er kann aber auch in die entgegengesetzte Richtung gehen und seinen Willen zum Negativen öffnen, und er bekommt entsprechend die finsteren Mächte.

Die Bibelkundigen unter uns wissen, daß es im Kolosserbrief kapitellang ähnliche Aussagen zu denen gibt, die der Epheserbrief aufweist. Die Worte dort sind zwar nicht identisch mit denen im Epheserbrief, sie enthalten aber dieselben Gedanken, nur unter anderen Aspekten und mit anderen Querverbindungen und Ausweitungen.

Die ersten vier Verse des dritten Kapitels aus dem Kolosserbrief unterstreichen nachdrücklich, daß wir Gläubigen mit Christus gestorben und auferstanden sind, daß unser Leben insofern mit Christus in Gott verborgen ist und daß wir in dieser, unserer neuen Existenzform das suchen, was droben ist, wo Christus ist, sitzend zur Rechten Gottes:

Kolosser 3,1-4
1 Seid ihr nun mit Christus auferstanden, so suchet, was droben ist, da Christus ist, sitzend zur Rechten Gottes.
2 Trachtet nach dem, was droben ist, nicht nach dem, was auf Erden ist.
3 Denn ihr seid gestorben, und euer Leben ist verborgen mit Christus in Gott.
4 Wenn aber Christus, unser Leben, sich offenbaren wird, dann werdet ihr auch offenbar werden mit ihm in Herrlichkeit.

Es ist mit diesen Schriftstellen also sehr klar gemacht, daß hier Paulus von tatsächlich wiedergeborenen Gläubigen redet. Im Anschluß an diese selbstverständlichen Ausführungen kommt dann auf einmal eine abrupte Wendung im Gedankenfluß.

Kolosser 3,5-7
5 So tötet nun die Glieder, die auf Erden sind, Unzucht, Unreinigkeit, schändliche Lust, böse Begierde und die Habsucht, welche ist Götzendienst,
6 um derentwillen der Zorn Gottes kommt.
7 In dem allen seid auch ihr einst gewandelt, als ihr noch darin lebtet.

Wir, die wir mit Christus gestorben und auferstanden sind und mit ihm im Glauben am Throne Gottes sind und von dort herrschen, wir werden nun aufgefordert (und es ist eine Aufforderung, die generalisiert an alle Empfänger des Briefes und damit an alle gläubigen Christen geht), die Glieder, die doch noch auf Erden sind – Unzucht, Unreinigkeit, böse Lust und Begierde und Habsucht (diese wird als Götzendienst dargestellt) – zu töten. Vers 7 sagt uns, daß das die typischen Haltungen waren, in denen wir alle früher wandelten, als das noch unsere Lebensweise war. Aber eine solche Haltung fordert den Zorn Gottes heraus.

Indem nun Paulus unter der Inspiration des Heiligen Geistes den Imperativ gebraucht und uns auffordert, daß wir diese Glieder, die auf Erden sind, töten sollen, drückt er doch aus, daß es sie noch gibt, obwohl wir mit Christus gestorben und auferstanden sind. Und indem wiederum von einem Beispiel ausdrücklich gesagt wird, daß es Dienst an den Dämonen ist, wird damit schlüssig zum Ausdruck gebracht, welcher Art überhaupt diese Haltungen sind.

Auch hier wollen wir die im Text erscheinenden Gedankeninhalte noch einmal ausdrücklich aneinanderreihen:

1. Wir, die wir mit Jesus auferstanden sind und mit ihm zur Rechten des Vaters sitzen, können Glieder haben, die noch auf Erden sind.
2. Wir sollen uns ihrer drastisch entledigen. Wir sollen sie töten.
3. Um ihretwillen kommt der Zorn Gottes (nicht um der Menschen willen, sondern um der Haltungen willen!), der nach Jesaja 54,9-10 dem Gerechten nicht mehr gelten soll.
4. Diese Haltungen sind Dienst an Dämonen und nicht die Beschreibung des mangelnden Geheiligtseins.
5. Deswegen sollen sie eben nicht geheiligt werden, sondern getötet werden. Also eine radikale und sofortige Trennung, die keinen Prozeß darstellt, ist geboten.

Dieses Kapitel bringt jedoch mit seinem Fortgang noch weitaus mehr Stoff, der herausfordert, und Material, das Licht gibt. Ich glaube überhaupt, daß Kolosser 3 uns in den kommenden Jahren wieder grundsätzliche und neue Erkenntnisse darüber bringen wird, wie die Gemeinde Jesu und die einzelnen Glieder am Leib eine ungeahnte geistliche und charakterliche Entwicklung erfahren können. Dieses Kapitel wartet darauf, von uns entdeckt zu werden.

War zunächst vom „Töten" der Glieder, die auf Erden sind, die Rede, so wird anschließend davon gesprochen, daß man andere bestimmte Dinge, die auch wiederum Verhaltensweisen entsprechen, „ablegen" soll. Es handelt sich dabei um eine Negativliste, die vielleicht nicht ganz so verrucht anmutet wie die erste Liste:

Kolosser 3,8-14
8 Nun aber legt alles ab von euch, Zorn, Grimm, Bosheit, Lästerung, schandbare Worte aus eurem Munde.
9 Belüget einander nicht; denn ihr habt ja ausgezogen den alten Menschen mit seinen Werken
10 und angezogen den neuen, der da erneuert wird zur Erkenntnis nach dem Ebenbilde des, der ihn geschaffen hat.
11 Da ist nicht mehr Grieche, Jude, Beschnittener, Unbeschnittener, Nichtgrieche, Skythe, Knecht, Freier, sondern alles und in allen Christus.
12 So ziehet nun an als die Auserwählten Gottes, als die Heiligen und Geliebten, herzliches Erbarmen, Freundlichkeit, Demut, Sanftmut, Geduld;
13 und vertrage einer den andern und vergebet euch untereinander, wenn jemand Klage hat wider den andern; gleichwie der Herr euch vergeben hat, so auch ihr.
14 Über alles aber ziehet an die Liebe, die da ist das Band der Vollkommenheit.

Auch hier möchte ich den Leser erst einmal auf den einfachen Sachverhalt hinweisen, daß es sich um ein Gebot handelt. Wir werden aufgefordert, etwas zu tun. Und natürlich müssen wir auch in diesem Zusammenhang davon ausgehen, daß die Schrift zu keinem Imperativ greift, wenn es keinen Grund gibt, Gebote auszusprechen. Wenn ich eben davon sprach, daß es in diesem Kapitel göttliche Angebote und Schätze gibt, die als Kostbarkeit entdeckt werden müssen und uns gut tun, dann meine ich unter anderem damit auch die Aussage, daß wir Dinge wie Zorn, Grimm, Bosheit, Lästerung, schandbare Worte, Lüge wie ein Kleidungsstück behandeln können und einfach ablegen sollen. Das ist vielleicht eine Zumutung. Es kann aber auch eine wunderbare Verheißung sein; je nachdem, wie wir das verstehen wollen. Eine Zumutung ist es für den, der eisern und konsequent in seinem alten, biblisch nicht ausreichend überprüften Denken bleiben will, eine Verheißung für denjenigen, der das Wort Gottes über traditionelle Anschauungen oder alte Meinungen und Erfahrungen stellt.

Das Ablegen eines Gegenstandes oder eines Kleidungsstückes ist kein langer und schmerzhafter Prozeß. Das ist ein Geschehen von punktuellem Charakter. Wenn wir uns einer Jacke oder eines Mantels entledigen, dann brauchen wir dazu Sekunden und nicht

Stunden oder Jahre! Indem nun der Heilige Geist die Befreiung von Zorn, Grimm, Bosheit und ähnlichem als einen Vorgang darstellt, bei dem man einfach etwas ablegt, will er uns in ein völlig neues Denken hineinführen: Bestimmte Verhaltensweisen, von denen wir früher glaubten, daß sie nur durch einen mühsamen Heiligungsprozeß beseitigt oder geglättet werden können, sollen und können offenbar von einem zum nächsten Augenblick abgelegt werden. Was für eine Botschaft!

Ich möchte den Leser ermutigen, sich an dieser Stelle nicht um seine alten Erfahrungen zu kümmern; auch nicht zu versuchen, die Theologie, die vielleicht nicht mit dieser biblischen Aussage übereinstimmt, die ihm aber über Jahre vermittelt worden ist, zu retten. Wollen wir doch für einen Augenblick einmal großzügig sein: Was immer hinter Zorn, Grimm, Bosheit, Lästerung stecken mag, allein schon die Tatsache, daß man es so selbstverständlich und einfach ablegen kann, das ist in sich schon ein Segen und Genuß und als Entdeckung viele Freudensprünge wert.

In diesem Zusammenhang ist es noch von Interesse, daß das Tätigkeitswort „ablegen" (griech. apopithemi) in der Zeitform des sogenannten Aorists gesetzt ist. Diese griechische Zeitform drückt eine abgeschlossene Handlung von kurzer Zeitdauer aus. Damit will der Heilige Geist uns sagen, daß wir diese Haltungen ein für allemal ablegen sollen. Es ist kein Prozeß, sondern ein kurzes Ereignis. Dem steht allerdings nicht entgegen, daß man es wiederholt macht oder machen muß, wenn man diese Haltungen durch bestimmte Fehler zurückgeholt hat, nachdem man sie bereits abgelegt hatte. Ich habe die Erfahrung in meinem Leben gemacht, daß das durchaus möglich ist, vielleicht sogar der häufigste Fall ist.

Indem aber nun doch davon die Rede ist, daß wir diese bezeichneten Haltungen tatsächlich von einem zum nächsten Augenblick ablegen können, wird eigentlich damit zum Ausdruck gebracht, daß dieses Geschehen nicht dem der sogenannten Heiligung, von der an anderen Stellen in der Schrift viel die Rede ist, entsprechen kann. Heiligung ist ein Prozeß, das Ablegen ist ein

Ereignis! Nun haben wir zu fragen: Was läuft bei diesem Ereignis ab? Zweifellos hat es einen befreiungsähnlichen Charakter, da sofortige Entlastungen und Befreiungen von Fesseln und bösen chronischen Verhaltensweisen, die meistens zwanghaften Charakter haben, erfolgen. Das ist nun aber nichts anderes, als die Beschreibung der Welt des Dämonischen.

Es ist offensichtlich, daß es einen qualitativen oder zumindest einen graduellen Unterschied zwischen dem Töten der Glieder, die auf Erden sind, und dem Ablegen von bestimmten Verhaltensweisen gibt. Was mag hinter dieser Differenzierung der Schrift stehen? Ist es erlaubt, bei dem Ablegen von schuldhaften Charakterhaltungen und Einstellungen ebenfalls eine regelrechte Befreiung in dem engeren Sinne zu erblicken, wonach buchstäblich innewohnende personale dämonische Kräfte von einer Person ablassen? Ich will und ich muß diese Frage offenlassen.

In der Seelsorge habe ich jedoch festgestellt, daß faktisch mit dem Ablegen von Verhaltensweisen gemäß dem Muster in Kolosser 3 Dinge ablaufen und Manifestationen sich zeigen, die dem entsprechen, was wir im Befreiungsdienst erleben. Es kommt dabei häufig zu starken Ausatmungsvorgängen mit Husten, Seufzen und Bewegungen des ganzen Körpers, die typisch sind für den Vorgang des Ausfahrens von dämonischen Kräften.

Auf der anderen Seite sehe ich durchaus die Möglichkeit einer Deutung, die nicht ganz identisch ist mit dem einfachen Sachverhalt des Innewohnens dämonischer Kräfte. Es ist auffallend, daß in Kolosser 3 wie auch in Epheser 5 von den Werken der Finsternis und von unserer Gemeinschaft mit den Werken der Finsternis die Rede ist. Hier führt also die Bibel eine Bezeichnung ein, die nach meinem Wissen in der klassischen Seelsorgeliteratur nicht eindeutig definiert und abgehandelt wird.

Die Werke der Finsternis in uns, mit denen wir keine Gemeinschaft haben sollen, müssen einen irgendwie gearteten personalen Charakter oder Hintergrund haben:

Epheser 5,11
Und habt nicht Gemeinschaft mit den unfruchtbaren Werken der Finsternis, strafet sie vielmehr.

Indem in diesem Vers zuerst von Gemeinschaft mit Werken der Finsternis die Rede ist und danach die Gläubigen aufgefordert werden, diese regelrecht zu strafen, werden diese Werke der Finsternis eindeutig auf die Ebene eines personalen Geschehens gehoben. Und damit sind sie erneut in die Nähe von dämonischen Wesen gestellt.

Vielleicht ist hier eine Existenzweise des Bösen in uns gemeint, in welcher die Produkte dämonischer Tätigkeit als Vorreiter oder Brückenkopf in direktem Umkreis der dahinter stehenden dämonischen Persönlichkeiten anzusehen sind.

Solche Entsprechungen gibt es durchaus im menschlichen Leben oder im Militärbereich. Wenn eine Armee feindliches Terrain besetzen will, dann sendet sie nicht zuerst Menschen, die Soldaten voraus. Der Angriff erfolgt vielmehr zunächst durch Granaten, Geschosse, dann Panzer und Flieger, die allerdings bereits bemannt sind und dann erst rückt die Infanterie, also der Heeresteil nach, der aus Menschen selbst besteht. Mit einem Wort: Zuerst kommt das Material und dann die Menschen.

Im Alltagsleben und in den Bereichen der Politik oder gesellschaftlicher Auseinandersetzungen erleben wir ähnliche Gesichtspunkte. Wenn eine Person besiegt und aus einer bestimmten Position verdrängt werden soll, benutzt der Aggressor in aller Regel zunächst einmal Gedanken, die er in Gestalt von Worten, mit Anklagen, Beschuldigungen, Verleumdungen, Enthüllungen und Bloßstellungen gegen die Person oder eine Partei mobilisiert. Danach erfolgt die Phase der juristischen Kampfführung und schließlich setzt man seine Füße ganz auf das Territorium des anderen, das heißt, man nimmt den Platz des anderen mit seiner eigenen Person ein.

In beiden Fällen wie auch in allen anderen Beispielen, wo gesellschaftlich, politisch, wirtschaftlich oder kulturell fremdes Terrain eingenommen werden soll, gibt es diese drei Phasen: Zunächst werden nur Gedanken oder das nichtpersonale Material vorgeschickt. Dann kommt die Phase, wo Personen zum Teil selbst im Feindesland operieren, ohne es im engsten Sinne schon im Besitz zu haben und zu verwalten. Diese Phase entspricht im Militärwesen dem Abschnitt, wenn Flieger und angreifende Panzerstoßverbände operieren. Erst danach in der dritten Phase treten die Personen selbst auf. Das ist der Augenblick, wo sie bestimmte Anteile des fremden Landes in Besitz nehmen und darin wohnen.

Diese Verhältnisse können wir in der Seelsorge beobachten, und wir finden sie auch in der biblischen Lehre über Fremdbestimmung der an Jesus Gläubigen durch fremde Gedanken, fremdes Material und fremde dämonische Kräfte wieder.

Im Bereich der ersten Phase gibt es nicht die geringsten Unklarheiten: Der Feind sendet laufend seine fremden Gedanken, Lehren und Zuflüsterungen und hofft dabei, daß wir sie aufnehmen.

Haben wir seine Gedanken und Prinzipien, die immer Angebote der Lüge sind und sich zerstörerisch auswirken, erst einmal angenommen und behalten wir sie bei, dann folgen die ersten personalen Übergriffe in Gestalt einer zunehmenden Bedrohung. Das Terrain unserer Seele ist zur Eroberung vorbereitet. Zu viele gedankliche Treffer haben bereits Verwüstung und Verwirrung angerichtet und unsere eigenen geistlichen Abwehrstrukturen zerstört.

Dann kommen die Flieger und die dämonischen Panzerformationen. Das sind die Werke der Finsternis oder mit dem anderen biblischen Ausdruck, jene Haltungen, die nicht eigentlich zu uns gehören, die wir einfach ablegen sollen, sofern wir nur wissen, wie man das macht. Diese Formationen des Feindes, die sich bereits in unserer Seele und in unserem Herzen bewegen, sind eindeutig mehr als nur blasse und ungegenständliche Gedanken. Sie sind Haltungen, Einstellungen und Prägungen unseres Wesens, in welchen wir zum Teil selbst schon vertreten sind.

Die dritte Phase beschreibt nun jenen Zustand, den die Bibel schlicht und einfach an vielen Stellen „Dämonisiert-Sein“ nennt. Das ist der Zustand, in welchem wir mit bestimmten Gliedern auf der Erde fixiert sind. Die sollen wir regelrecht töten. Mit anderen Worten ist dieser Zustand zu beschreiben als eine Situation, wo ein an Jesus Gläubiger feststellen muß, daß bestimmte Bereiche seines seelischen oder körperlichen Lebens und Reagierens eindeutige Zeichen der Fremdbesetzung aufweisen, weil sich hier Zwänge und chronische Symptome zeigen, über die er mit seinem Willen keine direkte Macht hat.

Somit liegen drei Stufen der dämonischen Einwirkungen, Belästigungen, Belastungen oder Besetzungen vor:

1. Belästigung und Behelligung durch Gedanken, zerstörerische und beeinträchtigende Impulse, die der Feind uns anbietet, sind noch keine Sünde. Sie haben als Gedankenangebot, das der Feind in unsere Gedankenwelt und in unser Bewußtsein hineinlegt, die Wertigkeit einer Versuchung.

Werden aber solche Gedanken von uns angenommen, dann willigen wir auf dieses Angebot ein, und damit wird die Versuchung zur Sünde. Wir entscheiden uns selbst für die Unwahrheit, weil ja die Gedanken des Bösen immer unwahr sind, und wir empfangen damit die Lüge. Und das ist Sünde. Aber, ich will es aus Gründen der exakten Differenzierung ausdrücklich herausstellen: Gedanken sind Gedanken und keine unsichtbaren dämonischen Persönlichkeiten. Gedanken können Abgesandte dämonischer Kräfte sein. Sie sollen diesen den Weg in unser Inneres vorbereiten. Natürlich gilt das nur von den Gedanken, die der Feind uns eingibt. Sehr viele Gedanken kommen schlicht aus unserem Herzen. Sie sind einfache Reflexionen von Tageserlebnissen.

2. Die Gemeinschaft mit den Werken der Finsternis. Dieser Ausdruck besagt, daß wir mit dem Bösen durch unsere Entscheidung willentlich kooperieren. Dabei handelt es sich nicht um eine Kooperation mit Gedanken, sondern mit den Autoren der Gedanken, mit dämonischen Kräften selbst. Diese sind aber nicht unbedingt in uns, sondern an uns und um uns. Deswegen gebraucht die Bibel zur Kennzeichnung dieser Art von Beeinflussung und Beeinträchtigung das Bild des Kleiderwechsels.

Dementsprechend werden wir aufgefordert, diese Haltungen, die um uns, an uns und auf uns sind, einfach abzulegen. Diese Haltungen kennzeichnen und bedecken uns, aber strenggenommen gehören sie nicht zu unserer Persönlichkeit, weswegen wir sie schlicht ablegen können.

Das ist schon eine ungeheure Aussage der Schrift, die wir nicht genug würdigen können und die unbedingt in unserer praktischen Seelsorge Berücksichtigung finden muß.

3. Die Bibel redet vom Dämonisiertsein, was nach den Formulierungen des Kolosserbriefes dem Zustand entspricht, in dem unsere Gliedmaßen noch auf der Erde sind, während wir selbst mit dem Herrn auferstanden und in himmlischen Plätzen sind. Die Gliedmaßen gehören zweifelsfrei zu unserer Person, aber nicht zu unserer Persönlichkeit. Sie sind ja bekanntlich die peripheren Anteile unseres Leibes. Wir sollen uns drastisch und radikal ihrer entledigen, womit wir uns nicht töten, sondern uns befreien.

Natürlich sind hier nicht Glieder und menschliche Organe im buchstäblichen Sinne gemeint, sondern Bereiche unseres seelischen Lebens und Wesensanteile, in denen der Feind uns beherrscht. Dementsprechend redet Jesus in Matthäus 5,29-30 auch davon, daß wir unser rechtes Auge, wenn es uns Ärgernis verschafft, ausreißen und von uns werfen sollen. Ebenso sollen wir mit der rechten Hand verfahren, wenn von ihr Ärgernis kommt. Wir sollen sie abhauen und von uns werfen. Es wäre besser, wenn eines unserer Glieder verderbe, als daß der ganze Leib in die Hölle geworfen werde. Indem Jesus ausdrücklich von dem rechten Auge und der rechten Hand redet, die jeweils Ärgernis verschaffen, ist offensichtlich, daß hier nicht das Sehorgan oder die körperlichen Gliedmaßen gemeint sind, sondern ein bestimmtes zerstörerisches und zwanghaftes seelisches Verhalten, etwa Sinneslust oder zwanghaftes Stehlen (die wörtliche

mäßigkeit nichts, zumindest nichts, was mit Befreiung zu tun hat! Ohne Gnade läuft nichts. Der Verweis aber auf seine eigenen Erfahrungen, menschliche Herkunft, Ausbildung, sozialen Stand, Lebensweisheit oder auf natürliche, entschuldigende Faktoren in der Vergangenheit führt regelmäßig zum Mißerfolg.

Eine weitere unabdingbare Voraussetzung zur Befreiung ist die Haltung des Vergebens und des Vertragens, was ein anderes Wort für Versöhnung ist:

> **Kolosser 3,13**
> **Und vertrage einer den anderen und vergebet euch untereinander, wenn jemand Klage hat wider den anderen; gleichwie der Herr euch vergeben hat, so auch ihr.**

Die Bedeutung der Vergebung und der Neuordnung der Beziehung zu Mitmenschen kann nicht deutlich genug betont werden, wenn es um Befreiung geht.

Eine letzte wichtige Voraussetzung für den Befreiungsdienst, die wir diesem Kapitel entnehmen können, besteht darin, daß wir das Wort Christi unter uns reichlich wohnen lassen (Vers 16). Es ist eine Ausnahme, daß Befreiungserfahrungen unter Gläubigen geschehen, die nicht im Wort leben und kein ausgeprägtes Wortbewußtsein haben. Das Wort ist das Schwert des Geistes. Es trennt die Person des Gläubigen mit seinem Wesen von dem Fremd-Ego der finsteren Macht.

Dann bleibt noch die letzte große Aussage dieses Kapitels: Wir können nicht nur Dinge ablegen, die uns behindern und beeinträchtigen. Wir sollen genauso einfach ganze Tugenden anziehen.

Das ist eine ungeheure Botschaft. Sie ist so stark, daß man sie schier nicht glauben mag. Sagt nämlich nicht die Schrift sonst (Galater 5,22), daß die Heiligung unserer Persönlichkeit mit dem Ausbilden der Frucht des Geistes (achte auf den Begriff Frucht, der das Moment des Wachstums enthält) Zeit braucht?

Aber hier in Kolosser 3 wird uns zugemutet zu glauben und zu begehren, daß wir Tugenden wie herzliches Erbarmen, Freundlichkeit, Demut, Sanftmut, Geduld und am Ende sogar Liebe einfach anziehen können, wie man sich ein Kleidungsstück überstreift (Vers 12 und 14). Uns will scheinen, daß dieses Wort nicht übereinstimmt mit anderen Schriftaussagen und mit unserer Erfahrung.

Aber ich habe die Gegenfrage an meinen Leser: Wie sollen wir denn anders die Tugenden Gottes ergreifen? Gibt es denn wirklich einen unvereinbaren Gegensatz zwischen den Ausführungen in Galater 5, die von den geistlichen Tugenden als Frucht des Geistes reden und den Ausführungen von Kolosser 3, die diese Tugenden wie Kleidungsstücke ansehen, die man einfach überzieht?

Ganz sicher stimmt, daß göttliche Tugenden nicht errungen und von uns produziert werden. Wir empfangen sie tatsächlich, wenn unsere Haltung von Gerechtigkeit, Wahrheit, Gnade und dem Wort Gottes gekennzeichnet ist. Und wenn wir sie empfangen haben, das heißt, sie uns übergestreift haben, dann beginnen sie als lebendiges Gewand weiter zu wachsen, das heißt, stärker und dichter zu werden.

Bei näherem Hinsehen kann es gar nicht anders sein, als daß wir die göttlichen Tugenden geschenkt bekommen. Sie müssen Ausdruck von Gnade sein, das heißt, sie werden uns gratis gegeben, und sie müssen von uns angenommen und übergestreift werden. Das nennt die Bibel Glauben.

Mit der göttlichen Gerechtigkeit und dem Status als wiedergeborene Kinder Gottes haben wir bereits alles, was wir brauchen. Wir müssen uns dann nur noch aneignen und überziehen, was uns gehört. Ich gebe zu, diese Lehre klingt sehr einfach und in manchen Ohren fast frivol, aber sie ist biblisch, und sie funktioniert!

Die Erfahrung von Sanftmut und Liebe zum Beispiel eigne ich mir auf diesem Wege immer wieder an. Indem ich ganz betont und bewußt die Voraussetzungen in meinem eigenen Leben sichere, von denen dieses Kapitel spricht, erlebe ich tatsächlich, daß diese Tugenden eingeladen und angezogen werden können. Natürlich müssen sie nachher fortentwickelt, gepflegt und durch das Wort Gottes gestärkt werden. Sie sollen insofern in uns wachsen und unser Wesen mehr und mehr prägen. Aber der Anfang der Entwicklung ist der Griff in die göttliche Garderobe. Wir können und sollen einfach fertige Tugenden, die als Werk Gottes und als himmlischer Segen schon vorbereitet sind, ergreifen und uns anziehen (Epheser 2,10 und Epheser 1,3).

Das wird eigentlich nur für den sonderbar und unglaubwürdig klingen, der kein Verständnis von den in diesem Kapitel genannten Voraussetzungen hat. Das ist zugegeben unter uns Gläubigen leider recht häufig der Fall. Nur ein geringer Prozentsatz der Gläubigen hat eine Erkenntnis darüber, was wir mit der empfangenen göttlichen Gerechtigkeit und Gnade schon alles bekommen haben. Auch nur wenige wissen, wie detailliert und wie verzweigt und weitgehend unsere Haltung der Vergebung sein kann und soll.

Wer aber diese Grundpositionen voll ausschöpft, wird tatsächlich feststellen können, daß man Tugenden nicht mühsam erwerben und entwickeln muß, sondern daß sie von Gott geschenkt werden.

Dieser Aspekt geht weit über den Befreiungsdienst hinaus. Hier offenbart das Wort Gottes völlig neue Perspektiven über die Entwicklung und Entfaltung des Charakters unter den Gläubigen und herrliche Aussichten davon, daß ein solcher Prozeß leicht und schön ist. Ich bin sicher, daß der Heilige Geist in der nahen Zukunft die biblische Lehre über Heiligung unter uns gänzlich umakzentuiert. Das Ergebnis dieser neuen Lehre kenne ich jetzt schon. Nachfolge Jesu und Entwicklung unseres neuen Charakters ist viel schöner und viel leichter als es uns die Altvorderen glauben machen wollten.

Wo ist der Sitz dämonischer Kräfte?

Ich hatte im Fall von Caroline also dämonische Kräfte erkannt und sie im Namen Jesu vertrieben. Dabei stellt sich die Frage: Wo waren sie eigentlich bei ihr?

Exakt mit dieser Frage haben manche Christen, zumal aus den Reihen von pfingstlichen Gemeinden, ihre besondere Mühe. Viele geisterfüllte Christen können sich einfach nicht mit dem Gedanken befreunden, daß durch Jesus erneuerte Personen, in denen der Herr und der Heilige Geist wohnen, fremde dämonische Kräfte in sich tragen können. Ihre Aussage lautet: Der Geist Gottes verträgt sich einfach nicht mit fremden Geistern. Deswegen könne es keine Innewohnung von dämonischen Kräften in Personen geben, in denen der Heilige Geist wohnt.

Nun, wir kennen bereits diese Kontroverse, und ich bin bereits auf sie eingegangen. Dennoch ist es wichtig zu wissen, wo sich die fremden Kräfte einnisten wollen. Und indem wir diese Frage untersuchen, natürlich wieder anhand der Schrift, werden wir zu entspannenden Ergebnissen kommen, die auch einige unserer dogmatischen Gegner beruhigen könnten. Nach den Aussagen der Schrift besteht der Mensch aus Geist, Seele und Leib. Wir lesen in

> **1. Mose 2,7 (Elberfelder Übersetzung, 1977)**
> **Und Jehova Gott bildete den Menschen, Staub von dem Erdboden, und hauchte in seine Nase den Odem des Lebens; und der Mensch wurde eine lebendige Seele.**

Adam, der aus Ackerboden geformt wurde, wurde zu einer lebendigen Seele, nachdem ihm von Gott der Geist des Lebens eingehaucht worden war. Er war eine Seele und hatte einen Geist und lebte in einem Körper. Das Typische und Wesentliche an ihm, was ihn ausmachte, war seine Seele. Deswegen heißt es: Er wurde eine lebendige Seele. Das ist die Kennzeichnung des Menschen seit Adam, bis Jesus kam:

1. Korinther 15,45
Der erste Mensch, Adam, „wurde zu einer lebendigen Seele", und der letzte Adam zum Geist, der da lebendig macht.

Dieses Wort markiert einen Einschnitt in der Geschichte des Menschen. Adam wurde eine lebendige Seele. Aber Jesus, der zweite Adam, wurde zum Geist, der lebendig macht. Weil aber nun Jesus unser Bruder ist und in allen Dingen uns gleich wurde und unser Vorbild ist, so erleben alle dasselbe, die ihm nachfolgen und dabei eine Wiedergeburt erleben, durch die sie Kinder Gottes werden. Wir, die wir durch Jesus Christus die Gerechtigkeit Gottes geworden sind, werden zu einem Geist, haben eine Seele und leben in einem Körper.

Diese Aussage bedeutet, daß wir mit Jesus unsere Identität nicht mehr aus unserer Seele, sondern aus unserem Geist beziehen. Unser wesentliches und typisches Merkmal, ist der von Gott empfangene Geist, der zum Mittelpunkt unserer Persönlichkeit wird. Oder, anders ausgedrückt: Unser Ich, das heißt die eigentliche Person, die Mitte unseres Wesens, ist unser Geist.

In dem Gespräch zwischen Jesus und Nikodemus führt unser Herr aus, daß wir von neuem geboren werden müssen, um das Reich Gottes zu sehen. Jesus sagt wörtlich:

Johannes 3,3
Es sei denn, daß jemand von neuem geboren werde, so kann er das Reich Gottes nicht sehen.

Jesus redet also von einem „jemand" und einem „er", der das Reich Gottes sehen soll. In Vers 7 sagt Jesus:

Johannes 3,7
Laß dich's nicht wundern, daß ich dir gesagt habe: Ihr müsset von neuem geboren werden.

Hier ist also von einem „ihr" die Rede. Auf was bezieht sich nun „ihr", „jemand" und „er", die von neuem geboren werden sollen? Jesus sagt darauf (Johannes 3,6): „Was vom Fleisch geboren wird, das ist Fleisch; und was vom Geist geboren wird, das ist Geist." Es ergibt sich somit eindeutig, daß nach dem Verständnis Jesu unser Ich, das, was hier in diesem Text „jemand", „er", und „ihr" genannt wird, unser wiedergeborener Geist ist. Gehen wir zu einer weiteren beweisenden Textaussage, die diese Aussage erhärtet:

1. Korinther 14,14
Denn wenn ich in Zungen bete, so betet mein Geist; aber was ich im Sinn habe, bleibt ohne Frucht.

Wenn „ich" bete, dann betet in Wirklichkeit mein Geist. Noch klarer kann es uns das Wort nicht mehr sagen. Gehöre ich Jesus an, dann bin ich dem Wesen nach ein Geist und nicht eine Seele. Es hat sich ein tiefgreifender Wandel mit meiner Wiedergeburt vollzogen, der meine Identität völlig neu bestimmt. Sie richtet sich nicht mehr nach seelischen Merkmalen, sondern nach meiner Gottesbeziehung und nach der Tatsache, daß ich ein Geist bin.

Das hat tiefgreifende Auswirkungen auf unsere Frage, ob dämonische Mächte wirklich unsere Person besetzen können, wenn Christus unser Herr ist. Aber bevor ich diese Frage abschließend behandle, will ich, um das Bild abzurunden, zwei weiteren Textaussagen geben:

Galater 2,20
Ich lebe; doch nun nicht ich, sondern Christus lebt in mir. Denn was ich jetzt lebe im Fleisch, das lebe ich im Glauben an den Sohn Gottes, der mich geliebt hat und sich selbst für mich dargegeben.

Diese bekannte Textstelle sagt uns, daß unser Leben als wiedergeborene Christen letztlich in einem inneren Verbund mit Christus geschieht. Nicht ich lebe, sondern Christus lebt in mir. Also mein Ich-Erleben hat etwas damit zu tun, daß in mir auch gleichzeitig Christus ist und zwar an der wichtigsten Stelle, im Sitz meines Ichs. Dazu noch die letzte, in diesem Zusammenhang interessierende biblische Aussage:

Epheser 2,21-22
21 Auf welchem der ganze Bau ineinandergefügt wächst zu einem heili-

gen Tempel in dem Herrn;
22 auf welchem auch ihr miterbaut werdet zu einer Behausung Gottes im Geist.

Gott wohnt nicht irgendwo in uns sondern in unserem Geist, und das bedeutet in der Mitte unserer Person, in unserem Ich.

Wenn wir das alles zusammenfassen, ergibt sich eine überraschende Konsequenz. Man kann nämlich durchaus formulieren, daß dämonische Kräfte in uns wiedergeborenen Personen keinen Platz finden können. Es ist deswegen erlaubt, das so auszudrücken, weil unsere Person, unser Ich, letztlich unser Geist ist. Unser Geist aber ist die Wohnstätte Gottes und des Heiligen Geistes und mit Sicherheit nicht der Platz für Dämonen.

Wenn Menschen, die in Christus sind, dennoch unter dem Einfluß von fremden Kräften geraten sind, dann sind sie nur in umschriebenen seelischen und körperlichen Bereichen dämonisiert. (Wir erinnern uns, daß der Begriff Dämonisiert-Sein die einzig schriftgemäße Form der Bezeichnung von Innewohnung fremder Geister ist.)

Die seelischen und leiblichen Anteile eines Menschen gehören gewiß im weitesten Sinne zur Person hinzu, aber sie sind nicht personenbestimmend. Sie sind die Randschichten unserer Persönlichkeit oder die Oberfläche unseres Wesens, aber sie machen nicht unsere Identität aus.

Das ist wahrscheinlich auch der Grund, weshalb im Kolosserbrief, wie wir gesehen haben, davon die Rede ist, daß wir bestimmte Haltungen wie Kleidungsstücke einfach ablegen sollen. Damit bestätigt das Wort Gottes voll die Anschauung, daß mit und nach der Wiedergeburt seelische Merkmale nicht mehr zum Kern unserer Person gerechnet werden. Sie stellen eher die Oberfläche unserer Person dar.

Dämonische Kräfte haben keinen Zugang zu unserem Geist. Sollten sie in ihrer Invasion unseres Geistes Erfolg haben, dann erstirbt dieser augenblicklich, was bedeutet, daß diese Person ihre Beziehung zu Jesus verloren hat und buchstäblich besessen ist.

Wenn wir also das schriftgemäße Verständnis vom Menschen haben, dann lösen sich die kontroversen Fragen in Scheinfragen auf und können von uns damit einer endgültigen Klärung zugeführt werden. Diese ist auch vonnöten, weil es nicht angehen darf, daß wegen unbiblischer Traditionen und dogmatischer Postulate Tausende oder gar Millionen von gläubigen Christen in ihrem Zustand der Unfreiheit bleiben müssen, weil ihnen gesagt wird, daß sie kraft der Tatsache ihrer Nachfolge einfach frei sind. Sie sind dann ganz frei, wenn der Herr sie frei gemacht hat. Aber dazu braucht er eine Einladung und dann kommt er mit seiner Wahrheit, und diese setzt uns frei.

Kapitel 3

Ursachen und Auswirkungen von dämonischen Bindungen

In diesem Kapitel werden folgende Fragen behandelt und beantwortet:

1. Welches sind die sichtbaren Symptome, Charakterdeformierungen und weiteren andersartigen Erscheinungen als Auswirkung von in Personen wohnenden dämonischen Kräften? Ich werde in diesem Abschnitt eine möglichst umfassende Übersicht über alle jene Störungen geben, die nach der seelsorgerlichen Erfahrung etwas mit dämonischen Kräften zu tun haben, die in oder an Personen wirken.

2. Was sind die Eintrittspforten, durch die diese unsichtbaren personalen Kräfte in eine Person hineingelangen? Zur Beantwortung dieser Frage werden wir die Bedeutung von Tatsünden, Okkult-Praktiken, Faktoren der Familienvorgeschichte und auch die Bedeutung von Flüchen als Ursachen späterer dämonischer Belastung oder Besetzung untersuchen.

3. In einem besonderen Abschnitt werden wir die Einwirkungen der in oder an Personen wirksamen Dämonen von jenen Kräften zu unterscheiden haben, die sich unsichtbar in der Atmosphäre aufhalten und durch Gedanken und Philosophiesysteme auf die Gesellschaft einwirken.

4. Schließlich soll als Hauptteil dieses Kapitels das Grundmuster dargestellt werden, wie das Gros der Belastungen, Charakterdeformierungen und der Leid erzeugenden Symptome im Leben des Durchschnittsbürgers und auch des normalen Christen zustande kommt.

1. Sichtbare Auswirkungen dämonischer Kräfte

Die Anzahl der durch innewohnende dämonische Mächte verursachten Störungen ist beeindruckend groß und vielseitig. Wer die nachfolgende Auflistung durchgeht, dem kann sicher angst und bange werden, weil er schier jede Form von menschlicher Störung und charakterlicher Abweichung als durch böse Mächte bedingt erkennt. Dennoch gibt es keinen Grund, solche Ängste zu entwickeln. Denn alle diese bösen Geister sind besiegt! Die Auflistung der verschiedensten Symptome und Lebens- oder Organbereiche, in denen sie wirken können, soll mitnichten dem Zweck dienen, sie indirekt zu verherrlichen, indem wir Angst vor ihnen bekommen. Es bleibt doch die feste Regel stehen: Ist jemand in Christus, dann gehört er Jesus an und ist als Kind des Vaters ein Bürger des Reiches Gottes. Die dämonischen Belästigungen oder Belastungen, die da sind, stellen nicht seine Gotteskindschaft und sein ewiges Leben in Frage. Sie bewegen sich auf der Oberfläche seines seelischen und körperlichen Lebens und können nicht seine göttliche Gerechtigkeit und seinen Status als Mitglied der Familie Gottes außer Kraft setzen.

Eine genaue Kenntnis der dämonisch bedingten Störung ist schon deswegen wichtig, damit wir den Feind besser ausmachen und schneller sein Werk lähmen können! Die nachfolgende Aufzählung ist nicht vollkommen. Die Störungen und Symptome, die ich nenne, sind zum Teil so eindeutig und festgelegt in Beziehung zu dämonischen Kräften, daß es bei ihnen keinen Zweifel gibt, woher sie rühren. Andere Symptome, die ebenfalls in diese Aufzählung aufgenommen sind, können in manchen Einzelfällen durchaus eine nicht dämonische Begründung haben. Insofern darf man diese Aufzählung nicht zu mechanisch sehen.

Geistliche Behinderungen: Auffälligkeiten in der Nachfolge Jesu allgemein und in spezifischen geistlichen Handlungen. Unfähigkeit, den Namen Jesus auszusprechen, Aggressionen gegen den Heiligen Geist als Person, Haß auf die Geistesgaben, Unfähigkeit zu beten oder das Wort Gottes zu lesen. Diese Unfähigkeit kann so weit gehen, daß der Betroffene kein Wort bei der Bibellektüre versteht. Ferner spezifische Schlafsucht beim Lesen des Wortes Gottes, beim Beten, bei dem Besuch von Gottesdiensten. (Hier muß man natürlich in der Tat differenzieren zwischen stark ermüdeten Gottesdienstbesuchern und den spezifischen Gottesdienst-Schläfern, die hochgradig verdächtig sind, daß sie unter dem Einfluß fremder antigöttlicher Kräfte stehen.)

Zu dieser Reihe von Auffälligkeiten gehören seltsame Bewegungen und Gedankeneingebungen während des Gottesdienstes oder beim Gebet, z. B. Lästergedanken auf dem Höhepunkt der Anbetung. Diese machen den jungen Christen besonders zu schaffen, weil sie suggerieren, daß der Gläubige in starkem Ungehorsam oder tief in der Finsternis lebt. In Wirklichkeit ist das ein ziemlich normaler Vorgang. Die dämonischen Mächte, die eine Tendenz haben, verborgen zu bleiben (Deswegen der Name okkult. Er stammt von dem lateinischen Wort okkultus: verborgen.), werden in der Anwesenheit des Heiligen Geistes während der Anbetungszeit gezwungen, ihre Anwesenheit preiszugeben. Mithin ist dieser Vorgang der Anfang der Befreiung. Man muß es halt nur wissen.

In diese Rubrik gehören auch alle theatralischen oder lauten Formen von Reaktionen auf Gottes Wort, auf Gebet und auf die Versammlung der Heiligen. Der fortgeschrittene Fall einer derartigen Entblößung verborgener dämonischer Mächte ist die hörbare oder sichtbare Äußerung solcher Kräfte im Gottesdienst, meistens während des Gebetes oder in einem Heilungs- und Befreiungsteil eines vollmächtigen Gottesdienstes. Dann kann es durchaus zu lauten Schreien, Zittererscheinungen oder anderen körperlichen Manifestationen kommen. Ein solcher Fall wird auch in den Evangelien berichtet, und zwar als Jesus in einer Synagoge lehrte und unter dem Druck seiner geistlichen Vollmacht bei einem Synagogenbesucher sich eine solche dämonische Kraft deutlich und laut äußerte (Markus 1,22-24).

Zwänge: Grobe und auffällige Zwänge wie Waschzwänge, Reinigungszwänge, Wiederholzwänge, Kontrollzwänge, Vermeidungszwänge, krankhafte Ängste verschiedenster Art, Hypochondrien

(Angst vor Krankheit). Dazu gehören auch zwanghafte sexuelle Regungen und Perversionen wie Sadismus, Masochismus, hypersexuelles triebhaftes Agieren, Pornographie, Unzucht in jeder Form, Masturbation, Sodomie, Voyeurismus, Exhibitionismus, Homosexualität. Kriminelle Neigungen, Stehlen und Kleptomanie, Eßsucht und offensichtliche Naschsucht.

Grobe charakterliche Auffälligkeiten: Zwanghafte und chronische Zügellosigkeit im Sinne von Großspurigkeit, Angeberei, Größenwahnsinn, ausschweifendes Leben, Lügen, Hochstapelei. Ich rede hier von einem geistlichen Hochstapeln in zwischenmenschlichen Beziehungen und Alltagsgesprächen. Exaltiertes, hysterisches, unechtes und überzogenes Verhalten.

Ängste: Angst und Ängstlichkeit mit ihren vielfachen Ausdrucksformen, die schier nicht alle aufzählbar sind, gehören auch dazu, zum Beispiel: Angst vor Menschen, Angst vor Zukunft, Angst vor Insekten, Angst vor Dunkelheit, Angst vor Neuem, Angst vor Blamage, Angst vor Krankheit, Angst vor dem Tod, Angst vor Altwerden, Angst vor Aufgaben. Alle solche Ängste können Ausdruck eines „normalen" Reagierens eines Menschen sein. Aber ich rede hier von Haltungen, die erkennbar zu stark und chronisch sind. Zu dieser Gruppe zähle ich auch Depressionen vielfältigster Art, Wut und Zorn, Jähzorn, Selbstmitleid und auffallend starke Empfindlichkeit.

In Verlängerung dieser Störungen müssen als dämonisch bedingte Erscheinungen Selbstmordgedanken, Todesgefühle, Todessehnsucht, Vorliebe für Friedhöfe, Liebe zur Dunkelheit und auffallende Bevorzugung von schwarzen Farben gerechnet werden.

Süchte: Suchterscheinungen wie Alkoholismus, Drogenabhängigkeit, Nikotinabhängigkeit, Medikamentenabhängigkeit.

Familiäre Belastung: Auffälligkeiten in der Familienvorgeschichte mit wiederholt auftretenden frühen Todesfällen, schweren chronischen Erkrankungen, psychischen Entgleisungen, psychotischen Erkrankungen, auffallendes Verhalten wie willensschwache und seelisch gelähmte Menschen, die sich früh in ihre Wohnung zurückgezogen haben und den Kontakt mit der Umwelt aufgegeben haben. Bei vielen dämonisch Belasteten finden wir eine derartig auffällige Familienvorgeschichte. Dann sind bereits Belastungslinien erkennbar, die beweisen, daß dämonische Kräfte in irgendeiner Form in der Familie weitergegeben werden.

Psychosen: Die großen Psychosen wie Schizophrenie, endogene oder zyklische Depression, Epilepsie, paranoide Erkrankungen und alle anderen Formen von halluzinatorischen Reaktionen sind von biblischer Schau nichts anderes als die krankheitlichen Manifestationen dämonischer Kräfte. Sie haben das Symptombild so gewandelt, daß sie nicht mehr darin erkennbar sind. Sie produzieren „ehrenwerte", wertneutrale psychiatrische Krankheiten.

Neigung zum Okkulten: Die Neigung, sich mit allen möglichen magischen und okkulten und heidnisch-dämonischen Praktiken, Philosophien und Exerzitien zu verbinden, ist so gut wie immer der Ausdruck von bereits vorher stattgehabter Infizierung durch dämonische Kräfte, die nachher weitere und stärkere Geister nach sich ziehen. Dazu gehört auch die spezifische Leidensgeschichte von Frauen, die überzufällig häufig vergewaltigt oder sexuell belästigt werden. Das ist niemals ein Zufall!

„Selbstverständliche" Charakterschwächen: In dieser Rubrik nenne ich die Fülle von charakterlichen Abweichungen und Eigenheiten, die meistens keine grobe klinische Auffälligkeit an sich haben. Sie können so verborgen sein, daß andere sie gar nicht merken und der Betroffene selbst, obwohl er darunter leidet, sie nicht bewußt registriert. Und dennoch sind sie da.

Die Erörterung dieser Kategorie von allgegenwärtigen Negativ-Variationen unseres Charakters und unseres Reagierens stellt die Mitte und auch die Besonderheit dieses Buches da. Ich habe entdeckt und durch meine Mitarbeiter vielfach bestätigen lassen, daß das Dämonische viel stärker präsent ist in unseren Alltagsreaktionen, als wir das annehmen. Die biblischen und erfahrungsmäßigen Beweise sind überwältigend. Natürlich ist der beweismäßige Schlußpunkt jeweils die Befreiung des Betroffenen, der das objektiv erlebt und subjektiv spürt, daß er frei ist und frei bleibt.

Folgende Charakterhaltungen können Ausdruck einer dämonischen Einwirkung sein: Minderwertigkeitsgefühle, der Eindruck, abgelehnt zu sein und das zwanghafte Ablehnen anderer, Isoliertheit, Verlassenheit, Unsicherheit, Instabilität, Ungeborgenheit, Mißtrauen, Versagerbewußtsein, Haß, Aggressionsverhalten, Hilflosigkeit, chronische Schwäche, Lebensuntüchtigkeit, sich nichts zutrauen, nicht Liebe annehmen können, nicht Liebe geben können, Gefühllosigkeit, Pedanterie, charakterliche Zwanghaftigkeit, Leistungsverweigerung, Leistungsexzess, Intellektualismus, zwanghaftes Karrierestreben, Bitterkeit, Passivität, Starrheit, abnorme Sanftheit, auffallend soziales Verhalten mit starken Bindungswünschen, Fluchtgedanken, Herrschaftsgelüste, rebellisches Verhalten, querulatorischer Charakter, Tagträumen, sektiererhaftes Eifern, Selbstmitleid, Selbstgerechtigkeit, Moralisieren, Pharisäerhaftigkeit.

Diese Liste ist unvollständig, und doch ist sie beeindruckend. In diesen Bereichen haben meine Mitarbeiter und ich die interessantesten und abenteuerlichsten Entdeckungen gemacht. Wir werden lernen, wie diese Auffälligkeiten und charakterlichen Deformierungen, die sonst niemand zu therapieren gedenkt, weil sie so normal sind, durch ein klares biblisches Konzept in ihrer Begründung und in ihrem Zustandekommen durchschaut und anschließend beseitigt werden können.

Der Leser wird bald erkennen, daß das manche jener Kategorien von Belastungen und Bindungen sind, die auch für ihn zutreffen. Es soll aber keine leidvolle Entdeckung sein, die Angst und Unruhe erzeugt. Sie soll das ganze Gegenteil bewirken: Indem wir wissen, daß hinter bestimmten chronischen oder lebenslang bestehenden Charaktereinstellungen und zwanghaften Haltungen ein besiegter Feind steht, können wir Zuversicht bekommen, an diesen Stellen doch den Sieg zu erringen.

Ich will den Leser ermutigen, unbedingt in die herrliche Erfahrung der Befreiung hineinzutreten, wenn er beim Durchsehen dieser Aufzählung herausfindet, daß er sie braucht. Es wird kaum jemanden geben, der gänzlich frei ist von irgendeiner seelischen oder charakterlichen Behinderung, die hier aufgezählt worden ist. Aber der Heilige Geist will uns tatsächlich durch Jesus freimachen und nicht nur eine Diagnose stellen.

Krankheiten: Vegetative Störungen und psychosomatische Krankheiten wie auch rein körperliche Krankheiten: Schlafstörungen, abnorme Müdigkeit, Eßstörungen im Sinne von Völlerei oder Eßverweigerung, Magersucht, psychosomatische Herzbeschwerden, alle vegetativen Krankheitserscheinungen im Bereich der inneren Organe, der Haut, des Sprechens, Hörens und Sehens.

Alle chronischen Schmerzzustände wie Neuralgien und manche Formen von Nervenentzündungen (Neuritiden) sind hochgradig verdächtig, eine dämonische Wurzel zu haben. Natürlich muß es im Einzelfall gewissenhaft abgeklärt werden. Dazu zählen auch Kopfschmerzen chronischer Art, Migräne, Trigeminus-Neuralgie, andere Schmerzzustände, an denen keine körperliche Ursache erkennbar ist.

Funktionsstörungen der Sinnesorgane wie Blindheit, Schwachsichtigkeit, in manchen Fällen Schielen, Taubheit, Ohrensausen und Ohrenklingen, starke Wetterfühligkeit können in einzelnen Fällen durch dämonische Kräfte bedingt sein (siehe Matthäus 9,32, Matthäus 12,22). In anderen Fällen sind sie eine selbständige Erkrankung, die mit einer innewohnenden dämonischen Kraft nichts zu tun hat.

Nach meiner Erfahrung sind alle Formen einer chronischen rheumatischen Arthritis wie auch die benachbarten Krankheitsformen aus dem sogenannten rheumatischen Formenkreis durch dämonische Mächte bedingt. Das trifft auch auf die Kollagenosen zu, die ebenfalls rheumatische Krankheiten sind, welche teilweise auch die inneren Organe oder die Blutgefäße befallen. Davon ist streng die Gelenkabnutzung, die Arthrose, abzugrenzen.

Unter den Hauterkrankungen sind alle chronischen entzündlichen Erkrankungen aus dem Bereich der Autoimmun-Erkrankungen zu erwähnen. Übrigens gehören zu dieser Krankheitsgruppe auch die entzündlichen Rheumaerkrankungen. Ferner sehe ich alle chronischen Ekzeme und allergischen Krankheiten, sofern sie eine gewisse Chronizität aufweisen, von dämonischen Kräften verursacht. Zu dieser Krankheitsgruppe gehört auch der Heuschnupfen, das Asthma und die Neurodermitis mit ihren verwandten Krankheitsgruppen. Von diesem Komplex von Krankheiten wage ich zu sagen, daß sie ausnahmslos eine dämonische Wurzel besitzen.

Es sind die anderen in Frage kommenden Krankheiten gar nicht alle aufzuzählen. Verdächtig für das Vorliegen einer dämonischen Komponente ist die Chronizität, das Fehlen jeglicher Selbstheilungstendenz und das stetige Fortschreiten eines Leidens, das zu zunehmender Behinderung, Verstümmelung oder zum Tod führt. Insofern gehören auch die bösartigen Tumoren zu den Krankheiten mit dämonischem Hintergrund. Nach meinem Wissen ist unter allen Seelsorgern, die sich überhaupt mit dem Thema Heilung und Befreiung beschäftigen, das so gut wie unumstritten. In der bösartigen Geschwulst offenbart sich das Wesen des Dämonischen in typischer Form. Es macht sich ungeordnet auf Kosten des geordneten Lebens breit, wächst invasiv und zerstörerisch und beweist sich insofern als ein Imitat des Lebens. Dieses wächst geordnet, gemäßigt und umgebungsgerecht. Der Tumor hat den Schein des Lebens, er wächst zügellos, überschnell und ohne Rücksicht auf die Gewebeumgebung und ist insofern die Erscheinungsform eines zerstörerischen Todesgeistes.

*

Wir sehen, daß die Kenntnis der Wirksamkeit des Bösen wohl nötig ist. Denn die oben genannten Erscheinungen sind tatsächlich im Alltagsleben und -erleiden allgegenwärtig.

Sollte es stimmen, daß die aufgelisteten Krankheiten und Abnormitäten häufig oder regelmäßig auf dämonische Ursachen zurückzuführen sind, dann ist es wohl an der Zeit, mit Entschlossenheit und Kenntnis an das Werk zu gehen, um diesen das Handwerk zu legen. Ich möchte hier betonen, daß es nicht ein finsteres und unbehagliches Geschehen sein muß, wenn man dem Feind entgegentritt. Wer von vornherein weiß, daß er Sieger ist, wer also schon gesiegt hat, wenn er anfängt, der wird die Notwendigkeit, mit dem Sieg Jesu hier einzugreifen, nicht als ein schaurig-obskures Geschehen erleben. Es macht Spaß zu siegen, es macht Spaß befreit zu sein und es ist ein Privileg, von Gott zum Befreiungsdienst bei anderen gebraucht zu werden.

2. Die Eintrittspforten des Bösen

Wir sind umgeben von unsichtbaren dämonischen Kräften. Aber wir sind auch umgeben von Engeln des Lichtes, und ihrer sind mehr! Letztere werden in der Schrift als dienstbare Geister dargestellt, die ausgesandt sind zum Dienst an den Heiligen.

Die dämonischen Wesen wollen nicht dienen. Sie wollen uns überfallen, quälen und zerstören. Aber es ist wichtig zu wissen, daß sie das nicht ohne weiteres tun können, nicht einmal beim Nicht-Gläubigen. Es gibt eine Ordnung in der unsichtbaren Welt, die bestimmt, wann ein dämonisches Wesen in eine menschliche Person eindringen darf. Es muß in jedem Fall den Dämonen ein Recht von seiten der Person eingeräumt werden, in sie hineinkommen zu dürfen. Der zerstörerische Wille der dämonischen Kraft selbst reicht dazu nicht aus.

Wir kennen folgende Kategorien von Eintrittsformen, die identisch sind mit Anrechten der dämonischen Kräfte:

Okkultschuld und Okkultpraktik,

Tatsünden von bestimmter Natur und Ausmaß,

Faktoren der Vergangenheit in der Familienvorgeschichte,

Flüche.

2.1. Okkulte Praktiken

Es ist zur wohlbekannten Tatsache unter engagierten Christen geworden, daß jede Beschäftigung mit okkulten Praktiken, magischen Handlungen und dämonisch-heidnischen Riten, Philosophien und Methoden zu einer dämonischen Befleckung oder Besetzung führt. Alle Sünden im Sinne solcher Okkultpraktiken sind ein Vergehen gegen das erste Gebot und eine direkte Kontaktaufnahme mit der unsichtbaren dämonischen Welt des Widersachers. Das führt dazu, daß die Kräfte, deren Hilfe man sucht oder die man befragt, bei diesem Geschehen auf denjenigen übergehen, der sie anruft. Das scheint, soweit ich das sehe, in der ganzen Breite der Christenheit so gut wie unbestritten zu sein.

Es gehört zu unseren durchgehenden seelsorgerlichen Erfahrungen, daß auch der Umgang mit magischen, abergläubischen und okkulten Methoden selbst dann zu einem Übergang dämonischer Kräfte führt, wenn der Betreffende es unwissend getan hat, sich nichts dabei dachte und gar nicht an die Wirksamkeit der von ihm ausgeübten magischen Praktik glaubte. In den Augen Gottes ist ein solches Verhalten eine Greuelsünde und ein fluchwürdiges Geschehen, weswegen das Wort Gottes im 5. Mose 7,25-26 alle mit dem Götzendienst und heidnischen Gottheiten verbundenen Symbole und Geräte als einen Greuel oder nach einer wörtlicheren Übersetzung als ein „verfluchtes Ding“ ansieht.

> **5. Mose 7,25-26**
> **25 Die Bilder ihrer Götter sollst du mit Feuer verbrennen und sollst nicht begehren das Silber oder Gold, das daran ist, oder es zu dir nehmen, damit du dich nicht darin verstrickst; denn das ist dem Herrn, deinem Gott, ein Greuel.**
> **26 Darum sollst du solchen Greuel nicht in dein Haus bringen, damit du nicht dem Bann verfällst wie jene, sondern du sollst Ekel und Abscheu davor haben; denn es steht unter dem Bann.**

Die dämonischen Rückstände im Sinne eines veränderten Verhaltens bei jemandem, der auch nur einmalig mit magischen und abergläubischen Dingen zu tun gehabt hatte, sind immer bei diesem erkennbar und erfahren auch keine Alterung, selbst nicht über Jahrzehnte. Natürlich gibt es auch hier Unterschiede in dem Grad der dämonischen Bindung, die abhängig ist von dem Ausmaß der Tätigkeit und von dem Energiegehalt der negativen dämonischen Kraft.

Jedem seelsorgerlich Tätigen muß das Spektrum der häufigsten okkulten Techniken und Praktiken geläufig sein: Astrologie, Horoskope, Kartenlegen, Handlinienlesen, Wünschelrutengehen, Pendeln, Besprechen, das Aufsuchen von Wahrsagern oder Wahrsagerinnen, Umgang mit Hexen und Zauberern, Spiritismus mit Totenbefragung, Tischerücken, Gläserrücken, Zeichendeuterei, Tageswählerei, Beschwörung, Magnetisieren.

Zu dieser Liste gehören auch die harmlos erscheinenden abergläubischen Haltungen und Reaktionen: Beachten von Hufeisen, des vierblättrigen Kleeblattes, Spinnengewebe in der Zimmerecke, Schnur mit Knoten; Scherben, die Glück bringen; Teeblätter, die sich im Tee befinden; bestimmte magische Trauminhalte; diverse Bauernregeln, Zahlen-Magien wie die „böse 13" oder die gute oder die „böse 7" und vieles mehr.

Zu erwähnen sind in diesem Zusammenhang ferner alle Spielarten der weißen Magie, die ihr okkultes Spiel unter Verwendung von christlichen Begriffen und den Namen Gottes betreiben, und dann auch schwarze Magie, die ganz offen im Namen Satans und seines Reiches agiert. Zu ihr gehören Blutsverschreibungen an den Teufel, Hersagen von Zaubersprüchen, Anrufung des Teufels, heidnische mysteriöse Okkulthandlungen mit Anbetungszeremonien und Initiationsriten sowie Satansmessen und der Gebrauch der klassischen dämonischen Satansliteratur wie das 6. und 7. Buch Mose. Zu dem Umkreis dämonischer Praktiken gehören alle religiösen Handlungen und Zuwendungen zu den heidnischen Hochreligionen Asiens wie Hinduismus, Buddhismus, Lehre des Konfuzius und Taoismus sowie vielfältige tibetanische Religionsformen und Meditationsweisen. Dazu gehören auch die Religion des Islam sowie alle Primitiv-Religionen und der Schamanismus. Sie alle sind Lehren der Dämonen, und wer ihnen glaubt, wird ihr Opfer (1. Timotheus 4,1).

Mit den eben genannten heidnischen Philosophien und Religionen verwandt, und damit gleicher Herkunft, sind Bewegungen wie die Theosophie, die Anthroposophie, die „Christliche Wissenschaft" und viele weitere mystisch-gnostische Erlösungswege. Ihre Zahl ist unübersehbar groß. Die Querverbindungen zu anderen okkulten Bewegungen und Strömungen sind vielfältig. Fast alle Meditationstechniken und Versenkungspraktiken gehören dazu, selbst der Hatha Yoga, die moderne Aufbereitungsform von diesem, das autogene Training, die zen-buddhistischen Versenkungstechniken, viele Selbsterfahrungsgruppen mit weltanschaulicher Prägung und auch bestimmte Meditationstechniken aus dem katholischen Bereich, sonderlich jesuitische Versenkungspraktiken. Um diese ranken sich sektiererhafte Sonderlehren wie die Lorber-Bewegung, die Rosenkreuzler, das Freimaurerwesen, die Illuminati und alle anderen Formen von esoterischen Zirkeln, Kräften und Bewegungen.

Nach seelsorgerlicher Erfahrung und bedingt durch die Theorie-Inhalte gehören zu den dämonischen Methoden auch die Akupunktur, Akupressur und alle weiteren Varianten dieser Methode; ferner die Homöopathie, die Fußsohlenreflexzonenmassage und alle anderen Heilpraktikermethoden, die davon ausgehen, daß das Körperschema in bestimmten Einzelorganen voll vertreten ist. Auch die Irisdiagnostik und die meisten der Therapieansätze aus dem Bereich der Naturheilkunde sind verdächtig auf einen letztlich dämonischen Hintergrund. Eine solche Einordnung wird von den Heilpraktikern, zumal den christlichen Heilpraktikern, mit aller Entschiedenheit und Aggressivität zurückgewiesen. Aber die Resultate solcher Methoden und Techniken sprechen ihre Sprache – und die Befreiungsmanifestationen, wenn man im Namen Jesu an sie herangeht, eine noch stärkere!

Die dämonische Verführung geht bis in die naturheilkundliche Ernährungsweise hinein, die überzogen ist von einem Netz an scheinwissenschaftlichen Begründungen. Die mit diesen Methoden verbundenen Anschauungen können alle nicht mit den Mitteln der Logik verstanden werden und verraten sich insofern als irrational. Und weil sie unlogisch sind, sind sie nicht göttlich. Querverbindungen zu unterschiedlichen heidnischen Vorstellungen sind obendrein bei einigen der Naturheilkunden und Ernährungsmethoden nachweisbar. So zum Beispiel ist das Prinzip von Yin und Yan und der Sonnenverherrlichung in einigen Fällen der Hintergrund von bestimmten Diätformen (z. B. Makrobiotik, einige Formen von Müsli-Diäten).

Der dämonische Untergrund dieser Techniken und Anschauungen ist offensichtlich. Das gilt auch dann, wenn für die letztgenannten Techniken im Umkreis der Heilpraktiker-Methodik manche Christen auf die Barrikaden gehen. Wer mit diesen Verfahren in direkte Berührung gekommen ist, öffnet sich für die dahinter stehenden okkulten Mächte. Es kommt zu einem regelrechten Übertritt dieser Kräfte.

In solchen Fällen wird empfohlen, daß der Betroffene sich im Gebet davon lossagt, die Vergebung des Herrn beansprucht und ausdrücklich seine Freiheit durch das Blut Jesu erwirbt. Sollten Belastungen ausschließlich durch einen Okkult-Kontakt zustande gekommen sein, dann darf man in aller Regel erwarten, daß nachher die damit zusammenhängenden Symptome und Belästigungen verschwunden sind. Das kann auch bedeuten, daß dadurch empfangene übernatürliche Befähigungen wie Telepathie oder das Déjà-vu-Erlebnis verloren gehen.

All diese Dinge habe ich hier nur der Vollständigkeit halber erwähnt. In diesem Buch interessieren sie nur am Rande, wiewohl sie zu einer Volksseuche geworden sind. Aber unter den wiedergeborenen Christen und Seelsorgern gibt es hier eigentlich keine echten Fragen. Die Kenntnis darüber ist mittlerweile schon recht weit verbreitet, so daß in sehr vielen Fällen durch richtiges Nachfragen und nachfolgendes seelsorgerliches Handeln Befreiung zustande kommt.

So schön in manchem Einzelfall die Auswirkung dieser eben beschriebenen Methode der Befreiung im Hinblick auf Okkult-Lasten ist, in sehr vielen Fällen, ja in den meisten Fällen sind die Ergebnisse dieser angewandten Methode doch nicht befriedigend. Aus eigener Erfahrung und denen anderer Seelsorger weiß ich zu berichten, daß die alleinige und mechanische Anwendung dieser Methode in sehr vielen Fällen zu frustrierenden Ergebnissen führt.

Also, folgende zwei Formeln funktionieren nicht in jedem Fall. Die erste lautet: Nachgewiesene Zwangssymptomatik, die durch okkulte Kräfte bedingt sein muß, bedeutet, daß eine irgendwie geartete Okkult-Praktik vorgelegen hat. Deswegen ist eine Befreiung von solchen Okkult-Mächten geboten. Die zweite Formel lautet: Findet man in der Vorgeschichte von jemandem tatsächlich eine irgendwie geartete Okkult-Praktik und stürzt sich im anschließenden Befreiungsdienst auf diesen Befund, so muß nachher eine nachweisbare und fühlbare Erleichterung im Sinne einer Befreiung stattfinden.

Diese beiden Formeln treffen in enttäuschend vielen Anwendungsfällen nicht zu! Ein Vorgehen dieser Art ist offensichtlich kurzschlüssig und muß weitere Faktoren außer acht lassen.

2.2. Tatsünden

Neben den Okkult-Praktiken gibt es noch eine weitere Kategorie von Zutrittserlaubnissen für dämonische Kräfte, und zwar ein bestimmtes Kontingent von Tatsünden. In meinem eigenen seelsorgerlichen Dienst habe ich schon vor vielen Jahren erkannt, daß bestimmte Schuld im Sinne von einzelnen Tatsünden offenbar den Rang von Okkult-Schuld hat und ähnliche Auswirkungen auf die Person nach sich zieht, wie wir es bei Okkultpraktiken laufend feststellen. Ich fand heraus, daß zum Beispiel sexuelle Perversionen, Abtreibung, Mord und manche Delikte aus dem kriminellen Bereich wie Diebstahl, Hinterziehung, Hochstapelei zu genau denselben Bindungen führen wie eine klassische Okkult-Vergangenheit. Es waren in der Seelsorge dann regelmäßig dämonische Kräfte nachzuweisen, wobei diese meistens einen anderen Teil des zerstörerischen, diabolischen Spektrums abdeckten. Also, die Mechanik und der Aufbau der bösen Zwangssituation ist gleich, die Art der Bindung ist unterschiedlich.

Dämonische Kräfte haben unterschiedliche Funktionen. Allen gemeinsam ist, daß sie gegen Gott gerichtet sind, daß sie lügenhaft und stolz sind und daß sie zerstören. Sie sind unsichtbare Personen, die mit Willen und seelischen Funktionen ausgestattet sind, aber keinen Körper haben. Sie verfügen über ein unterschiedliches Ausmaß an zerstörerischer Energie. Wichtig ist zu wissen, daß sie so heißen, wie ihre Funktion ist. Wir können sie also an ihren Auswirkungen erkennen und benennen: Finden wir Mord- und Aggressionszwänge in jemandem, dann dürfen und müssen wir folgern, daß Mord- und Aggressions- oder Haßmächte vorhanden sind.

So müssen wir nicht kunstvoll und langwierig unter dem Einsatz der Gaben des Wortes der Erkenntnis oder der Geisterunterscheidung den Namen und die Natur der vorliegenden dämonischen Mächte ermitteln. Das Wesen dieser Kräfte und ihre Benennung ist unschwer an der Art der vorliegenden Charakterdeformierung und an der Besonderheit der Familienvorgeschichte abzulesen.

So werden wir also dann, wenn dämonische Bindungen durch bestimmte Tatsünden zustande gekommen sind, regelmäßig andere Arten von Zwängen, Charakterdeformierungen und seelischen Störungen finden als in der letzten Rubrik der Okkult-Praktiken. Dementsprechend wird auch die Art und die Benennung der vorliegenden Dämonen, die in der Person ihr Unwesen haben, weitgehend anders sein. Wir werden dämonische Kräfte der Perversion und der sexuellen Unreinheit, wir werden Mächte von Haß, Selbstmord und Mordabsichten vorfinden. Ferner entdecken wir häufig Kräfte extremer Selbstsucht, Betrugs-, Verrats- und Drogen-Geister sowie viele ähnliche Kräfte mehr. Die biblische Entsprechung für diesen Befund finden wir in den folgenden Schriftstellen:

3. Mose 18,22-24.26-29
22 Du sollst nicht bei einem Mann liegen wie bei einer Frau; es ist ein Greuel.

23 Du sollst auch bei keinem Tier liegen, daß du an ihm unrein werdest. Und keine Frau soll mit einem Tier Umgang haben; es ist ein schändlicher Frevel.
24 Ihr sollt euch mit nichts dergleichen unrein machen; denn mit alledem haben sich die Völker unrein gemacht, die ich vor euch her vertreiben will.
26 Darum haltet meine Satzungen und Rechte und tut keine dieser Greuel, weder der Einheimische noch der Fremdling unter euch –
27 denn alle solche Greuel haben die Leute dieses Landes getan, die vor euch waren und haben das Land unrein gemacht –
29 denn alle, die solche Greuel tun, werden ausgerottet werden aus ihrem Volk.

In diesen göttlichen Verboten werden die Perversionen von Homosexualität bei beiden Geschlechtern, Sodomie und ähnliche perverse Abweichungen („ihr sollt euch mit nichts dergleichen unrein machen") angesprochen. Alle diese argen Sünden werden Greuel und frevelhafte Schandtaten genannt. Damit werden sie klassifiziert und den Okkult-Sünden, die ebenfalls als Greueltaten bezeichnet werden, gleichgestellt. Ihretwegen verloren die Kanaaniter ihr Land und ihr Leben, und so würde es auch den Israeliten ergehen, wenn sie sich nicht davon trennten.

Es haben also die hier genannten perversen Sünden den gleichen Stellenwert und Rang wie Okkult-Betätigungen. Sie sind Greueltaten, sie sind ein schandbarer Frevel, sie führen zu Ausrottung und Verlust des Lebens. Aus alldem muß geschlossen werden, daß sie Eintrittspforten dämonischer Kräfte sind. Sie machen unrein, das heißt, sie trennen das Volk von seiner Liebesbeziehung zu ihrem Gott. So endet auch der Abschnitt im 3. Mose 18,30: „Ich bin der Herr, euer Gott".

Wir halten also fest: Es gibt eine bestimmte Kategorie von moralischen Verfehlungen, die Greuelsünden genannt werden, unrein machen und in alttestamentlichen Zeiten mit sofortiger Ausrottung geahndet wurden. Durch diese Taten dürfen offenbar dämonische Mächte derselben Art in die Täter eindringen. Das ist wohl der letzte Hintergrund dafür, daß diese Taten Greueltaten genannt werden, weil die Dämonen die Entsprechung der Götzen sind, die sonst in der Schrift auch greulich genannt werden.

Folgende Bibelstellen erweitern diesen Katalog. Die genannten Untaten entsprechen zum Teil dem, was auch nach unserem bürgerlichen Gesetzbuch als kriminelle Schuld gilt:

Psalm 5,5-7
5 Denn du bist nicht ein Gott, dem gottloses Wesen gefällt; wer böse ist, bleibt nicht vor dir.
6 Die Ruhmredigen bestehen nicht vor deinen Augen; du bist feind allen Übeltätern.
7 Du bringst die Lügner um; dem Herrn sind ein Greuel die Blutgierigen und Falschen.

Sprüche 3,31-32
31 Sei nicht neidisch auf den Gewalttätigen und erwähle seiner Wege keinen,
32 denn wer auf Abwegen geht, ist dem Herrn ein Greuel, aber den Frommen ist er ein Freund.

Sprüche 12,22
Lügenmäuler sind dem Herrn ein Greuel; die aber treulich handeln, gefallen ihm.

Sprüche 11,1
Falsche Waage ist dem Herrn ein Greuel; aber ein volles Gewicht ist sein Wohlgefallen.

Sprüche 20,10
Zweierlei Gewicht und zweierlei Maß ist beides dem Herrn ein Greuel.

5. Mose 22,5
Eine Frau soll nicht Männersachen tragen, und ein Mann soll nicht Frauenkleider anziehen; denn wer das tut, der ist dem Herrn, deinem Gott, ein Greuel.

Also Mord, Totschlag, Wirtschaftsvergehen, Stehlen, Betrug, Transvestitentum, Perversionen, das sind die Handlungen, um derentwillen der Herr die Kanaaniter vor ihnen vertreiben wird – ein Völkergemisch, das durch und durch dämonisch durchsetzt war.

Finden wir nun solchen Sachverhalt und solche Greuelschuld in der Vorgeschichte von belasteten Menschen, die in unsere Seelsorge kommen, dann müssen wir die Diagnose stellen, daß hier dämonische Kräfte Eingang gefunden haben. Die entsprechend ausgerichtete Seelsorge, die zum Befreiungsdienst übergeht, kann dann auch regelmäßig den Beweis dafür antreten, indem anschließend solche dämonischen Mächte sich manifestieren und dann bei vorhandenen Voraussetzungen entfernt werden.

Wir haben damit das Spektrum der Voraussetzungen erweitert, um einen erfolgreichen Dienst an dem Belasteten zu tun. Schließen wir diese Gesichtspunkte in unsere Vorbereitung zum Befreiungsdienst mit ein, dann werden wir eine deutliche Verbesserung der Befreiungs-und Heilungsquote erreichen: Mehr Menschen werden die befreiende Kraft Jesu und seines Blutes und die Überlegenheit von Kreuz und Auferstehung über ihre Bindungen erleben, als wenn wir nur unter dem Gesichtspunkt der Okkult-Diagnostik angetreten wären.

So erfreulich diese Zunahme an Befreiungserfolgen ist, es bleiben noch genug Fälle ohne nachweisliche Befreiung, solange nur das bisher Erkannte zu unserer Methodik geworden ist. Dieses Verfahren ist offensichtlich noch nicht ausreichend! Zu viele Fälle, ja die meisten erfahren so noch keine Heilung oder Linderung. Die Enttäuschung auf beiden Seiten, wenn man mit Hingabe und nach bestem Wissen und Gewissen diese Schritte getan hat und das Resultat ausbleibt, ist schmerzlich und entmutigend. Danach gibt es nicht selten einen Einbruch in der Vertrauensbeziehung des Betroffenen zu seinem Herrn. Er bleibt vielleicht dabei, daß Gott im Prinzip alles kann, aber er erwartet es nicht mehr hier und jetzt und für seine Not. Das ist genau das, was der Teufel beabsichtigt. Lassen wir es nicht zu!

2.3. Familienvorgeschichte

Wer im Befreiungsdienst steht und gewissenhaft alle Faktoren berücksichtigt, die zu Bindungen führen und danach forscht, wie sie aufgehoben werden können, wird nicht lange an dem Gesichtspunkt der Familienvorgeschichte vorbeigehen können. In der Seelsorgeliteratur, in den persönlich weitergereichten Einsichten, Befürchtungen, Gewißheiten und Gerüchten der Gebundenen und ihrer Seelsorger bzw. Seelsorgegruppen nimmt der

Gesichtspunkt der Okkult-Schuld oder Belastung durch die Sünden der Vorväter eine unüberhörbare Rolle ein.

Kaum wird ein solcher Verdacht geäußert oder eine solche Möglichkeit erwogen, geht man zum therapeutischen Handeln über. Die Seelsorger durchschneiden die Belastungslinien, die die vergangenen Generationen mit den Seelsorge Suchenden verketten. Es werden die okkulten und anderen dämonischen Kraftwirkungen und Aktivitäten feierlich und nachdrücklich gebunden und zurückgewiesen, damit der Betroffene jetzt seine Freiheit, seine Willensentscheidung und seine Handlungsfähigkeit zurückgewinnen kann.

Hat man einmal dieses Verfahren begonnen, dann dauert es nicht lange, und ein ausgeprägtes Regelwerk von vielfältigen Mechanismen wird im Laufe von zunehmenden Seelsorge-Erfahrungen errichtet, das dann immer komplexer und größer wird, bis es am Ende sich verselbständigt hat. Weil aber die Verhältnisse in Anbetracht der dämonischen Verflechtungen der Vergangenheit so schwierig geworden sind, muß dann der Heilige Geist bemüht werden, damit er mit seinen Geistesgaben die einzelnen Eintrittspforten des Bösen in den vergangenen Generationen genau benennen kann und diese Kräfte dann anschließend einzeln erlegt werden.

Was ist der Gewinn von all diesem Tun und wie biblisch stichhaltig ist es? Es läßt sich nicht leugnen, daß in sehr vielen Fällen dämonisch Belastete eine auffällige Familienvorgeschichte haben. Die Linien von Leid, Abwegigkeiten und Auffälligkeiten mit vielfältigen Krankheitserscheinungen und sozialen und familiären Katastrophen sind in der Tat unübersehbar. Ein solcher Befund stellt eine einzige Einladung dar, ihn im Sinne eines systematischen Befreiungs-Theorie-Konzeptes zu gebrauchen. So kommen dann die eben geschilderten Wuchererscheinungen des Befreiungsdienstes zustande.

Was ist die schriftgemäße Deutung dieser Verhältnisse? Wenn die Schrift uns sagt, daß bestimmte Sünden, etwa die gegen das erste Gebot, an den Kindern heimgesucht werden bis zum dritten und vierten Glied, dann wird damit die Wirksamkeit dämonischer Kräfte in Abhängigkeit von einer Anfangsverfehlung der Eltern beschrieben. Das ist dann jene Zerstörungslinie, die wir in der Beobachtung der Familienvorgeschichte von Gebundenen und Belasteten sehr leicht erkennen können. Aber das bedeutet nicht, daß die jeweils letzte Generation, mit der wir es in der Seelsorge zu tun haben, moralisch für die Sünden der Eltern und Vorväter verantwortlich und haftbar zu machen ist. Also muß sie auch deren Sünde nicht bekennen oder sich von deren Sünde trennen. Wir müssen exakt unterscheiden zwischen Schuld in früheren Generationen und den Folgen der Schuld, die weiter durch die nachfolgenden Generationen laufen.

Wollen wir im Befreiungsdienst jemandem helfen, der Jesus als seinen Herrn angenommen hat und damit eine neue Kreatur geworden ist – und allein an wiedergeborenen Christen sollten wir den Befreiungsdienst vollziehen, wenn es um ich-nahe Charakterstörungen und Symptome geht –, dann ist die Unfreiheit des Belasteten nicht die Folge einer Verkettung an die Schuld der Vorfahren. Er ist gerecht, er ist ein Kind Gottes, ihm ist die Schuld vergeben, er braucht und soll nicht büßen für die Schuld seiner Eltern. Er leidet wohl unter den Auswirkungen, aber diese müssen auf einem anderen Weg beseitigt werden.

Mit alledem will ich sagen, daß es eine breite seelsorgerliche Erfahrung ist, daß das oben geschilderte Vorgehen so gut wie keinen Nutzen hat! Nur in einzelnen Fällen kommt es durch eine solche Maßnahme zu einem Fortschritt im Befreiungsprozeß. Die Begründung für diese Gesetzmäßigkeit ist im 18. Kapitel des Buches Hesekiel nachzulesen, wo der Herr genau bestimmt, daß der Vater für seine Schuld und der Sohn für seine Sünde und nicht für die des Vaters verantwortlich ist. Damit wird ausgedrückt, daß diese weit verbreitete Methode keine Hilfe ist. Im Gegenteil, sie ist ein Umweg und eine Täuschung, die fast nur Leid und Enttäuschung fabriziert.

2.4. Flüche

So bleibt als letzter Gesichtspunkt in dieser Reihe der Untersuchungen von Eintrittspforten des Dämonischen die Bedeutung des Fluches. Er erfreut sich einer ähnlichen Beliebtheit unter den Befreiungsgruppen wie die Thematik der Familienvorgeschichte mit den gravierenden Initialsünden der Vorfahren.

Kann ein Fluch einer dritten Person oder eines Vaters, Großvaters, Urgroßmutter usw. gleichsam der Träger dämonischer Kräfte sein, so daß ein Fluch als ein Vehikel dient, auf dem die zerstörerischen Dämonen das im Fluch angesprochene Ziel zerstören? Ist der Fluch dazu imstande? Nach dem Urteil von vielen im Befreiungsdienst tätigen Christen setzt er Dämonen zu ihrem zerstörerischen Werk frei. Ist irgendwo und irgendwann in der Vorgeschichte eines Belasteten ein solcher Fluch ausgesprochen worden, so müsse er aufgedeckt und durch eine entsprechende göttliche Gegenreaktion mit Binden des Fluches und Durchschneiden der Fluchlinie und Lösen des Belasteten aus seinem Bann beseitigt werden.

Auch zu diesem Vorgehen will ich dieselbe bohrende Frage stellen: Bringt das etwas? Hat ein solches Handeln einen Nutzen und ist es biblisch zu begründen? Meine eindeutige Antwort ist: Nein! Ich räume ein, daß es wirksame und reale Flüche gibt. Unsere Missionare wissen von ihren Einsatzbereichen in der Dritten Welt genug über die Realität und die furchtbaren Folgen von Flüchen irgendwelcher heidnischen Priester und Medizinmänner zu berichten. Solche Flüche haben häufig genug die Verfluchten das Leben gekostet. Auch aus unserem Kulturkreis kann man gelegentlich von solchen Geschichten hören. Aber bedeutet das, daß ein wiedergeborener Christ ähnliche Dinge zu befürchten hat und daß bei ihm die Flüche voll wirksam sind wie bei den Heiden und Nicht-Gläubigen?

Ich sehe so viel Unkenntnis über diese Zusammenhänge, daß ich diese Frage verfolgen will. Was sagt die Bibel über Flüche und ihre Wirksamkeit und darüber, wer überhaupt fluchen darf und kann?

Wir müssen uns zunächst auf eine Art Definition verständigen. Unter Fluch verstehe ich eine mit Kraft und Autorität vorgetragene Erklärung oder Verwünschung, die auf eine bestimmte Person oder auch ein Ding Zorn, Übel und Zerstörung bringt. Der erste Fluch, von dem im Worte Gottes die Rede ist, kam von Gott und galt dem Teufel!

1. Mose 3,13-15
13 Da sprach Gott der Herr zum Weibe: Warum hast du das getan? Das Weib sprach: Die Schlange betrog mich, so daß ich aß.
14 Da sprach Gott der Herr zu der Schlange: Weil du das getan hast, seist du verflucht, verstoßen aus allem Vieh und allen Tieren auf dem Felde. Auf deinem Bauche sollst du kriechen und Erde fressen dein Leben lang.
15 Und ich will Feindschaft setzen zwischen dir und dem Weibe und zwischen deinem Nachkommen und ihrem Nachkommen; der soll dir den Kopf zertreten, und du wirst ihn in die Ferse stechen.

Weil Satan über die Schlange Eva verführte, wurde die Schlange direkt verflucht und über die Nachkommenschaft des Weibes, nämlich über Christus, dann auch der Teufel. Was für eine glorreiche Aussage und Anfangserklärung der Bibel zu diesem finsteren Thema! Gott ist der Fluchende, und der Teufel ist der den Fluch Erleidende. Wie geht es weiter mit der Geschichte des Fluches?

1. Mose 3,16-19
16 Und zum Weibe sprach er: Ich will dir viel Mühsal schaffen, wenn du schwanger wirst; unter Mühen sollst du Kinder gebären. Und dein Verlangen soll nach deinem Manne sein, aber er soll dein Herr sein.
17 Und zum Manne sprach er: Weil du gehorcht hast der Stimme deines Weibes und gegessen von dem Baum, von dem ich dir gebot und sprach: Du sollst nicht davon essen –, verflucht sei der Acker um deinetwillen! Mit Mühsal sollst du dich von ihm nähren dein Leben lang.
18 Dornen und Disteln soll er dir tragen, und du sollst das Kraut auf dem Felde essen.
19 Im Schweiße deines Angesichts sollst du dein Brot essen, bis du wieder zu Erde werdest, davon du genommen bist. Denn du bist Erde und sollst zu Erde werden.

Dieser Fortgang der Geschichte, nachdem die Schlange verflucht worden war, ist schon einen genauen Blick wert. Wir müssen nämlich feststellen, daß entgegen dem ersten Eindruck, den man haben kann und den in der Tat sehr viele auch haben, Eva nicht von Gott verflucht worden ist. Er erklärte zwar, daß sie jetzt mit Mühsal Schwangerschaft und Geburten erleben wird, aber daß ihr Verlangen nach ihrem Mann sein wird, der ihr Herr und damit auch ihr Schutzgeber sein soll. Das ist kein Fluch, sondern trotz der Erschwerung der Lebensbedingungen eher ein Segen.

Auch der Mann wurde nicht verflucht! Für ihn und mit Folgen für ihn wurde der Acker, den er zu bestellen hatte, verflucht, so daß er Disteln und Dornen tragen und seine Bearbeitung Mühe bereiten sollte. Gott sieht offenbar genau hin, wenn er etwas verflucht.

Gehen wir über zu einem nächsten biblischen Beispiel, in dem Gott einen Fluch ausspricht. Es handelt von Kain, der seinen Bruder Abel ermordet hat.

> **1. Mose 4,10-12**
> **10 Gott aber sprach: Was hast du getan? Die Stimme des Blutes deines Bruders schreit zu mir von der Erde.**
> **11 Und nun: Verflucht seist du auf der Erde, die ihr Maul hat aufgetan und deines Bruders Blut von deinen Händen empfangen.**
> **12 Wenn du den Acker bebauen wirst, soll er dir hinfort seinen Ertrag nicht geben. Unstet und flüchtig sollst du sein auf Erden.**

Auch in diesem Fall hat Gott selbst geflucht, und wenn wir genau hinsehen, stellen wir fest, daß nur ein Teil des Fluches Kain selbst traf. Der andere Teil bedeutete eine Erschwernis seiner Lebensbedingungen, indem der von ihm bebaute Acker weniger Ertrag bringen sollte.

Nach den bisher gewonnenen Einsichten ist nur Gott der eigentlich Verfluchende. Das wird anhand des nächsten Beispieles besonders offensichtlich. Es handelt von Bileam, der von einem kanaanitischen Stammeskönig gedungen wird, seine übernatürlichen Zauber- und Verwünschungskräfte im Sinne eines Fluches gegen das Volk Israel zu schleudern:

4. Mose 23,1.6-11.23

1 Und Bileam sprach zu Balak: Baue mir hier sieben Altäre und schaffe mir her sieben junge Stiere und sieben Widder.
6 Und als er zu ihm kam, siehe, da stand er bei seinem Brandopfer samt allen Fürsten der Moabiter.
7 Da hob Bileam an mit seinem Spruch und sprach: Aus Aram hat mich Balak, der König der Moabiter, holen lassen von dem Gebirge im Osten: Komm, verfluche mir Jakob! Komm, verwünsche Israel!
8 Wie soll ich fluchen, dem Gott nicht flucht? Wie soll ich verwünschen, den der Herr nicht verwünscht?
9 Denn von der Höhe der Felsen sehe ich ihn, und von den Hügeln schaue ich ihn. Siehe, das Volk wird abgesondert wohnen und sich nicht zu den Heiden rechnen.
10 Wer kann zählen den Staub Jakobs, auch nur den vierten Teil Israels? Meine Seele möge sterben den Tod der Gerechten, und mein Ende werde wie ihr Ende!
11 Da sprach Balak zu Bileam: Was tust du mir an? Ich habe dich holen lassen, um meinen Feinden zu fluchen, und siehe, du segnest.
23 Denn es gibt kein Zaubern in Jakob und kein Wahrsagen in Israel. Zu rechter Zeit wird Jakob und Israel gesagt, welche Wunder Gott tut.

Die Mitte dieser wunderbaren Geschichte enthält der Vers 8: „Wie soll ich fluchen, dem Gott nicht flucht? Wie soll ich verwünschen, den der Herr nicht verwünscht?“ Die Antwort ist doch die, daß gegen den Willen des Herrn ein Fluch nicht möglich ist, wenn er sein Volk betrifft und gegen seine Gerechten gerichtet ist. Heute sind wir das Volk Israel des Glaubens und stehen insofern an der Stelle des damaligen Volkes Israel.

Wir können gewiß sein, daß der Teufel Tausende Male seine Kräfte entboten hat, um Menschen zum Fluchen gegen uns anzuregen. Aber das ist nicht möglich, oder der Fluch kehrt sogar gegen ihn zurück.

Auch jetzt wollen wir noch einmal den Stand unserer Erkenntnis zu dem Thema Fluch markieren: Flüche kommen nicht nur letztlich von Gott, sie müssen verdient sein. Sie prallen an seinem Volk und an dem Gerechten ab!

Der Fluch, der von Gott kommt, kann auch von jemand ausgesprochen werden, der im Namen Gottes redet, sofern der Fluch verdient ist. Diesen Aspekt des Fluchens finden wir in dem abschließenden Segens- und Fluchwort von Jakob über seine Söhne:

1. Mose 49,3-7
3 Ruben, mein erster Sohn bist du, meine Kraft und der Erstling meiner Stärke, der Oberste in der Würde und der Oberste in der Macht.
4 Weil du aufwalltest wie Wasser, sollst du nicht der Oberste sein; denn du bist auf deines Vaters Lager gestiegen, daselbst hast du mein Bett entweiht, das du bestiegst.
5 Die Brüder Simeon und Levi, ihre Schwerter sind mörderische Waffen.
6 Meine Seele komme nicht in ihren Rat, und mein Herz sei nicht in ihrer Versammlung; denn in ihrem Zorn haben sie Männer gemordet, und in ihrem Mutwillen haben sie Stiere gelähmt.
7 Verflucht sei ihr Zorn, daß er so heftig ist, und ihr Grimm, daß er so grausam ist. Ich will sie versprengen in Jakob und zerstreuen in Israel.

Beide Flüche, wovon der erste nicht ausdrücklich im Text ein Fluch genannt wird, kommen von dem Vater Jakob, der gewiß in diesem Augenblick unter der Inspiration des Heiligen Geistes spricht und der seinen Fluch ausdrücklich auf stattgehabte Untaten seiner Söhne bezieht. In einem Fall hatte sich Ruben sexuell an seinem Vater vergangen, im anderen Fall kam es zum Mord durch den Jähzorn von Simeon und Levi. Auch hier, wie in allen anderen bereits erörterten Fällen, lag ein schwerwiegender Grund vor, so daß Gott, in diesem Fall über seinen Knecht Jakob, den Fluch aussprach. Daß der Fluch, der von Gott ausgeht, immer die Folge eines fluchwürdigen Vorgehens ist, wird in der nachfolgenden Textstelle deutlich:

5. Mose 7,26
Darum sollst du solchen Greuel nicht in dein Haus bringen, damit du nicht dem Bann verfällst wie jene, sondern du sollst Ekel und Abscheu davor haben; denn es steht unter dem Bann (wörtl.: es ist verflucht).

Wir hatten diese Stelle bereits im Zusammenhang mit dem Thema Okkult-Schuld behandelt. Der Fluch, der hier ausgesprochen wurde, wird nur wirksam, wenn zuvor eine fluchwürdige Sünde begangen wurde. Dazu gehört auch die bekannte Textstelle aus 5. Mose 28, wo dem Volk Gottes Fluch und Segen vorgelegt wird:

5. Mose 28,15-18
15 Wenn du aber nicht gehorchen wirst der Stimme des Herrn, deines Gottes, und wirst nicht halten und tun alle seine Gebote und Rechte, die ich dir heute gebiete, so werden alle diese Flüche über dich kommen und dich treffen:
16 Verflucht wirst du sein in der Stadt, verflucht wirst du sein auf dem Acker.
17 Verflucht wird sein dein Korb und dein Backtrog.
18 Verflucht wird sein die Frucht deines Leibes, der Ertrag deines Ackers, das Jungvieh deiner Rinder und Schafe.

Auch in diesem Fall gingen die Flüche von Gott aus und nicht vom Teufel oder von einer Person, die von sich aus geflucht hätte. Auch in diesem Fall ist der Hintergrund wieder ein schuldhaftes Verhalten, daß gegen die Gebote Gottes stand. Der Bruch des Gesetzes Gottes ist gleichbedeutend mit dem Aufladen eines Fluches über sich. So steht es verallgemeinert in

Sprüche 3,33
Im Hause des Gottlosen ist der Fluch des Herrn, aber das Haus des Gerechten wird gesegnet.

Sahen wir bis jetzt, daß der Herr der ausdrücklich Fluchende ist, dann sagen uns die nächsten Verse, daß der Fluchhintergrund, nämlich das nichtige und gottlose Verhalten, den Fluch regelrecht anzieht und heraufbeschwört:

Psalm 109,15-18
15 Der Herr soll sie nie mehr aus den Augen lassen, und ihr Andenken soll ausgerottet werden auf Erden,
16 weil er so gar keine Barmherzigkeit übte, sondern verfolgte den Elenden und Armen und den Betrübten, ihn zu töten.
17 Er liebte den Fluch, so komme er auch über ihn; er wollte den Segen nicht, so bleibe er auch fern von ihm.
18 Er zog den Fluch an wie sein Hemd; der dringe in ihn hinein wie Wasser und wie Öl in seine Gebeine.

Wer mit der Sünde umgeht, zieht sie mit ihren furchtbaren Konsequenzen auf sich selbst. So holt er den Fluch herbei, der aber dabei doch immer etwas mit Gottes bewußtem und aktivem Einschreiten zu tun hat. Denn es heißt: „Der Herr soll sie nicht mehr aus den Augen lassen."

Die andere Seite des Fluches ist die, daß er nicht eintrifft, wenn es keinen Grund für ihn gibt:

Psalm 109,28-29
28 Fluchen sie, so segne du. Erheben sie sich gegen mich, so sollen sie zuschanden werden; aber dein Knecht soll sich freuen.
29 Meine Widersacher sollen mit Schmach angezogen und mit ihrer Schande bekleidet werden wie mit einem Mantel.

Wir sehen sehr deutlich, daß der Fluch nicht eintrifft, der nicht verdient ist, sondern sogar zurückkehrt zu dem frevelhaft Fluchenden, um auf ihn selbst zu fallen. Besonders schön wird diese Gesetzmäßigkeit in folgender Textstelle offenbart:

Sprüche 26,2
Wie ein Vogel dahinfliegt und eine Schwalbe enteilt, so ist ein unverdienter Fluch: er trifft nicht ein.

Ist jemand gerecht, weil er die Gerechtigkeit Gottes angenommen hat und geworden ist, dann kann ein Fluch auf ihm nicht landen. Hier wird die Gesetzmäßigkeit erklärt, die dann im Neuen Testament erfüllt wird. Wir werden gleich darauf eingehen, müssen aber zuvor noch zwei grundlegende Wahrheiten im Umkreis des Themas Fluch aus dem Worte Gottes kennenlernen:

Jeremia 17,5
So spricht der Herr: Verflucht ist der Mann, der sich auf Menschen verläßt und hält Fleisch für seinen Arm und weicht mit seinem Herzen vom Herrn.

Auch in diesem Fall kommt der Fluch von Gott. Sein Ursprung liegt indessen in der Person selbst, die verflucht wird. Was ist die Schuld des Verfluchten? Sie liegt darin, sich auf sein eigenes Fleisch, das heißt seine eigene Kraft und auf Menschen verlassen zu haben. Drücken wir es noch genauer aus: Der letzte Hintergrund des Fluches ist auch in diesem Fall ein Verstoß gegen das erste Gebot. Wer sich auf Menschen und auf seine eigene Kraft verläßt, trennt sich von Gott, macht sich unabhängig von ihm und erhebt sich selbst zu seinem privaten Gott, indem er von sich oder auch von anderen, aber nicht von Gott Hilfe erwartet.

Jetzt noch ein Wort aus dem Neuen Testament, in dem der Begriff Fluch nicht ausdrücklich erscheint, aber seine Auswirkung besonders deutlich dargestellt wird:

Matthäus 18,32-35
32 Da forderte ihn sein Herr vor sich und sprach zu ihm: Du Schalksknecht, alle diese Schuld habe ich dir erlassen, weil du mich batest;
33 hättest du da dich nicht auch erbarmen sollen über deinen Mitknecht, wie ich mich über dich erbarmt habe?
34 Und sein Herr ward zornig und überantwortete ihn den Peinigern, bis daß er bezahlt hätte alles, was er ihm schuldig war.
35 So wird euch mein himmlischer Vater auch tun, wenn ihr nicht vergebet von Herzen, ein jeglicher seinem Bruder.

Hier wird auf den Schalksknecht, dem zuvor seine Riesenschuld vergeben worden war und der selbst seinem Schuldner eine kleine Summe nicht erlassen hat, ein Fluch gelegt. Ihm war zuvor Gnade gegeben worden, aber er wollte ausdrücklich Gnade und Barmherzigkeit nicht weiterreichen (Vers 30 und Vers 33). Das heißt nun im Hinblick auf ihn, daß der Herr zornig wurde und ihn den Peinigern überantwortete, bis alles bezahlt wäre, was er schuldig war.

Das ist die Beschreibung des Ergehens derer, die Gnade bekommen haben und nicht anderen Gnade erweisen. Sie werden von Gott selbst den dämonischen Mächten übergeben, damit diese sie quälen und peinigen und das solange tun, bis Schuld abgetragen oder die Betreffenden zur Einsicht gekommen sind und ebenfalls vergeben.

Bedeutsam ist in diesem Zusammenhang noch, daß Gott auf den Schalksknecht zornig wird. Ich kenne nur diese eine Stelle im Neuen Testament, wo vom Zorn Gottes gegenüber einem Gerechten die Rede ist. Denn das ist ja der Hintergrund dieses Textes, daß der Schalksknecht zuvor selbst Vergebung empfangen hat, also ein Gerechter geworden ist, aber nicht willig war, Vergebung anderen zu gewähren.

Diese beiden letzten Bibelstellen sind von größter Bedeutung. Sie sind der Hintergrund dafür, daß Millionen von Christen, ja die überwiegende Mehrzahl aller an Christus Gläubigen nicht den Grad von Freiheit erfahren, der ihnen von Gott her zusteht.

Aber zurück zur Bedeutung der Flüche von Menschen in unserem Umkreis oder unserer Vorgeschichte als fraglichem Ursprung von dämonischen Belastungen. Wir haben gehört: Ein Fluch muß verdient sein, wenn er eintrifft. Wir gehen in unseren seelsorgerlichen Bemühungen davon aus, daß die Menschen, denen wir dienen wollen und die wir zur Befreiung führen wollen, wiedergeborene Christen sind. Von ihnen heißt es:

Galater 3,13-14
13 Christus aber hat uns erlöst von dem Fluch des Gesetzes, da er ward ein Fluch für uns, denn es steht geschrieben: „Verflucht ist jedermann, der am Holz hanget",
14 auf daß der Segen Abrahams unter die Heiden käme in Jesus Christus und wir den verheißenen Geist empfingen durch den Glauben.

Alle Auswirkungen des nicht gehaltenen Gesetzes, die einen Fluch über uns ausgelöst haben, haben für uns keine Bedeutung mehr! Wir sind befreit vom Fluch des Gesetzes und von jedem anderen Fluch, den ein anderer über uns aussprechen will oder ausgesprochen hat, da gültige Flüche nur von Gott kommen und verdient sein müssen. Indem aber Jesus für uns zum Fluch gemacht worden ist und als Verfluchter mit unserer Sünde am Kreuz hing, hat er den Fluch genommen und weggetragen und uns seine Gerechtigkeit gegeben. So sind wir befreit von dem Fluch des Gesetzes, und das bedeutet auch, daß im Umkreis der Thematik Befreiung, alle stattgehabten Flüche, wenn es sie wirklich gegeben hat, nicht mehr wirksam sind!

An dieser Stelle werden wohl die gröbsten und auch die grotesKesten Verirrungen und Verkennungen bei sehr vielen Befreiungsgruppen deutlich. Alle ihre Bemühungen, durch besondere Geistesgaben verborgene Flüche aufzudecken, sind unsinnig, unnötig und erweisen sich damit auch als ein scheingeistliches Unterfangen! Der Bruder und die Schwester, denen wir helfen wollen, sind nicht mehr in Reichweite eines Fluches. Der Fluch eilt zurück und wird, wie es Offenbarung 18,6 sagt, den Feind, der fluchen und insofern die Fähigkeit Gottes imitieren wollte, doppelt treffen.

Hier sehen wir also den hintergründigen Sachverhalt bei dem von uns aufgedeckten verkehrten Verständnis von Flüchen bei den Christen. Der Teufel will uns einreden, daß er zu fürchten wäre, und daß er ununterbrochen seine Flüche gegen uns schleuderte. Aber letztlich kann er selbst gar nicht fluchen. Er imitiert nur Gott und seine Kraft. Es trifft wohl zu, daß in heidnischen Gegenden finstere Priester und Schamanen ihre Flüche aussprechen. Innerhalb des Systems des Teufels haben sie dann ihre Wirksamkeit, weil sie das nur aussprechen, was vorher schon verdient war. Aber an den Grenzen der Gemeinde Jesu zerbricht jeder Fluch. Der Teufel kann und darf nicht mit Erfolg einen Fluch gegen die Kinder Gottes durchsetzen.

Ziehen wir das Resümee aus dieser Methode im Befreiungsdienst, die über die Verarbeitung von angeblichen Flüchen den Heilungsdienst beschleunigen will. Dieser Aufwand ist nichtig. Wer sich darauf verläßt, kann nur Enttäuschungen ernten. Wir sind also auch damit wiederum nicht weitergekommen.

Natürlich werden Flüche von Eltern oder Voreltern, die sie auf jemanden in der Familie legten, finstere und zerstörerische Kräfte in Gang gesetzt haben. Aber der Fluch verliert bei dem die Wirksamkeit, der sich zu Jesus bekehrt. Dann gibt es folgende Möglichkeiten:

a) Ist er allein ein unschuldiges Opfer, dann wird der Befehl des Seelsorgers im Namen Jesu und in der Autorität Jesu beweisen, daß der Fluch nicht mehr wirksam ist. Die dämonischen Mächte werden gehen. Manchmal bedarf es nicht einmal eines derartigen gewaltsamen Vorgehens, die Kräfte gehen schon mit der Bekehrung.
b) Jemand, auf dem ein Fluch lag, bekehrt sich, und damit wird der Teufel entmachtet. Aber der Betroffene ist dennoch nicht frei und wird auch nicht durch ein seelsorgerliches Machtwort befreit. Der Grund: Er hat mit seiner eigenen Haltung, etwa

durch Bitterkeit, Haß, Unversöhnlichkeit, Selbstgerechtigkeit und dergleichen diese Kräfte an sich gezogen und ihnen Schutz und Erlaubnis gegeben, zu bleiben.

Es ist also nicht mehr der Fluch, der die Symptomatik aufrecht hält, sondern die Haltung des „Verfluchten", die das Problem verlängert. Oder drücken wir es anders aus: Es gibt Gründe, durch welche feindliche Kräfte in das Leben von Menschen hineingekommen sind; und es gibt Gründe, weswegen sie bleiben dürfen. Beide Kategorien von Ursachen müssen behoben werden.

Was sollen wir aber tun, um Menschen zur ganzen Freiheit zu führen, die die Schrift uns verspricht? Es wird offensichtlich, daß wir, um dieses Ziel zu erreichen, uns doch entschieden abkehren müssen von allen traditionellen Vorstellungen über den Befreiungsdienst, wie sie sich im Laufe der letzten Jahre und Jahrzehnte entwickelt haben. Wir müssen uns dabei gleichzeitig hinwenden zum Wort Gottes, um nicht nur in den großen Zügen, sondern auch im Detail uns von ihm die Art des Vorgehens geben zu lassen.

3. Der Aufbau des dämonischen Reiches

In dem Reich des Bösen gibt es offenbar eine hierarchische Ordnung in strenger und starrer Gliederung, in der nicht Lob, Leistung und Anerkennung, sondern allein Macht und Angst walten. Dieses ist keine allgemeine Abhandlung über Dämonologie, so daß die nachfolgenden Gedanken nur zur Abrundung dienen. Mein Hauptthema ist die praktische Herausforderung, wie jeder einzelne Christ möglichst seine völlige Freiheit erfährt. Das Wort Gottes sagt uns in der bekannten Textstelle im Epheserbrief wie das Reich des Bösen gegliedert ist:

Epheser 6,11-12
11 Ziehet an die Waffenrüstung Gottes, daß ihr bestehen könnt gegen die listigen Anläufe des Teufels.
12 Denn wir haben nicht mit Fleisch und Blut zu kämpfen, sondern mit Mächtigen und Gewaltigen, mit den Herren der Welt, die in dieser Finsternis herrschen, mit den bösen Geistern unter dem Himmel.

Das ist also offensichtlich die Beschreibung von hochgestellten bösen Geistern, die in gewisser abgestufter Ordnung in der unsichtbaren Welt und wohl auch in himmlischen Regionen hausen. Damit ist wohl die Atmosphäre unserer Erde und die unsichtbare Wirklichkeit im Umkreis dieser Welt zu verstehen und nicht der Himmel als der Wohnsitz Gottes.

Es gibt nun unterschiedliche Auffassungen, welche unter diesen genannten dämonischen Kräften den höchsten Rang hat. Einige glauben, daß die Reihenfolge der Aufzählung gleichbedeutend ist mit der Machtfülle. Andere indessen sagen, daß die oberste finstere Autorität nach dem Teufel unter diesen vier aufgezählten Instanzen „die Herren der Welt", die im Finsteren herrschen, innehaben. Zu den Vertetern dieser Ansicht gehört Kenneth Hagin, der seine Auffassung infolge einer persönlich empfangenen ausgedehnten Vision vertritt, in welcher der Herr ihm in allen Einzelheiten die Machtkompetenzen dieser Kräfte erklärte.

Wenn ich es richtig sehe, dann haben diese hier aufgezählten Geistesfürsten und oberen Chargen der Finsterniswelt eine ausschließlich überindividuelle Funktion. Damit will ich sagen, daß sie Länder, Kulturen, Städte, einzelne Gemeinden mit ihren spezifischen Eigenschaften zu infiltrieren und zu beherrschen suchen. Sie sind die Autoren von Philosophien und ganzen Systemen von Denkanschauungen und Prägungen von Nationen und Schichten einer Nation.

Ich glaube, daß von diesen vier Arten dämonischer Kräfte die Dämonen im engeren Sinne zu unterscheiden sind, denen vorwiegend die Aufgabe der Besetzung und Beeinflussung von Einzelpersonen zukommt. Ich gehe davon aus, daß sie die direkten Feinde sind, die ich in diesem Buch anspreche, die Symptome, Veränderungen, Charakterdeformierungen und Unfreiheiten in den einzelnen Menschen und auch in Gläubigen erzeugen. Natürlich werden sie dabei ihre Unterstützung durch die übergeordneten, in der Atmosphäre lebenden Geister finden.

Über allen – oder vielleicht muß ich sagen „unter allen" – befindet sich dann Satan, der mit eiserner Faust seinem Reich vorsteht.

Obwohl er der Gegenspieler Gottes ist, steht er ganz und gar nicht auf einer Ebene mit Gott. Wie könnte er auch, denn er ist ein Geschöpf Gottes. Wollte man seine Position vergleichen mit den Entsprechungen im Reich des Lichtes, im Reiche Gottes, dann wird er auf einer Ebene mit den Erzengeln wie Michael und Gabriel stehen. Zweifelsfrei war er, als er von Gott als Luzifer geschaffen wurde, eines der Wesen, die mit größter Schönheit und Machtfülle ausgestattet waren.

Das 28. Kapitel des Buches Hesekiel und Jesaja 14 berichten uns einige Tatsachen über den Fall Luzifers, der dadurch zum Satan wurde, zum Vater der Lüge, zur alten Schlange. Sein Fall kam dadurch zustande, daß er sich wegen seiner Schönheit überhoben hatte und dann von der Gegenwart Gottes ausgestoßen wurde. Dabei konnte er offenbar ein Drittel der Engelwelt zur Rebellion überreden und mit sich in sein von ihm errichtetes Gegenreich reißen. Das legt uns so Offenbarung 12,4.9 nahe.

Obwohl in Epheser 2,2 von „dem“ Mächtigen die Rede ist, der in der Luft herrscht, was sich nur auf den Teufel selbst beziehen kann, wird dieser wohl die Arbeit der Verführung und Zerstörung nicht selbst übernehmen. Er wird sie seinen Untergebenen übertragen haben – den Mächtigen, Gewaltigen, Weltherrschern, den bösen Geistern im Himmel und den dämonischen Kräften, die sich der Menschen bemächtigen wollen. Dennoch sagt uns Epheser 6, daß wir keineswegs nur gegen die rangniedrigsten Vertreter des dämonischen Reiches, die Dämonen, zu kämpfen haben. Es heißt ja in dem zitierten Wort aus Epheser 6,12 am Anfang ausdrücklich: „Denn wir haben nicht mit Fleisch und Blut zu kämpfen.“ Wir haben also zu kämpfen. Und danach werden die vier Gruppen von dämonischen Machtebenen genannt. Also, wir treten gegen alles an, was finster ist, und sei es noch so gewaltig. Das schließt auch ein, daß wir gegen den Teufel selbst kämpfen können. Alle aufgezählten Wesen haben nämlich eins gemeinsam: Sie sind besiegt! Jesus sagt in

Lukas 10,18-20
18 Er sprach aber zu ihnen: Ich sah den Satan vom Himmel fallen wie einen Blitz.

19 Sehet, ich habe euch Vollmacht gegeben, zu treten auf Schlangen und Skorpione, und über alle Gewalt des Feindes; und nichts wird euch schaden.
20 Doch darüber freuet euch nicht, daß euch die Geister untertan sind. Freuet euch aber, daß eure Namen im Himmel geschrieben sind.

Unser Herr versichert uns ausdrücklich, daß wir Vollmacht bekommen haben über alle Gewalt des Feindes. Das schließt den Teufel selbst ein. Und dann fügt Jesus hinzu, daß uns nichts schaden kann. In diesem Zusammenhang redet der Herr davon, daß er sah, wie der Satan vom Himmel wie ein Blitz gefallen ist. Der Teufel reagierte offenbar mit Entsetzen auf die Tatsache, daß den siebzig ausgesandten Jüngern (Lukas 10,17) tatsächlich die bösen Geister untertan waren, wenn sie im Namen Jesu befahlen.

Diese Worte finden ihre Erweiterung in den klassischen Aussagen des Epheserbriefes und auch des Kolosserbriefes (Epheser 1,21-23 und Kolosser 2,15). Danach ist Jesus über alle Reiche, Gewalt, Macht und Herrschaft, und was immer nur genannt werden kann an Struktur und Kraft gesetzt und wir mit ihm. Ich kann dabei nicht erkennen, daß wir uns vor irgendeiner dieser finsteren Kräfte in acht zu nehmen haben.

Insofern finde ich, daß jene Lehre über geistliche Kriegsführung und Fürbitte verkehrt ist, die uns nahelegt, nicht als einzelner Christ gegen die Strukturen des Bösen vorzugehen. Ich sehe keine biblische Bestätigung für eine solche Warnung. Alles spricht für die entgegengesetzte Aussage, nämlich daß jeder Gläubige zu jeder Zeit, allerdings unter der Inspiration des Heiligen Geistes, den Kampf mit jeder Klasse der dämonischen Welt erfolgreich absolvieren kann und soll.

Natürlich müssen wir für diese Auseinandersetzung gewappnet sein. Wir sollen sie nicht leichtfertig und ohne geistliche Schutzmaßnahmen vollziehen. Aus diesem Grunde behandelt Paulus gerade in diesem Zusammenhang die sogenannte geistliche Waffenrüstung, die uns bis ins Detail hinein jede Form von Schutz vermittelt, die wir brauchen, um das Feld zu behalten und dann erfolgreich in die Offensive gehen zu können:

Epheser 6,13-17
13 Um deswillen ergreifet die Waffenrüstung Gottes, auf daß ihr an dem bösen Tage Widerstand tun und alles wohl ausrichten und das Feld behalten möget.
14 So stehet nun, umgürtet an euren Lenden mit Wahrheit und angetan mit dem Panzer der Gerechtigkeit
15 und an den Beinen gestiefelt, als fertig, zu treiben das Evangelium des Friedens.
16 Vor allen Dingen aber ergreifet den Schild des Glaubens, mit welchem ihr auslöschen könnt alle feurigen Pfeile des Bösen,
17 und nehmet den Helm des Heils und das Schwert des Geistes, welches ist das Wort Gottes.

Von der Lokalisation dieser Anordnung im Text her müssen wir annehmen, daß diese Waffenrüstung in erster Linie für einen Kampf gegen die überindividuellen Mächte gedacht ist. Selbstverständlich ist diese Ausrüstung für jeden Kampf gut und wird sich darüber hinaus praktisch in jeder Situation unseres Lebens bewähren.

Aber hier wird nicht die Methode beschrieben, wie wir im Befreiungsgeschehen obsiegen. Natürlich wird jeder Sieg in der seelsorgerlichen Situation des Befreiungsdienstes etwas mit Glauben, Wahrheit, Friedfertigkeit, Gerechtigkeit, Hoffnung und dem Schwert des Geistes zu tun haben.

Der Kampf gegen die Mächte des Feindes, die um einen herum sind, kann nur dann vom einzelnen Gläubigen mit Überzeugung und in Siegesbewußtsein gefochten werden, wenn er selbst nicht im eigenen Denken, Agieren und Reagieren behindert ist. Es setzt dieser Kampf die erfahrene eigene Freiheit voraus. Entmutigte, gequälte, depressive und niedergeschlagene Kämpfer werden keine glanzvollen Attacken gegen den Feind reiten können.

4. Das Grundmuster dämonischer Invasion

In diesem Abschnitt will ich darstellen, wie böse Geister schrittweise bestimmte seelische und körperliche Funktionen des Menschen unter ihre Beherrschung bringen und sich in ihnen festsetzen. Dabei geht es vordringlich darum, die Gesetzmäßigkeiten zu erkennen, unter welchen die dämonischen Fremdpersonen Zugang zu den Menschen finden, um sie mehr und mehr zu verändern, ihren Charakter zu verdrehen und schließlich seelische, vegetative und körperliche Symptome zu erzeugen.

Das Wort Gottes lehrt uns, daß es regelhafte Abläufe bei dem Prozeß gibt, den die Bibel „Dämonisiert-Werden" nennt. Die finsteren Mächte können nicht nach Gutdünken und launischer Willkür Menschen anfallen und in sie eindringen. Sie brauchen dazu eine Einladung, oder man könnte dazu auch sagen, sie brauchen ein Anrecht, um durch die geistliche Haut eines menschlichen Wesens dringen zu können. Ohne solche Erlaubnis ist es diesen Kräften nicht gestattet, sich in menschlichen Individuen einzunisten. Gott liebt die Menschen, auch die, die ihn ablehnen. Und er achtet darauf, daß die finsteren Kräfte sich an das Regelwerk der unsichtbaren Welt halten. Ohne moralisches Anrecht, das ihnen ein menschliches Individuum durch Verfehlung, Sünde, Gnadenlosigkeit und andere Formen von Schuld gibt, können sie nicht invasiv tätig werden.

In „Heilung durch sein Wort, Teil II" habe ich die schuldhaften Verhaltensweisen, die regelmäßig Eintrittspforten für den Bösen werden, nach dem Inhalt des Begriffes „Furcht des Herrn" geordnet. Ich sprach von Tatsünden, Unversöhnlichkeit bzw. Unwilligkeit zu vergeben, Rebellion und Stolz. Die in dieser Gliederung liegende Systematik hat sich, wie ich im Verlauf der Jahre erkennen konnte, zweifellos bewährt. Eine solche Gliederung war von der biblischen Theorie her sinnvoll. Aber sie hat im Hinblick auf die alltägliche Diagnostik und das praktische Vorgehen im Befreiungsdienst keinen weiteren Nutzen als den der Übersichtlichkeit gebracht.

Hier nun das in vielen Jahren allmählich gewachsene Konzept, das in betender Verarbeitung von Hunderten bis Tausenden von Einzelfällen gewachsen ist und am Worte Gottes überprüft wurde. Es hat den Vorteil, daß es hilft, das entscheidende Material beim Belasteten zutage zu fördern. Es schließt dabei gleichzeitig die einzelnen Vorbereitungsschritte ein, die zur endgültigen Befreiung führen.

In der Untersuchung der Faktoren, die zur Belastung führen und die dafür sorgen, daß die Belastung anhält, gibt es drei Ebenen:

1. Ebene: Fremd- und Außeneinwirkung auf den Belasteten zur Zeit seiner Kindheit durch die Erziehungspersonen, also meistens durch die Eltern. Ich rede von dem Zerstörung bewirkenden Prinzip der unterlassenen Vergebung.

2. Ebene: Selbstbeschädigung durch falsches Reagieren des Belasteten auf frühkindliche oder kindliche Beeinträchtigung und Defizite. Das krankmachende Prinzip ist die Selbstbefreiung.

3. Ebene: Verkehrtes und glaubensarmes Reagieren in der Situation des Befreiungsdienstes, wodurch die Voraussetzungen für eine Trennung von Person und Fremd-Ego nicht zustande kommen. Durch Unglaube Verharren in der alten Identität.

4.1. Außeneinwirkungen in der Kindheit

So gut wie jeder Seelsorger, der mit dem Befreiungsdienst befaßt ist, weiß etwas von der Notwendigkeit der Vergebung. Die belasteten und gebundenen Christen offenbaren regelmäßig, daß sie durch frühere seelische Verwundungen, durch unangemessenes und liebloses Reagieren ihrer Umgebung verbittert worden sind. Wenn man dann auf diese Faktoren eingeht und die Gläubigen auffordert zu vergeben, weil Jesus ihnen auch vergeben hat, gibt es regelmäßig einen Fortschritt im Befreiungsdienst. Aber dann müssen die mithelfenden Christen erneut die Entdeckung machen, daß damit doch nicht alle Probleme zu beheben sind.

Bei genauerer Untersuchung der Vorgeschichte wird recht häufig deutlich, daß der belastete und unfreie Gläubige weitaus mehr Verletzungen und Beeinträchtigungen durch seine Umgebung erfuhr, als das zunächst schien. Er gab anfangs nur einige wenige herausragende Verletzungen preis, die er in den letzten Jahren durch böse oder lieblose Menschen erlitten hatte. Nach und nach entsteht das Bild, daß das Leben des Betreffenden zum großen Teil eine einzige Kette von Enttäuschungen, Defiziten, Verletzungen und Beeinträchtigungen war. Damit kommen wir zu einer großen Entdeckung: Das Leben eines jeden Menschen ist gekennzeichnet von einer Fülle von Beeinträchtigungen, Behinderungen und Verwundungen durch Mitmenschen, besonders durch jene Menschen, die einem am nächsten stehen, durch die Eltern.

Somit lautet unsere erste These: Das erste Kontingent an Belastungen, Bindungen und Verstrickungen durch dämonische Kräfte hat etwas zu tun mit dem Einwirken der Eltern, ihrer verkehrten Erziehung, ihrem Mangel an Liebe oder gar mit aktiven, zerstörerischen Verletzungen des seelischen Lebens des Kindes. In früheren Jahren habe ich immer nach wesentlichen Auffälligkeiten im Handeln und Verhalten der Eltern gesucht, um dadurch einen Hinweis auf mögliche Eintrittspforten dämonischer Kräfte zu erhalten. Und in der Tat, ich bin nicht selten fündig geworden.

Aber in anderen Fällen hat dieses Raster, das nach eindeutigen und erkennbaren seelischen Verletzungen des Kindes durch die Eltern suchte, nichts an Einsicht oder Nutzen für den Befreiungsprozeß gebracht. Das sah dann so aus, daß es entweder solche Ereignisse nicht gab, oder es gab sie, und doch fand nach der ausdrücklichen Vergebung, die der Belastete im Hinblick auf die Eltern vor Gott vollzog, keine überzeugende Befreiung statt. Das Ergebnis meinerseits war gelegentlich Ratlosigkeit.

Durch Gebet und Schriftstudium kamen dann doch nach und nach weitere Einsichten, die die Bedeutung der Fremdbelastung und Außenstörung durch seelische Verletzungen und Beeinträchtigungen in den frühen Kindheitsjahren immer stärker sichtbar machten.

Bald merkte ich, daß es keineswegs bestimmte umschriebene Handlungen sein müssen, gleichsam seelische, punktuelle Verletzungen, die bei dem Kind das Gefühl des Verwundetseins und der Rache oder der Erschütterung ausgelöst haben. Ja, beim genauen Hinsehen wurde deutlich, daß einzelne Handlungen nur in seltenen Fällen eine nachhaltige seelische Verletzung und charakterliche Störung bewirkten. Viel entscheidender sind Haltungen, also stetige Einstellungen der Eltern, die sich in einzelnen Handlungen oder auch nur in Gestik oder Mimik und Worten äußern. Etwas später wurde mir deutlich, daß sogar die Abwesenheit von bestimmten normalen, elterntypischen Einstellungen schon krankmachend ist.

Die häufigste Ursache von seelischen Defiziten und Störungen, die nachfolgend zu dämonischen Belastungen führt, ist Mangel an körperlicher Liebe und Zärtlichkeit, die sich in küssen, drücken, schmusen, auf den Arm nehmen, gemeinsam spielen und dergleichen äußert. Das braucht ein Kind offenbar genauso wie gute Versorgung und einen äußerlich tadellosen Ablauf des Familienlebens.

Wenn diese Lebensbedingungen und Zeichen der Zuwendung fehlen und obendrein dem Kind zu wenig Zeit gewidmet wird, entwickelt es ausnahmslos das Erlebnis und das Gefühl des Nicht-Angenommen-Seins, der Ablehnung, des Mangels an Geborgenheit, und eine Haltung der Gemeinschaftsunfähigkeit.

Regelmäßig pfropft sich dann auf diese Grundstimmung, die nichts anderes als das psychologisch nachempfindbare Reagieren der kleinen kindlichen Seele darstellt, der Eindruck auf, daß es nichts wert sei, daß es unnütz sei und daß es seinen Eltern oder der Umgebung eine Last sei. Das ist einfach die logisch richtige Schlußfolgerung des jungen Kindes aus der Erfahrung, daß es nämlich nicht Liebe und Zuwendung erfahren hat. Daraus schließt das Kind – und zwar mit Recht –, daß es nicht willkommen und daß es nutzlos und wertlos sei. So beginnen Minderwertigkeitsgefühle und viele damit verbundene, benachbarte, seelische Regungen und Haltungen.

Aber das ist nur ein Teil der Beschreibung der abgelaufenen kindlichen Reaktionen. Wir sind ja bei dem Thema Befreiungsdienst, was nach unserem Verständnis ein Dienst der Befreiung von dämonischen Kräften ist. Was hat nun dieser eben beschriebene Prozeß mit innewohnenden dämonischen Geistern zu tun?

Die eben beschriebenen Störungen sind Vorbereitungen für eine nachfolgende Invasion dämonischer Kräfte. Es bleibt nämlich nicht bei jenem psychologisch verstehbaren Anteil des Konfliktes. Wenn die Eltern als die für die Erziehung des Kindes einzig Verantwortlichen nicht ihre Aufgabe angemessen und zum Wohl ihres Kindes erfüllen, obwohl es Fleisch von ihrem Fleisch ist, also natürlicherweise ein Gefühl und eine Bereitschaft der Liebe und der Zuwendung da sein müßte, dann tritt eine schwerwiegende Gefährdung des Kindes ein, die weit über das psychologisch Verstehbare hinausgeht.

In den Augen Gottes, so müssen wir sein Wort verstehen, sind Eltern und Kinder bis zu deren religionsmündigem Alter eine geistliche Einheit. Darunter verstehe ich, daß die Kinder unter einem geistlichen Schutzschild stehen, der von den Eltern gebildet und getragen wird und der unsichtbare finstere Mächte fernhält. Wenn nun die Eltern ihre Liebes-, Sorgfalts- und Erziehungspflicht versäumen, so öffnen sie das Kind für die Attacken solcher unsichtbaren Kräfte, die offenbar nach der Rechtsprechung der unsichtbaren Welt dann Zutritt bekommen dürfen. Das heißt, daß die geistliche Haut, die das kindliche Individuum schützt, durch Liebesmangel und Vernachlässigung durchlässig wird.

So findet man, wenn man nur intensiv genug die Kindheitsvorgeschichte von belasteten oder erkennbar unfreien, gläubigen Christen untersucht, daß es immer diesen doppelten Schaden gibt: Zuerst wird das Kind durch eine bestimmte Fehlverhaltensweise der Eltern seines Schutzes beraubt und reagiert mit einer typischen Haltung auf die seelische Verwundung seitens der Eltern. Anschließend tritt eine zusätzliche dämonische Macht in Kraft, die denselben Namen und dieselbe Funktion hat wie die direkte seelische Reaktion des Kindes.

Diese Gesetzmäßigkeit habe ich immer und immer wieder in Hunderten von Fällen gesehen. Sie scheint eine Regel ohne Ausnahme zu sein. Zur Erläuterung dieser Gesetzmäßigkeiten will ich einige typische Reaktionen nennen: Ein Kind wird abgelehnt, vielleicht bereits im Mutterleib, und erlebt es später an dem Verhalten der Eltern. Es fühlt sich abgelehnt und wird obendrein durch das schwerwiegende, schuldhafte Versäumen der Eltern, die dem Kind seinen natürlichen, gottgegebenen Schutz nehmen, von einer dämonischen Kraft heimgesucht, die Ablehnung heißt und eine Verstärkung der bereits vorhandenen Ablehnung bewirkt. Ein solches Kind wird dann im Laufe der Jahre und auch in der Zeit als Erwachsener bis hin ins hohe Alter immer wieder entweder stetig oder periodisch und zwanghaft eine Haltung des Abgelehntseins und auch der aktiven Ablehnung anderer entwikkeln. Häufig ist das nicht ohne weiteres erkennbar. Aber diese Haltung ist doch da und wirkt beraubend und leiderzeugend stetig auf die Person ein.

Ein anderes Beispiel: Die Eltern oder auch nur ein Elternteil zeigen eine betonte Angst, die sich in vielen Reaktionen, Vermeidungshaltungen und Gesten auch gegenüber dem Kind äußert. Das Kind wird von der Angst angesteckt und reagiert instinktiv ebenfalls mit Angst, weil es die Schutzlosigkeit spürt, die von der Angst der Eltern ausgeht. Indem ein solches Kind sich für die Angst öffnet und die Eltern ihr Kind mit Angst infizieren, kommt anschließend der zusätzliche Schaden zustande, daß die nun geöffnete, geistliche Haut des Kindes weitere dämonische Kräfte der Angst hereinläßt, die die Symptomatik verstärken.

Ein drittes Beispiel mit einer ähnlichen Symptomatik aber einer unterschiedlichen Ausgangssituation: Die Eltern eines kleinen Kindes leben in Spannung zueinander, streiten sich und tragen ihren Streit häufig laut und deutlich aus. Die regelmäßige Folge solcher Verhältnisse ist, daß das kleine Kind spürt, daß es gefährdet ist, weil die Eltern nicht im Frieden leben. Es entwickelt eine Haltung der Ungeborgenheit und auch wiederum der Angst.

Das ist ein regelhafter Vorgang: Streit und Spannungen bei den Eltern produzieren Angst bei dem Kind. So weit wiederum der

Komponente dazu. Durch die Angst des Kindes, die wiederum von den Eltern zu verantworten ist, weil sie die Ursache dazu geliefert haben, darf ein Geist der Angst oder ein Komplex von dämonischen Kräften der Angst sich dem Kinde nähern und es befallen.

Das sind grausige Zusammenhänge, die einen erschauern und schier an der Gerechtigkeit Gottes zweifeln lassen. Was kann das arme Kind dafür, daß die Eltern sich so verhalten und es dadurch selbst einen doppelten Schaden erleiden muß?

Nachdem der Heilige Geist mich erst einmal auf diese Zusammenhänge aufmerksam gemacht hatte, sah ich sie ununterbrochen. Aber ich sah sie nicht als einer, der ein neues Konzept auf Biegen und Brechen bestätigt sehen will und deswegen alles unmerklich so umdeutet, daß eine bestimmte Theorie gestützt wird. Ich sah die Zusammenhänge mit großer Klarheit und auch die Auswirkungen und konnte dann im Leben jeweils die Chronizität und Zwanghaftigkeit der dämonischen Einwirkungen, die ja so typisch sind, verfolgen.

Der Beweis für die Richtigkeit dieses Konzeptes waren dann jeweils die Umstände der Heilung. Es stellte sich nämlich heraus, daß das alleinige Aufdecken der psychologischen Komponente (Elternunrecht erzeugt Kindesleid) mit der nachfolgenden Anweisung zu vergeben, nicht ausreichend war. Sehr häufig konnte ich bei diesem Stand des seelsorgerlichen Vorgehens in der Tat eine gewisse Entlastung und Erleichterung bei den Gläubigen feststellen. Aber es war doch keine Befreiung zu verzeichnen, oder zumindest nur sehr selten.

Erst wenn ich dann meinen Blick auf die Tatsache lenkte, daß es neben dem seelischen, personeneigenen Reaktionsanteil auf das elterliche Unrecht auch noch die dämonische Komponente gab und entsprechend handelte, gab es die wirkliche, und in den meisten Fällen auch bleibende Befreiung. Ich habe im Verlauf der Jahre die Scheinbefreiungen oder Durchgangsbefreiungen sehr wohl zu unterscheiden gelernt von dem, was eine tatsächliche Befreiung darstellt.

So sah ich eine Fülle von umschriebenen elterlichen Handlungen, die direkt auf das Kind einwirkten: Ablehnung, Haß, Eifersucht, Lieblosigkeit, Zwangsverhalten, autoritäres Verhalten, Launenhaftigkeit, Ungerechtigkeit, Dominanz eines Elternteiles usw. Dazu war dann jedes Mal eine entsprechende kindliche Reaktion mit der dazukommenden, dämonischen Komponente festzustellen. Das empfand ich als aufregend, weil es völlig neue Aspekte und Dimensionen des Befreiungsdienstes eröffnete.

Gleichzeitig zeigten diese Zusammenhänge, daß die Bedeutung des Vergebens noch viel weiter geht als ich es in der Vergangenheit gesehen hatte. Vergeben heißt doch: Gnade geben, nachdem man selbst Gnade empfangen hat. In früheren Jahren war ich der Überzeugung, daß der Umfang der Vergebung darin besteht, eine eigene Haltung der Rache, der Ablehnung und des Hasses zu beenden, und denjenigen in Gnade und Straffreiheit zu entlassen, durch den man sich geschädigt und verletzt weiß und fühlt. Gewiß hat diese frühere Anschauung eine bleibende Gültigkeit. Sie ist einfach biblisch.

Aber Vergebung bewirkt mehr. Es muß offenbar nicht der Tatbestand der innerlich erlebten Rache und der gefühlten und gespürten Trauer und des bewußten Ärgers vorhanden sein. Vielmehr ist es so, daß überhaupt die alte Einwirkung, die sich als ein seelisches Erinnerungsbild verselbständigt hat, aufgehoben werden muß. Sie muß ein Ende finden und in das totale Vergessen hinübergeführt werden. Ich habe festgestellt, daß sehr häufig die von mir befragten Christen gar nicht ausdrückliche Gefühle des Verletztseins oder Manipuliertseins in sich tragen. Sie stellen einfach nur fest, daß sie diese und jene Eigentümlichkeiten und Symptome oder Charakterveränderungen haben und können sie auf elterliche Verhaltensweisen zurückführen. Es muß nicht unbedingt das laute und lärmende Gefühl der Rache oder der Wut vorhanden sein.

Aber der Fall muß ein Ende haben, und das geht nur durch Gewähren von Gnade, sprich durch Vergeben. Dadurch werden gespeicherte Tatbestände und Sachverhalte gelöscht, das

Bewußtsein wird gereinigt und kann neu programmiert werden. Gefühle werden entschlackt, und Entspannung kann eintreten.

Ein solches bewußtes Vergeben soll ausdrücklich vor Gott und niemals in Gegenwart des Autors der Verletzungen geschehen. Vergebung wirkt in zwei Richtungen. Sie setzt sowohl den Vergebenden frei als auch denjenigen, dem vergeben wird – sofern er noch lebt. Sie spricht ihm Gutes und Segen zu. Durch Vergebung, die, wie wir festgestellt haben, ein Wirksamwerden der Gnade Gottes darstellt, trennt sich die belastete Person willensmäßig und auch geistlich von jenen Kräften, die über die Jahre in ihr wirkten und bestimmte Haltungen erzeugten. Eine lebenslange Kooperation wird aufgehoben, und dadurch wird Befreiung erst möglich. Solange der Belastete sich direkt oder indirekt mit seinen Haltungen und seiner Denkweise auf der Ebene der dämonischen Kräfte bewegt, die in ihm sind, ist eine Trennung oder Befreiung unmöglich. Erst angenommene und weitergegebene Gnade macht es!

Sehr häufig wird in solchen Fällen die Befreiung des Betreffenden still und unmerklich geschehen. Aber in vielen anderen Fällen muß man aktiv seelsorgerlich nachhelfen. Obendrein muß dem Betroffenen anschließend mitgeteilt werden, wie er sich vor Rückfall schützen kann. Diese Verhältnisse sind typisch für die Fülle von menschlichem Leid und charakterlichen Veränderungen, die auf die Kindheit zurückgehen.

Im Umgang der Menschen miteinander gibt es jedoch nicht nur in ihrer Kindheitszeit durch Eltern oder verantwortliche Erziehungspersonen seelische Verwundungen und Entblößungen. Sie kommen auch außerhalb dieser Rahmensituation in späteren Jahren des Erwachsenen vor. Gelten für diese Verhältnisse dieselben Gesetzmäßigkeiten?

Zunächst einmal bin ich überzeugt, daß im Erwachsenenalter stattgehabte Enttäuschungen sehr häufig Folgeverletzungen von Verwundungen und Beeinträchtigungen sind, die schon in der frühen Kindheit stattgefunden haben. Aber auch unabhängig davon sagt uns das Wort Gottes sehr deutlich, daß wir ernten, was wir säen. Wenn wir auf Beeinträchtigungen im zwischenmenschlichen Bereich mit Bitterkeit und Haß reagieren, dann säen wir diese Haltung in unser Herz hinein und dürfen uns nicht wundern, wenn später diese Saat in größerer Dimension aufgeht.

Auf diesem Wege ist erklärbar, daß manche Schäden und spezifische Defizite, die ein Kind erfahren hat, später eine Verstärkung und Ausweitung erfahren, weil im Leben weitere Verwundungen zur Primärverletzung hinzukommen. Dementsprechend nimmt auch das Maß an seelischer Deformierung zu.

Für uns Gläubige gibt es noch einen besonderen Gesichtspunkt, der uns in Matthäus 18 nahegebracht wird. Jesus redet im Gleichnis vom Schalksknecht davon (Matthäus 18,21-35), daß wir, die wir Vergebung von unserem himmlischen Vater empfangen haben, auch anderen von Herzen vergeben sollen.

Wenn uns vergeben worden ist und wir die dadurch empfangene Gnade nicht weiterreichen – also nicht anderen vergeben – können mehrere böse Dinge geschehen:

1. Wir werden von unserem Herrn zur Rede gestellt. Wir werden verhört.

2. Es wird dem ehemals Belasteten, der nicht vergeben hat, seine alte Schuld wieder auferlegt. Er muß nämlich im Gefängnis so lange aushalten, bis alles bezahlt worden ist.

3. Er wird in das Gefängnis geworfen – den Ort der Unfreiheit. Das heißt im Klartext, daß solche Menschen ihre Freiheit verlieren und allerhand seelische Zwänge und Fixierungen entwickeln.

4. Der Herr wird über ihn zornig(!) und überantwortet ihn den Peinigern, die ihn dann peinigen dürfen, bis er sich anders besonnen hat.

Das ist der Hintergrund dafür, daß nicht selten bestimmte körperliche oder seelische Symptome bei Menschen nach deren Bekehrung erst richtig anfangen oder eine offensichtliche Verstärkung erfahren. Die Peiniger, von denen dieser Text spricht, sind offenbar dämonische Mächte, die vom Herrn dazu angestellt werden, ihr makaberes Werk zu verrichten. Ich möchte den Leser nochmals darauf hinweisen, daß dies die einzige Textstelle im Neuen Testament ist, in der vom Zorn Gottes gegenüber seinen Kindern die Rede ist.

Wir halten also fest: Belastungen und Beeinträchtigungen, die durch die Schuld anderer an uns zustande kommen, müssen der Vergebung zugeführt werden. Anderenfalls wird es keinen Abschluß des Leidens und der Pein geben. Diese Zusammenhänge sind so interessant und so weitläufig, daß ich die gängigsten Gruppen und Komplexe von Außeneinwirkungen auf das Kind und die typischen kindlichen Reaktionen im Abschnitt „Das Verletzungsbild im Kindesalter" gegenüberstellen werde. Dies ist als Anleitung und Hilfe gedacht, in den ersten eigenen seelsorgerlichen Bemühungen die häufigsten Konstellationen von Ursachen und Auswirkungen zu erfragen und zu erkennen.

Wir brauchen den biblischen Beweis dafür, daß Versäumnisse und Verfehlungen der Eltern in Gestalt der genannten Haltungen, die doch recht gewöhnlich und alltäglich und keineswegs übermäßig kriminell erscheinen, tatsächlich ausreichend sind, um den Vasallen des Teufels, dem dämonischen Fußvolk, den Weg in die kindliche Seele oder zu körperlichen Arealen zu bahnen. Die Kernfrage lautet also: Gibt es wirklich eine derartige Eltern-Kind-Einheit, die ja die notwendige Voraussetzung für die gemachten Beobachtungen und die entwickelte Deutung des Zutrittes des Dämonischen darstellt?

4.2. Das biblische Verständnis des Eltern-Kind-Verhältnisses

Das Wesen und die Aufgaben eines Vaters werden in der Schrift verdeutlicht an dem Beispiel des göttlichen Vaters im Himmel. Wir sollen im Umgang mit unseren Kindern uns das Verhalten aneignen, das wir bei ihm uns gegenüber sehen.

Typisch für Gottes Haltung als Vater ist Erbarmen und Liebe auf der einen Seite und Erziehung und Grenzen setzen auf der anderen. Für letzteres stehen seine Gebote mit allen Instruktionen, Anordnungen und auch den Verboten, die uns vor Schaden bewahren sollen und deren Übertretung mit Strafe (zumindest im Alten Testament) geahndet wird. Psalm 103 sagt folgendes über Gott, den Vater:

> **Psalm 103,13**
> **Wie sich ein Vater über Kinder erbarmt, so erbarmt sich der Herr über die, die ihn fürchten.**

In Jesaja 66 offenbart der Vater sogar Haltungen, die für eine Mutter typisch sind:

> **Jesaja 66,13**
> **Ich will euch trösten, wie einen seine Mutter tröstet.**

Liebe und Wahrheit, Erbarmen und Gebote, Zuwendung und Grenzen setzen, das sind typische Verhaltensweisen unseres Vaters im Himmel uns gegenüber. Das Wort Gottes ist voll davon.

Weil nun Gott Vater das Vorbild für alles ist, was Väter heißt auf Erden, ist somit auch das Erziehungs- und Verhaltensmuster der irdischen Väter gekennzeichnet. Wir irdischen Väter sollen unseren Kindern Zärtlichkeit, Liebe, Zuwendung, Erbarmen, Bestätigung, Lob und Anerkennung auf der einen Seite geben. Andererseits erwartet das Wort Gottes von uns, daß wir klare Grenzen setzen, daß wir Regeln erlassen und durchsetzen, daß wir das Kind zur Ordnung, zum Recht und zur Wahrheit erziehen und daß wir durch angemessene Straf- und Züchtigungsmaßnahmen das überwachen und durchsetzen.

Nachfolgende Schriftworte geben eindeutig zu verstehen, daß die Erziehungsverantwortung so ausschließlich und einseitig bei den Eltern liegt, daß sie dadurch auch die alleinige Verantwortung für das Gedeihen oder Verderben des Kindes bekommen. Der Zusammenhang zwischen Ergehen des Kindes und Art der Erziehung ist in der biblischen Schau so direkt und so total und offensichtlich ausnahmsfrei, daß die oben gegebene These von der Eltern-Kind-Einheit die logische Konsequenz dieser biblischen Anschauung ist. Achten wir diesbezüglich auf folgende Schriftworte zu diesem Thema:

> **Sprüche 22,6**
> **Gewöhne einen Knaben an seinen Weg, so läßt er auch nicht davon, wenn er alt wird.**
>
> **Sprüche 29,21. 17**
> **21 Wenn ein Knecht von Jugend auf verwöhnt wird, so wird er am Ende widerspenstig sein.**
>
> **17 Züchtige deinen Sohn, so wird er dir Freude machen und deine Seele erquicken.**
>
> **Sprüche 13,24**
> **Wer seine Rute schont, der haßt seinen Sohn; wer ihn aber lieb hat, der züchtigt ihn beizeiten.**
>
> **Sprüche 29,15**
> **Rute und Ermahnung gibt Weisheit; aber ein Knabe, sich selbst überlassen, macht seiner Mutter Schande.**
>
> **Sprüche 23,13**
> **Laß nicht ab, den Knaben zu züchtigen; denn wenn du ihn mit der Rute schlägst, so wird er sein Leben behalten.**
>
> **Sprüche 22,15**
> **Torheit steckt dem Knaben im Herzen; aber die Rute der Zucht treibt sie ihm aus.**

Die Summe dieser Bibelaussagen führt nach meiner Sicht zu folgendem zwingenden Schluß: Das Kind, das sich selbst überlassen bleibt, landet in der Schande und offenbart nur böse Eigenschaften. Das Kind, das von Anfang an richtig erzogen wird, entwickelt bleibende gute Eigenschaften. Es kommt regelrecht zu einer Gewöhnung. Das bedeutet, die Haltung der Eltern geht über in das Denken des Kindes. Das kindliche Herz ist von Anfang an nicht weise, sondern töricht. Liebe plus Erziehung führen das Kind in die richtige Bahn, so daß es die Eltern erfreut und das Herz der Mutter erquickt. Das Wohl und Wehe des Kindes liegt mithin völlig in der Hand der Eltern! Das ist die Konsequenz dieser Bibelverse. Natürlich ist christliche Erziehung mehr als Züchtigung. Es wird von der Schrift selbstverständlich vorausgesetzt, daß die Eltern ihre Kinder mit Liebe und Zuwendung erziehen. Es wird aber auch ebenfalls deutlich dargestellt, daß der Erziehungsauftrag stark mit Geboten und Verboten, Überwachung und Züchtigung zu tun hat. Dieses ist nach der Schau der Heiligen Schrift nicht verwundend und einengend oder gar krankmachend, wenn es ohne Haß und Affekt als Ausdruck der Liebe geschieht und wenn tatsächlich Liebe, Barmherzigkeit und Zuwendung die führenden Inhalte elterlicher Erziehung sind.

Erfahrungen in anderen Ländern, vor allem in Skandinavien, aber auch häufiger in Deutschland zeigen, daß im Bereich der Kindererziehung die Weltanschauungen besonders heftig aufeinanderstoßen. Züchtigung als ein Mittel der Erziehung wird von den staatlichen Institutionen wie auch vor allem von den Vorreitern liberaler Kindererziehung, den Mitgliedern des akademischen Lehrkörpers auf unseren Hochschulen, grundsätzlich mit Kindesmißhandlung gleichgesetzt und verworfen.

Es ist interessant, daß die offene Konfrontation zwischen biblischem Christentum und liberal-humanistischer Weltanschauung sich ausgerechnet an diesem unscheinbaren Frontabschnitt besonders heftig entzündet. Das moderne Menschenbild in den Erziehungswissenschaften kann und will nicht mehr den Unterschied zwischen Züchtigung als letzter Maßnahme in der Erziehung, die von Liebe umgeben und geprägt und dosiert sein soll – und am besten auch überflüssig gemacht werden soll – einerseits und allgemeiner Prügelstrafe und Kindesmißhandlung andererseits erkennen.

Dieses Unvermögen zu unterscheiden, diese Unschärfe und das Unverständnis dafür, was würdelos ist und was seelisch krank macht, sind das eigentliche Problem der Erziehungswissenschaften. Das Schlimme ist nur, daß diese Ideologien und Philosophien immer mehr um sich greifen und normgebend sind. Was über Jahrhunderte bis vor wenigen Jahren noch selbstverständlich Regel und Sitte war, ist heute schon kriminell.

Daß die christliche Erziehungsweise dabei von ganz anderen Vorstellungen ausgeht und der Liebe und Zuwendung den obersten

Rang zuweist und nicht erlaubt, daß in Rache, Wut oder überhaupt im Affekt geschlagen wird, macht in der Sicht der modernen Erzieher keinen Unterschied.

Ausschließliche und vollständige Verantwortung für das Kind ist gleichbedeutend mit totalem Verbundensein mit dem Kind. Versagen die Eltern, entgleitet das Kind. Es gibt indessen eine neutestamentliche Stelle, die die Einheit von Eltern und Kind noch ausdrücklicher darstellt:

Hebräer 12,6-9
6 Denn welchen der Herr lieb hat, den züchtigt er, und er straft einen jeglichen Sohn, den er aufnimmt.
7 Gott erzieht euch, wenn ihr dulden müßt! Als seinen Kindern begegnet euch Gott; denn wo ist ein Sohn, den der Vater nicht züchtigt?
8 Seid ihr aber ohne Züchtigung, welche sie alle erfahren haben, so seid ihr Ausgestoßene und nicht Kinder.
9 Und so wir unsre leiblichen Väter haben zu Züchtigern gehabt und sie gescheut, sollten wir dann nicht viel mehr untertan sein dem Vater der Geister, auf daß wir leben?

Dieses Schriftwort handelt von Gott als dem Vater, wie er uns geistliche Kinder erzieht, und von den irdischen Vätern mit ihrer Erziehungsaufgabe. Es ist in diesem Zusammenhang darauf hinzuweisen, daß der Ausdruck „strafen", der in Vers 6 steht, auch in Vers 5, der oben nicht zitiert wurde, keine korrekte Übersetzung der beiden hier im Griechischen vorliegenden Tätigkeitsworte darstellt. Im Vers 5 steht für „strafen" ein Wort, das am besten mit zurechtweisen, überführen oder auch tadeln zu übersetzen ist. In Vers 6 beschreibt das griechische Wort, daß im Luthertext mit „strafen" übersetzt wird, den Vorgang der Züchtigung selbst. Wenn im griechischen Grundtext also davon die Rede ist, daß der Vater im Himmel züchtigt, dann beinhaltet das nur die Beschreibung des Vorganges, aber nicht sein Motiv! „Strafe" ist die Kennzeichnung eines Motives einer Züchtigung und hat damit einen völlig anderen Bedeutungsinhalt als die Beschreibung des Vorganges selbst.

Der himmlische Vater straft seine Kinder nicht, er züchtigt sie. Die Strafe liegt auf seinem Sohn Jesus, deswegen brauchen wir sie nicht zu erleiden.

Das göttliche Züchtigen ist eine vorbeugende Maßnahme. Wir sollen durch Gottes Eingreifen für unsere Zukunft geprägt werden. Es ist nicht ein rückwärts gerichtetes Reagieren auf unser Fehlverhalten. Dieses hat der Herr auf sich genommen. Strafe ist insofern überflüssig.

Aber dieser Abschnitt sagt noch etwas darüber, was Erziehung eigentlich beinhaltet. Ich zitiere noch einmal aus diesem Abschnitt: „Als seinen Kindern begegnet euch Gott; denn wo ist ein Sohn, den der Vater nicht züchtigt? Seid ihr aber ohne Züchtigung, welche sie alle erfahren haben, so seid ihr Ausgestoßene und nicht Kinder." Dieser Satz wird nachfolgend auch auf die leiblichen Väter und leiblichen Kinder bezogen.

Die Aussage in diesem Abschnitt ist bemerkenswert. Geliebt und gezüchtigt zu sein, das bedeutet, angenommen zu sein. Keine Liebe oder keine Züchtigung zu erfahren, das ist gleichbedeutend mit dem Zustand, ausgestoßen und kein Kind zu sein. Oder anders ausgedrückt: Kind sein bedeutet untertan sein unter die elterliche Erziehung, das heißt geliebt und gezüchtigt sein. Und das wiederum ist identisch mit angenommen sein.

Man kann diese Sätze nicht lesen, ohne sofort an Ismael zu denken, von dem Galater 4,30 sagt, daß er mit seiner Mutter ausgestoßen wurde und nicht erben durfte. Hier steht für den Begriff Ausgestoßen sogar das Wort Bastard.

So dürfen wir also sagen, daß nur der, der unter der elterlichen Erziehung ist, Anteil hat an den Eltern – ihnen zugehörig ist, angenommen ist und ein echtes Kind der Eltern ist. Nicht-Erziehung führt zur Auflösung dieser Verbindung. Und das ist der Hintergrund für die von uns beobachtete geistliche Gesetzmäßigkeit, daß Eltern, wenn sie nicht Liebe geben und Grenzen setzen, ihre Kinder schutzlos lassen und regelrecht abstoßen. Ein solches Kind ist frei für den Angriff von außen. Gott erwartet offensichtlich, daß die Eltern kraft ihrer Liebe und ihrer Autorität soviel Interesse und Verpflichtung verspüren, daß sie sich des schutzlosen Kindes annehmen. Das ungeschützte Kind nicht unter seinen Schutz zu nehmen, ist in den Augen Gottes gleichbedeutend mit Auslieferung des Kindes an gierige Mächte.

Die Kenntnis des Zusammenhanges von seelischer Beeinträchtigung durch Erziehungspersonen und dazutretenden, gleichsinnigen Dämonen, ist ein echter Gewinn für die Seelsorge. Wer die Mechanik dieser Beziehungen und Störungen durchschaut, hat fast fünfzig Prozent der notwendigen Einsicht, um in der Seelsorge Segen zu stiften.

Aber doch reicht auch dieser Erkenntnisfortschritt nicht aus. Wir kommen bedeutend weiter, aber wir können mit diesem Erklärungsmodell und der zugeordneten Vergebung und Befreiungsmaßnahme doch nicht alle Fälle zur Heilung und Befreiung führen! Durch die eben entwickelten Erkenntnisse ist zweifelsfrei die Quote der Befreiung zu steigern. Jedoch bleiben noch genug enttäuschende Fälle übrig, in denen nichts geschieht. Es zeichnet sich immer deutlicher ab, daß mit ein oder zwei kurzschlüssigen Methodik-Anteilen Befreiung in der Breite nicht zu bewirken ist.

Aber was sollen wir noch machen? Kann man überhaupt etwas tun im Sinne des Verfolgens eines rational-biblischen Konzeptes? Müssen wir versuchsweise alle möglichen Fäden aufgreifen und Wege verfolgen oder gibt es in der Systematik der Zerstörung doch eine Ordnung? Es gibt sie.

Bis jetzt lag der führende Akzent auf der therapeutischen Seite darauf, daß wir Gnade jenen gewähren, von denen Verwundung und Schaden kam. Gnade ist der Schlüssel – aber nicht nur in der Hinsicht, daß wir Gnade zu geben haben, sondern wir haben auch Gnade zu nehmen. Ich gehe damit über zur Erörterung des zweiten großen Komplexes der Entstehung von dämonischen Bindungen und dem dazugehörigen Heilungs-und Befreiungsansatz.

4.3. Der Fluch der Selbsterlösung

Not macht erfinderisch, und diagnostische Verlegenheiten, in die man als Seelsorger sehr wohl kommen kann, können zu Neuentdeckungen, oder vielleicht muß man sagen zu Wiederentdeckungen, von Wahrheiten führen, die dann weiterhelfen. Es war eine ganze Anzahl von schwierigen Seelsorgefällen mit zunächst unbefriedigendem Ausgang notwendig, bis ich nach und nach unter stetiger Assistenz des Wortes Gottes und des Heiligen Geistes den Faden erkennen konnte, der mich weiter durch das Labyrinth von Charakterstörungen, Symptomen und krankmachenden Faktoren führte.

Alexander, ein junger Computerfachmann, war ein derartiges Beispiel. Ich kenne ihn bereits mehrere Jahre und konnte ihm durch einige seelsorgerliche Beratungen eine gewisse Hilfe geben. Die Resultate waren nicht sehr überzeugend. Eine gewisse Erleichterung kam indessen doch zustande.

Dann erschien er nach ein bis zwei Jahren erneut bei mir und klagte, daß er Erscheinungen von depressiver Verstimmung, Arbeitsunlust und Beziehungsstörung erlebte, die es ihm schwer machten, auch bei Aufbietung von aller Willenskraft sich im Umgang von Menschen zu beweisen und sich überhaupt der Beziehungen zu erfreuen. Er hatte immer den Eindruck, daß andere in sein Leben eingreifen wollten und Macht über ihn hätten.

Was war zu tun? Das Kontingent an Vergebungsnotwendigkeiten und Vergebungsmaßnahmen war bereits ausgeschöpft. Die Vorgeschichte hatten wir früher ausgiebig untersucht. Es gab genug lebensgeschichtliches Material mit den Merkmalen von Verwundung und Beeinträchtigung und Zurücksetzung, so daß Alexander vergeben hatte und anschließend lernte, auf solche Affekte vergebend zu reagieren.

Wir sahen dann im Gespräch noch einige feinere Formen von Ressentiments und Abwehrhaltungen wegen stattgefundener Verletzungen durch Menschen. Aber nachdem auch das durch Vergebung aufgelöst war, gab es in diesem Bereich nichts weiter zu tun. Aber es mußte unbedingt noch mehr geschehen, weil Alexander keineswegs gesund war. Diese lästigen und nicht steuerbaren, depressiven Beschwerden und diese zwanghaften Beziehungsstörungen waren nun einmal da. Das sind Augenblicke in der Seelsorge, wo alle Beteiligten ehrlich sein müssen, damit Gott weiterhelfen kann. Das schlichte Umetikettieren oder Umdeuten von Krankheitserscheinungen als Ausdruck des höheren Willens Gottes halte ich für unerlaubt und für unredlich. Ich habe mir diesen Weg verboten. Er stimmt nicht mit den Aussagen der Schrift überein.

Das Wort Gottes sagt, daß das Reich Gottes sich durch Frieden, Freude und Gerechtigkeit im Heiligen Geist kundtut. Das ist eine Definition, an die wir uns halten sollten. Also lag hier ein deutlicher Mangel an Manifestation des Reiches Gottes vor.

Im Fall von Alexander wie auch bei manchen ähnlich gelagerten Fällen wurde dann die Hilfe des Heiligen Geistes mir sehr deutlich. Er verwies mich nicht mehr auf die frühe Vorgeschichte mit den vielfältigen Einwirkungen von Eltern, Geschwistern und anderen Beziehungspersonen. Der Heilige Geist führte mich mehr in die Gegenwart. Ich sah Verhaltensweisen, die ich auch schon früher bei Alexander festgestellt hatte. Aber ich hatte sie bislang nur als eine Folge der Störung angesehen. Insofern erschienen sie mir für die Diagnostik nicht bedeutungsvoll. Ich dachte, sie würden von allein verschwinden, wenn wir nur die richtigen ursächlichen Faktoren gefunden hätten und dann genauso ursächlich im Befreiungsdienst vorgehen könnten.

Ich sah bei Alexander eine Haltung von Menschenverachtung, die Tendenz, sich zurückzuziehen und leicht zu kritisieren. Ich sah natürlich auch erhebliche Minderwertigkeitsgefühle mit einem ganz starken Eindruck, in bestimmten beruflichen Bereichen und auch im Gemeindeleben an manchen Stellen zu versagen und unnütz zu sein.

Ich begann zu erkennen, daß die Verhaltensweisen Mißtrauen, Distanz und sich isolieren von Menschen nicht zufällig da waren, sondern etwas zu tun hatten mit der spezifischen Vorgeschichte von Alexander. Alexander hatte fraglos einen Mangel von Zuwendung und Liebe erlebt. Seine Eltern hatten nicht viel Zeit für ihn wegen starker beruflicher Belastung auf ihrer Seite. Es bestanden gewisse Probleme im Bereich der Schule und auch Erziehungsschwierigkeiten auf seiner Seite. Er wurde ja obendrein für längere Zeit in ein Internat verschickt, was sein Defizit an Zuwendung, Zärtlichkeit und Liebe nur vermehrte.

Obendrein war der Vater sehr autoritär und die Mutter zwar freundlich und hilfsbereit, aber bar jeder echten Gefühle von Zuwendung und Zärtlichkeit, so daß Alexander eigentlich sehr allein war. Kein Wunder, daß er unter diesen Voraussetzungen starke Minderwertigkeitsgefühle entwickelte.

Während ich mir diese Ausgangssituation vergegenwärtigte und mir die momentanen, seelischen Auffälligkeiten bei Alexander ansah, kam mir plötzlich die Erleuchtung, die sich dann im Verlauf weiterer Monate zu einem ausgewachsenen Konzept ausweitete: Wer von den Eltern durch deren Mangel an Liebe, Zeit, Zuwendung und persönlichem Engagement wie aber auch durch Nachlässigkeit im eigentlichen Erziehungsauftrag Beeinträchtigungen und Verwundungen erlebt, entwickelt darunter zwangsläufig ein Gefühl und auch einen Zustand von Defizit, Schutzlosigkeit und Bedeutungslosigkeit. Die am häufigsten auftretende Belastung, die ein Kind erlebt, ist die schlichte Tatsache, daß die Eltern es nicht ausreichend lieben. Unter Lieben verstehe ich nicht Versorgung und Überschüttung mit allen möglichen käuflichen Dingen, sondern die Zuwendung des Herzens und alle Verhaltensweisen, die wohltun, bestätigen, das Kind aufbauen und innerste Wertschätzung ausdrücken. Verwundungen und Vernachlässigungen seitens der Eltern hinterlassen unabweisbar und zwangsläufig bei dem Kind den Eindruck, nicht geliebt, nicht willkommen, nicht angenommen zu sein.

Kaum hat sich diese erste Reaktion und Bewertung eingestellt, die, wie wir gesehen haben, noch durch zusätzliche dämonische Aktivitäten derselben Art Unterstützung finden, folgert das Kind aus diesen Erlebnissen messerscharf, daß es überhaupt keine Bedeutung habe, daß es ohne Wert und ohne Nutzen sei. Es entsteht so etwas wie eine Grundanschauung, daß es ein Fremdling sei und in der Mitte seines Wesens bedeutungsarm und minderwertig. Mit diesem Eindruck verbindet sich auch die Vorstellung, im Hinblick auf Funktion, Fähigkeiten und Zielsetzung bedeutungslos zu sein. Ein solches Kind – all das läuft ab in der Tiefe der seelischen Persönlichkeit ohne hellbewußte Überlegungen – merkt instinktiv, daß es eine Art Minusvariante der Menschheit ist, daß es mit seinem Dasein und Sosein weniger Berechtigung als andere oder vielleicht gar keine Berechtigung hat zu leben. Das ist ein quälendes Gefühl, das ein Kind gewiß nicht gerne bei sich duldet, das aber unabweisbar ist, weil ja so viele Äußerungen und Hinweise der wissenden Erwachsenen es so ausdrücken. Wer sein Kind nicht annimmt, oder bewußt ablehnt, oder ihm Liebe und Anerkennung verweigert und es unterdrückt, der muß solche Deutung beim Kind unvermeidbar auslösen.

Wenn wir all diese Reflexionen und instinktiven Reaktionen des Kindes zusammenfassen, dann erlebt es ein Defizit, ein Vakuum, so etwas wie ein Loch in seiner Persönlichkeit und in der Mitte seines Seins. Und diese Innenerfahrung ist außerordentlich schmerzhaft und Unlust erzeugend. Das Kind kann damit nicht leben. Es muß etwas dagegen tun. Unter diesem Gesetz treten wir alle an. Keiner kann es ertragen und will es hinnehmen, in seiner Persönlichkeit und in seinem inneren Sein unwert und bedeutungslos zu sein.

Unter dem Druck dieser Deutung und in dem Begehren, die Unlustgefühle hinter sich zu lassen, versucht nun die kindliche Seele und später auch die Seele des Erwachsenen – denn diese Eindrücke verblassen und altern nicht, sofern man nichts gegen sie unternimmt – diesem Zustand zu entkommen. An dieser Stelle tritt nun ein zweiter, verhängnisvoller Prozeß in Aktion. Das Kind oder der Erwachsene versucht, sein Defizit an Selbstwertgefühl mit nachträglich angeeigneten Qualitäten, Fähigkeiten und Verhaltensweisen aufzubessern, durch die er sich Anerkennung von Menschen in seiner Umgebung holt.

Dieser Prozeß läuft im Leben eines jeden Menschen ab und erfolgt mit unbeugsamer Entschlossenheit. Er läuft ab unter der Formel: Was das Kind nicht ist (in seinem Ego und seiner Personenmitte), das will es haben (durch Bestätigung von draußen und von Menschen). Niemand kann damit leben, daß er weniger ist als andere. Der Mangel an Sein muß ausgefüllt werden durch ein Mehr an Haben. Die Psychologen nennen diesen Vorgang Kompensation. Und weil einige psychologische Schulen glauben, daß man überkompensiert, also in seinen Abhilfemaßnahmen über das Ziel hinausschießt, sehen sie an dieser Stelle die entscheidenden Störfaktoren.

Aber ich rede hier nicht von psychologischen Geschehnissen im Sinne der Auffassungen von bestimmten psychologischen Schulen. Wir untersuchen von einer biblischen Schau herkommend, was im Leben von Menschen geschieht, die durch frühe Schädigungen in ihrer Kindheit im Kern ihrer Person getroffen sind. Wir sind immer noch bei dem Fall Alexander. Alexander konnte mit dem Zustand einfach nicht leben, der sich durch die Konstellation seiner früheren Jahre ergeben hatte. Die Minderwertigkeitsgefühle waren offensichtlich, sie waren qualvoll, auch wenn er nur einen Teil von ihnen wahrnahm und der größte Teil verdeckt weiterlief. Also unternahm Alexander etwas dagegen. Er entwickelte einen Lebensstil mit einigen Extravaganzen und gekünstelten Modepräferenzen. Damit umgab er sich mit einem Flair von Einzigartigkeit, Pionierhaftigkeit und Unangepaßtsein. Das war zwar bizarr, aber tat seinem Ich gut. Im Umkreis seiner Freunde war er angesehen und war sogar ihr Führer.

Aber die Wirkung dieser Maßnahme währte nicht lange. Er kam dann in ein Alter, wo er mit solchen spleenigen Verhaltensformen nicht mehr sehr viel Anerkennung und Bestätigung bei seiner Umgebung finden konnte. So ging er dazu über, nach weiteren Formen der Abhilfe Umschau zu halten, die ihm bei seinen verbliebenen Fähigkeiten und Fertigkeiten noch erreichbar erschienen. Er fand sie bald: Alexander merkte, daß er durch ein Auftreten im Sinne von Distanziertheit und einem dosierten Sich-Isolieren bei manchen Leuten Eindruck hinterließ. Er entwickelte die Fähigkeit, durch eine Kultivierung dieses Verhaltens bestimmte Leute auflaufen oder ins Leere laufen zu lassen, was sein Ich-Gefühl außerordentlich stärkte. Wenn auch das nicht mehr ausreichte oder in einer bestimmten Umgebung fehlplaziert erschien, entwickelte er die Haltung des Mißtrauens, die von vornherein erstmal Leute negativ erscheinen ließ, während er selbst natürlich über allen Verdacht erhaben war. So hatte er Zensuren verteilt und in seinem eigenen Denken und Bewerten klargemacht, wer gut und wer oben ist, nämlich er selbst, und wer verdächtig und minderwertig ist, nämlich die anderen.

Auf diese Art und Weise hatte Alexander nach und nach ein recht umfangreiches System der Selbsthilfe und der Stabilisierung seines Ichs errichtet, was identisch war mit einer Verminderung der bohrenden Gefühle, unwert zu sein. Manchmal hatte er den Eindruck, wenn er zurückblickte, daß es ihm gelungen war, das Bedeutungsdefizit und den Mangel in seinem Ich, der von den Eltern verschuldet war, ausgefüllt zu haben.

Aber insgesamt war das Verfahren doch sehr anstrengend, weil er ununterbrochen neue ich-stabilisierende Maßnahmen ergreifen mußte. Dazu kam noch, daß die Menschen seiner Umgebung sich nicht immer so verhielten, wie er es dachte und brauchte. Sie lieferten ihm nicht direkt oder indirekt den Stoff, aus dem er sein Ich aufbessern konnte. Manche verweigerten ihm Anerkennung. Andere schlugen stärker zurück, als er es eingeplant hatte. Weitere Personen hatten sich so gekonnt zurückgezogen, daß er sich von ihnen im Stich gelassen fühlte. Und im Hinblick auf sie alle merkte er, daß er sie eigentlich suchte und brauchte und daß er sich in seinem Herzen bereits an sie gebunden hatte.

Die Folge von alledem war, daß Alexander, der sich mittlerweile längst bekehrt und Jesus als seinen Herrn angenommen hatte, zu bestimmten Zeiten, wenn die Belastungen besonders deutlich wurden und ihm besonders viel mißglückte, in seiner Stimmung ins Depressive abrutschte. Bei ihm war das Depressive nicht so sehr an einer reinen Traurigkeit erkennbar, sondern mehr an einem Gefühl, gelähmt zu sein – übermannt zu sein von Anforderungen, Hemmnissen und Schwierigkeiten. Alexander betete dagegen an, glaubte dagegen an, nahm die Waffe des Wortes und vor allem – er vergab. Einige dieser Mangelerscheinungen und Charakterveränderungen wurden etwas besser. Aber das Gros der charakterlichen Normabweichungen – und vor allem die Depressionen – blieben eisern.

Ich habe diesen Fall so ausführlich geschildert, weil wir an ihm untersuchen können, was tatsächlich abgelaufen ist und welches die dahinter befindlichen, geistlichen Gesetzmäßigkeiten sind. Alexander hat sich unwillkürlich selbst geholfen, nachdem die anderen ihm nur Schaden zufügten. Hier liegt das große geistliche Problem!

Es ist nicht ein Fehler und vor Gott nicht schuldhaft, in ein Defizit hineingekommen zu sein. Gottes Wort beteuert uns, daß Gott uns Menschen liebt und mit uns leidet. Das heißt ja doch, daß Gott auch mit den noch Unerlösten, die noch nicht seinen Sohn Jesus als Erlöser und Freund angenommen haben, intensiv mitleidet, wenn sie leiden, und ihnen helfen und beistehen will. Es ist also Gottes absoluter Wille und Vorsatz, den Menschen zu helfen, die durch Versäumnisse der Eltern in die Katastrophe der Selbstverdammnis, Selbstverurteilung und Minderwertigkeit hineingelaufen oder gefallen sind.

Das eigentliche Problem ist nicht der Vorbefund, sondern das verkehrte Reagieren darauf. Natürlich soll dem Kind, dem Jugendlichen oder dem Erwachsenen, die unter der unerträglichen Qual der Bedeutungsarmut und Sinnlosigkeit leiden, geholfen werden. Aber die Hilfe soll nicht von ihnen selbst und auch nicht von Menschen kommen. Allein Gott will und soll der Helfer sein! Wir müssen den Fehler in seiner Grundsätzlichkeit und seinen fluchartigen dramatischen Auswirkungen erkennen, der sich in der Entscheidung ausdrückt, die Hilfe in der eigenen Kraft zu suchen oder dadurch zu bekommen, daß man andere Menschen anzapft, um von ihnen zu nehmen. Genau das tat Alexander: Er half sich damit, daß er zunächst die Anerkennung und den Beifall von seinen jugendlichen Gesinnungsgenossen holte, deren Anführer und Vorreiter im Protest und Modeverhalten er geworden war. Das brachte ihm etwas ein, nämlich Anerkennung, Applaus, Bestätigung und die Zubilligung, ihr Führer zu sein und überhaupt ein starker Kerl zu sein. Alexander nahm nach einigen eigenen Investitionen von seiner Umgebung und verschaffte sich dadurch Bedeutung vor Menschen.

Später variierte er die Methode. Aber immer noch bestand dieselbe Grundentscheidung. Er holte von Menschen indirekt über eine kompliziertere Verarbeitung in seinem Innenleben die Aussage, daß er ihnen überlegen sei. Er beherrschte sie, oder zumindest versuchte er es, durch Distanziertheit, Isolierungsbestrebungen und ein zynisch-mißtrauisches Verhalten, mit welchem er manche seiner Freunde und auch seiner Mitarbeiter im Beruf kontrollieren konnte. Er hatte wieder seinen Gewinn. Er war wieder etwas. Er half sich selbst. Er verließ sich auf seine Fähigkeit, Menschen zu dirigieren, zu beeinflussen und in Maßen zu kontrollieren und zu unterdrücken.

Wo diese Methode nicht geeignet erschien, holte er sich direkt die benötigte Ich-Stärke, indem er sich an Menschen band und ihre Zuneigung durch freundschaftliches Wohlverhalten und Bestätigungen erkaufte.

All das ist Sünde, die das Ausgangsproblem vermehrt. All das ist der Versuch, sich selbst zu helfen, sich selbst zu erlösen und sich selbst zu befreien. Die Bibel nennt das: sich verlassen auf den eigenen Arm, auf Fleisch und auf Menschen.

> **Jeremia 17,5**
> **So spricht der Herr: Verflucht ist der Mann, der sich auf Menschen verläßt und hält Fleisch für seinen Arm und weicht mit seinem Herzen vom Herrn.**

Wer sich auf Fleisch verläßt, was auch sein eigenes Fleisch einschließt, also seine körperlichen und seelischen Fähigkeiten und Fertigkeiten, der zieht einen Fluch auf sich. Wer sich auf Menschen verläßt, also sich von anderen Menschen abhängig macht und sie als Lieferanten von Bestätigung, Liebe, Anerkennung, Beifall und Mitleid anstellt, begibt sich ebenfalls unter einen Fluch. Beide Grundentscheidungen sind gleichbedeutend mit Abweichen in seinem Herzen vom Herrn.

Man kann das auch anders ausdrücken. Es ist der Versuch, aus seinem in der Kindheit erfahrenen Mangel an Bedeutung, Sein und Ich-Stärke herauszutreten, indem man die Hilfe nicht von Gott, sondern von Menschen holt, um durch tatsächliche oder vermeintliche Größe vor ihnen bedeutend zu sein oder zu werden. Das alles nennt die Bibel Stolz. Stolz ist also der untaugliche Versuch der Reparatur des eigenen Ichs, indem man Hilfe von sich selbst oder Menschen holt. Insofern ist dieses Grundmuster des Stolzes eine Übertretung des ersten Gebotes, das uns sagt, daß Gott allein unser Herr, unser Heiler, unser Versorger, unser Helfer, unser Gott, der mehr als genug ist, unser Fels, unser Siegeslied, unsere Gerechtigkeit, unser Frieden, unser Vater sein will. Die Sünden gegen das erste Gebot sind Greuelsünden. Deswegen nennt das Wort Gottes ein stolzes Herz auch Greuel:

> **Sprüche 16,5**
> **Ein stolzes Herz ist dem Herrn ein Greuel und wird gewiß nicht ungestraft bleiben.**

Von den Greuelsünden, also den Vergehen gegen das erste Gebot, wissen wir aber, daß sie dämonischen Kräften Tür und Tor öffnen. Überall, wo die Schrift vom Fluch und vom Greuel redet, müssen wir erwarten, daß im Umkreis eines solchen verfluchten Tatbestandes den bösen Geistern aus der Welt des Dämonischen Zutritt vom Herrn gestattet wird oder gestattet werden muß.

Mit diesem Verständnis des Hintergrundes der Selbsthilfe, der Selbsterlösung und des Stolzes können wir begreifen, weswegen unser gläubig gewordener Alexander mit seinen Haltungen von Distanz, Mißtrauen und Absonderung das Problem in seinem Leben verstärkt hatte. Seine Selbsthilfemaßnahmen, die Ausdruck einer Haltung des Stolzes sind, haben hochoffiziell finsteren Kräften derselben Benennung und derselben Wirksamkeit, nämlich Dämonen von Isolierung, Distanz, Gemeinschaftsunfähigkeit, Mißtrauen und Depression Zutritt ermöglicht.

Er wollte sich mit eigener Kraft helfen, er beschritt den Weg des Gesetzes, aber konnte das Gesetz nicht halten und lud auf sich den Fluch des Gesetzes. Also wiederum ein Fluch! Aber Jesus hat den Fluch des Gesetzes und jeden anderen Fluch getragen, als er Fluch wurde für uns. Alexander erkannte, daß er sich selbst angestrengt hatte und sich selbst helfen wollte und daß er sich dabei an seiner eigenen Kraft und an Menschen vergriffen hatte. Alexander tat Buße, das heißt in neudeutschen Worten: Er kehrte um und warf sich völlig auf den Herrn. Er beanspruchte Gnade für sich und entschied sich, daß er nicht mehr sein Leben und sein Ich aufbauen wolle durch das Nutzen eigener Kräfte und eigenen Verstandes. Er wollte sich völlig auf den Herrn verlassen und seine Gnade als absolut ausreichend anerkennen und einsetzen.

Alexander wurde frei. Die Befreiung geschah unter unübersehbaren und unüberhörbaren Manifestationen an seinem Respirationstrakt und in der Motorik. Gleichzeitig erlebte er auch subjektiv, wie die finsteren Kräfte von ihm wichen und wie er nachher in einem neuen, entspannten Zustand Gott und die Welt besser genießen konnte. Er erlebte die Realität der Befreiung sehr deutlich. Vielleicht sollte ich auch noch hinzufügen, daß dieses Resultat Bestand hatte.

Ich will alle Entdeckungen und Einsichten, die wir anhand des Ergehens von Alexander gewonnen haben, zusammenfassen. Bei ihm wie bei vielen anderen Fällen, an denen ich diese grundsätzlichen Gesetzmäßigkeiten erkannte, offenbarte sich, daß Selbsterlösung und Selbsthilfe ein viel gravierenderer Befund ist, als ich mir das je vorstellen konnte. Natürlich wußte ich vom biblischen Befund, daß Selbsthilfe Unabhängigkeit von Gott ist. Daß sich das jedoch so nachhaltig auswirken konnte in Gestalt von handfesten dämonischen Bindungen und Belastungen, das war doch eine Offenbarung für mich. Und doch ist es eigentlich sehr einsichtig und geistlich logisch.

Jede Entscheidung zur Unabhängigkeit von Gott ist eine Entscheidung im Sinne der Trennung von Gott, der Selbstverherrlichung, der Rebellion gegen ihn und der Leistungsfrömmigkeit und Gesetzlichkeit. All das ist gleichzeitig stillschweigende Kooperation mit dem Feind. So können Gläubige, die ihr Leben bewußt und sehr offiziell Jesus übergeben haben und insofern Kinder Gottes sind, doch in vielen Verhaltensweisen unausgesprochen in offener Auflehnung gegen Gott sein. Sie vergegenwärtigen sich das nicht, sie wissen es nicht, und keiner sagt es ihnen. Aber ihre Haltungen und die Verfassung ihres Herzens, das auf Unabhängigkeit und Selbsthilfe aus ist, macht es deutlich. Der Lebensentwurf der Selbsthilfe an den Stellen, wo sie wirklich Hilfe Gottes brauchten, ist die Erwählung von Stolz, der Greuelsünde, als Hauptmerkmal und Leitmotiv ihres Lebens. So kann es nicht verwunderlich sein, daß das Reich der Finsternis sich diese Einladung nicht entgehen läßt.

Das ist also die Begründung, und zwar, wie ich meine, die biblisch und geistlich unabweisbare Begründung dafür, daß das Dämonische im Leben von Gläubigen einen so weiten Raum einnehmen darf.

Aber die Wahrheit macht frei, zumindest die Wahrheit, die wir erkannt haben und bei der wir bleiben. So können wir diese erkannten Zusammenhänge dazu nutzen, daß sie uns den Weg weisen zur Befreiung. Wer ihn beschreitet, erlebt weitaus mehr an Hilfe als allein die Beseitigung von einzelnen, auffallenden Symptomen. Der Anmarschweg zum Befreiungsdienst über Vergebung und Erkennen und Ablegen der Selbsthilfemaßnahmen bewirkt regelmäßig eine ganz grundsätzliche Veränderung der Gesamthaltung eines Gläubigen. Nicht nur offenkundige Merkwürdigkeiten und Beraubungssituationen erfahren eine Wandlung. Auch an vielen anderen Stellen, wo das Wirken des Räubers und Zerstörers gar nicht so offensichtlich war, wird das Werk des Feindes aufgedeckt und beendet.

Die Befreiung von dämonischen Kräften, auch von jenen, die durch Selbsterlösung und Selbsthilfe Zugang bekommen haben, erfolgt aber erst dann, wenn tatsächlich weitgehend alle Lebensbereiche unter dem Gesichtspunkt der Vergebung (gegenüber anderen und für sich selbst) untersucht und bereinigt worden sind. Hier waltet sogar so etwas wie ein „Alles-oder-Nichts-Gesetz“: Die Befreiung tritt erst dann ein, wenn weitgehend alle Voraussetzungen erfüllt sind. Erfüllte Voraussetzungen, das heißt: Der Gläubige hat sich völlig und wahrhaftig entschieden, nur mit Gnade und im Glauben zu leben.

Auch am Ende dieser grundsätzlichen Ausführungen will ich dieselbe Frage stellen, die bereits wiederholt vorgekommen ist: Was haben wir mit diesen Einsichten gewonnen? Können wir damit alle vorkommenden Fälle von dämonischer Besetzung und Bindung tatsächlich lösen? Auf diese stereotype Frage will ich eine gleichermaßen stereotype Antwort geben, die wir bereits kennen: Fraglos hat sich dadurch die Quote der erreichten, manifesten Befreiungen entscheidend gebessert. Das Einbeziehen dieses wichtigen Gesichtspunktes der Selbstbefreiung als ein zusätzlich krankmachendes und Freiheit raubendes Element ist eine außerordentliche Hilfe. Ich kann sagen, daß sehr vielen Gläubigen, denen mit dem alten Raster der Untersuchung auf Okkult- und Tatsünden und Unversöhnlichkeit nicht hätte geholfen werden können, so Befreiung zuteil wurde.

Aber es bleibt auch hier noch zu beklagen, daß wir offensichtlich noch immer nicht am Ende des Spektrums von dämonischen Bindungsformen und geistlichen Befreiungsmöglichkeiten angekommen sind. Ich sehe einen weiteren, sehr entscheidenden Gesichtspunkt. Es handelt sich um die Bedeutung des Glaubens als Voraussetzung der Neuprägung unserer Identität im Herrn, eine zusätzliche Vorbedingung für Befreiung.

4.4. Die Rolle des Glaubens

Eine weitere Voraussetzung zum Gelingen des Befreiungsdienstes ist der aus dem Worte Gottes genährte Glaube an Gottes Verheißungen. Glaube heißt doch, dem zu vertrauen, was Gott sagt und was Gott für uns getan hat. Unglaube dagegen ist auch ein Glaube. Er besteht darin, daß wir dem glauben, was vor Augen ist, was wir fühlen, was wir sehen und was Außenumstände uns sagen.

Glaube ist nun insofern für die Befreiung wichtig, als Glaube die Entscheidung darstellt, dem mehr zu vertrauen, was Gott über unser neugewordenes Wesen in Christus sagt, als dem Glauben zu schenken, was unsere Seele, die durch feindliche Mächte belagert ist, an Zwängen, Stimmungen und Gefühlen ausdrückt. Wenn der durch Christus erneuerte, aber noch von finsteren Mächten geplagte Gläubige die Entscheidung trifft, den Verheißungen Gottes sein Herz zu öffnen, dann wird dadurch seine Identität hin zu dem Bilde Gottes verändert. Wer dem Herrn glaubt, daß er das ist, was Gottes Wort sagt, was er sei, trennt sich damit faktisch von der Lüge, die das gemeinsame Charakteristikum aller feindlichen Aktivitäten ist. Insofern kann dann das Wort Gottes, daß ja ein Schwert des Geistes ist, trennen zwischen dem wahren Ego unserer Person und den Fremdauflagerungen.

Das Wort Gottes versichert uns im Römer 14,23, daß alles, was nicht aus Glauben geschieht, Sünde ist. Ein glaubensloser, also sündhafter Befreiungsvorgang kann demnach nie zur echten Freiheit führen. Glaube ist die Entscheidung zur Wahrheit, bevor man sie spürt. Glaube ist der Verlaß auf die Richtigkeit und die Zuverlässigkeit von Gottes Aussagen.

Die praktische Bedeutung des Glaubens als Voraussetzung zur Befreiung wird an dem Beispiel der sogenannten kanaanitischen Frau sichtbar (Matthäus 15,28), der Jesus attestierte: „Oh, Frau, dein Glaube ist groß. Dir geschehe, wie du willst!" Was sie aber wollte, war nichts anderes als eine Befreiung ihrer Tochter, die von einem bösen Geist geplagt war.

Im Kapitel „Unsere neue Identität in Christus" wird im einzelnen ausgeführt, wie durch die systematische Entwicklung und Ernährung unseres Glaubens der Hilfesuchende seine Identität und sein Selbstverständnis verändert, bevor er die manifeste Befreiung erfährt. Glaube kommt vor der Erfahrung – auch im Fall der Befreiung – oder es kommt gar nicht zur Erfahrung.

Kapitel 4

Am Anfang ist das Motiv

Natürlich ist am Anfang das Wort. Das Wort soll uns motivieren, die Befreiung durch Gott überhaupt erst zu suchen und dann auch zu erleben. Ohne die Inspiration, die der Heilige Geist durch das richtig verstandene Wort Gottes in unser Herz legt, wird es keine Befreiung von den Werken der Finsternis und dämonischen Mächten geben.

Allein schon die Geschichte der Christenheit zeigt, daß man das Wort Gottes sehr genau befragen muß und den Heiligen Geist einladen muß, es uns zu verdolmetschen, damit man überhaupt auf den Gedanken kommen kann, daß Gott uns von dämonischen Kräften freisetzen will. Denn der Befreiungsdienst ist so ziemlich das letzte, was in den Gesichtskreis der Christenheit zu kommen scheint. Die Reihenfolge der Wiederentdeckung von biblischen Wahrheiten in den letzten vier- bis fünfhundert Jahren scheint nach mitteleuropäischer Sicht doch wie folgt zu sein: Gerechtigkeit durch Glauben, Gerechtigkeit plus Heiligung, Wiedergeburt und Wassertaufe, Wiedergeburt und Taufe im Heiligen Geist, geisterfülltes Leben mit Manifestationen der Geistesgaben, Taufe im Geist und Anbetung sowie Einheit der geisterfüllten Christen, Nachfolge und Heilung und am Ende erst die Wiederentdeckung unserer Macht über die Finsternis und der Befreiungsdienst.

Ähnlich wie im kirchengeschichtlichen Rahmen liegen die Verhältnisse im Bereich der Frömmigkeit individueller Christen. In aller Regel kommt man gar nicht auf die Idee, daß Unzulänglichkeiten im Charakter und im Verhalten Ausdruck von Fremdbeeinflussung sein könnten und daß Gott Befreiung geben möchte. Ich sehe also einen großen Bedarf nach Aufklärung und Motivation unter den Gläubigen.

Wie kann man am besten die Christen motivieren, daß sie die ihnen zustehenden Freiheiten beanspruchen? Fraglos doch dadurch, daß man sie den Willen Gottes lehrt, der auf unsere Lust, Freude, Freiheit und unser Wohlbefinden ausgerichtet ist. Wer erkennt, daß Gott solche Ziele mit uns tatsächlich hat, der wird dann nicht mehr zu bremsen sein.

Ein wesentlicher Anteil der Hintergründe von Erwartungslosigkeit, Entmutigung und Gleichgültigkeit liegt darin, daß viele das Wort Gottes gänzlich verkehrt verstehen und die Beraubungszustände wie seelisches Unglück, Zwanghaftigkeit, Depression, Ängste und andere seelische und charakterliche Notzustände als im Willen Gottes liegend darstellen. Hier liegt das Verbrechen, und weil es geistlich begründet wird, wird ihm nicht widersprochen. Die Schafe sind ihren Hirten gehorsam. Wenn diese erklären, daß Unbill, Mangel und Begrenzung im Willen des Herrn liegen, dann glauben sie das und werden sich ein Leben lang bemühen, das zu verstehen und zu akzeptieren.

Wir brauchen eine heilige Aufsässigkeit gegen die Perversion der biblischen Werte und Ziele und Verrückung des wunderbaren Bildes von Gottes Charakter. Die Entstellung des Evangeliums ist heute in vielen Kreisen so weit fortgeschritten, daß allein eine solche Aufzählung, wie ich sie oben gegeben habe im Hinblick auf Gottes Ziele, also Freude, Wonne, Lust, Freiheit und Wohlergehen, schon als skandalös und Ausdruck einer verwässerten und genußorientierten Selbstbedienungsfrömmigkeit dargestellt wird.

Der Beginn der Befreiung ist die Erkenntnis, wie gut Gott ist, wie liebevoll und barmherzig er ist und was alles zu den Vorrechten der Erlösten gehört. Wer richtige Lehre über Christus und sein Reich bekommt, der wird motiviert. Andere bleiben in ihrer dumpfen Verzweiflung oder in der Glorifizierung des Mangels und Gefangenseins. Somit beginnt die Vorbereitung zur Erfahrung der Befreiung damit, daß das Wort Gottes ausgeteilt wird und die gewaltigen Verheißungen über unser Leben zum Leuchten gebracht werden. Das ist die erste und unaufgebbare Bedingung für einen erfolgreichen Befreiungsdienst.

Wir müssen wissen, daß wir hoffen dürfen. Wir brauchen die Erkenntnis des Standards, an dem wir uns messen. Wir müssen Kenntnis davon bekommen, was normal ist, was biblisch erlaubte oder erstrebenswerte Ziele sind, was Gott über unser Leben sagt. Wir brauchen ein klares Verständnis davon, ob und in welchem Maß Zerstörung unser Leben begleiten darf. Und natürlich brauchen wir erst recht gediegene biblische Kenntnisse darüber, daß der Feind Gottes besiegt ist, daß alle dämonischen Kräfte zur Schau gestellt und durchschaut sind und der Herr einen Triumph aus ihnen gemacht hat und daß wir selbst Macht über alle Gewalt des Feindes haben.

Das startgebende Aha-Erlebnis, daß der Belastete sagt: „Hier wird mir im Worte etwas verheißen, was ich nicht habe." oder „Ich muß offenbar meine Zwänge und Mängel nicht tragen!", diese erste Entdeckung entsteht allein anhand der Erkenntnis von Gottes Maßstab für unser Leben. Wir nehmen die Differenz zwischen dem Ist und dem biblischen Soll nur im Glauben an die teuren und allergrößten Verheißungen wahr:

> **2. Petrus 1,3-4**
> **3 Alles, was zum Leben und göttlichen Wandel dient, hat uns seine göttliche Kraft geschenkt durch die Erkenntnis des, der uns berufen hat durch seine Herrlichkeit und Kraft.**
> **4 Durch sie sind uns die teuren und allergrößten Verheißungen geschenkt, auf daß ihr dadurch teilhaftig werdet der göttlichen Natur, die ihr entronnen seid der verderblichen Lust in der Welt.**

Dieses Wort sagt unmißverständlich, daß wir zum Leben und nicht zum Vegetieren aufgefordert sind und daß ein göttlicher Wandel die selbstverständliche Erfahrung von einem jeden Gläubigen sein soll, weil wir durch Gottes Herrlichkeit und Kraft die Berufung zu einem Leben erfahren, in welchem wir uns ausweisen als der göttlichen Natur teilhaftig geworden.

Vielleicht noch klarer beschreibt der Römerbrief das Wesen des Reiches Gottes, in dem wir uns doch bewegen sollen und das nach Jesu Worten in uns ist:

Römer 14,17b
Das Reich Gottes ist Gerechtigkeit und Friede und Freude in dem Heiligen Geist.

Diese kraftvolle Aussage ist Maßstab für das, was unter uns als normal oder abnorm zu gelten hat. Wenn wir bedenken, daß die meisten Zustände von Mangel und Leid zu der Erfahrung der Unlust, Trauer und Sorge führen, dann wird uns erst so richtig klar, wie weit viele Gläubige vom biblischen Standard entfernt sind:

Philipper 3,1-4
1 Weiter, liebe Brüder, freuet euch in dem Herrn! Daß ich euch immer dasselbe schreibe, verdrießt mich nicht und macht euch desto gewisser.
2 Gebt acht auf die Hunde, gebt acht auf die bösen Arbeiter, gebt acht auf die falsche Beschneidung!
3 Denn wir sind die rechte Beschneidung, die wir Gott in seinem Geiste dienen und rühmen uns Christi Jesu und verlassen uns nicht auf Fleisch,
4 wiewohl ich meine Zuversicht auch auf Fleisch setzen könnte. Wenn ein anderer sich dünken läßt, er könne sich auf Fleisch verlassen, so könnte ich es viel mehr.

Philipper 4,4
Freuet euch in dem Herrn allezeit, und abermals sage ich: Freuet euch!

Natürlich wird manchem Seelsorger und Pastor unwohl werden, wenn er anhand von solchen Schriftworten sich gefordert oder gar überfordert sieht, dadurch entstandene hochgesteckte Ziele in seiner Seelsorge befriedigen zu sollen. Aber, sei es drum. Das ist biblischer Maßstab, und es kommt noch viel schlimmer (schöner):

Psalm 43,3-4
3 Sende dein Licht und deine Wahrheit, daß sie mich leiten und bringen zu deinem heiligen Berg und zu deiner Wohnung,
4 daß ich hineingehe zum Altar Gottes, zu dem Gott, der meine Freude und Wonne ist, und dir, Gott, auf der Harfe danke, mein Gott.

Das sind motivierende Worte. Gott will unsere Freude und Wonne sein. Das Wort Gottes redet wirklich von Wonne. Oder hören wir auf:

Psalm 16,11
Du tust mir kund den Weg zum Leben: Vor dir ist Freude die Fülle und Wonne zu deiner Rechten ewiglich.

Hier wird Leben definiert! Leben ist Freude die Fülle und Wonne zu der Rechten Gottes, und das ewiglich. Es gibt also einen Weg zu dieser Art Leben. Dieser Weg heißt schlicht und einfach Jesus, der von sich sagt, daß er der Weg, die Wahrheit und das Leben ist. Und wenn er zu einem Leben führt, das voll ist von Wonne und Freude, dann muß er selbst ein Gott der Freude sein:

Hebräer 1,9
Du (Jesus) hast geliebt die Gerechtigkeit und gehaßt die Ungerechtigkeit; darum hat dich, oh Gott, gesalbt dein Gott mit dem Öl der Freude wie keinen anderen neben dir.

Und nun will ich diesen Kreis schließen, indem ich noch einmal verweise auf das bekannte Wort im Johannesevangelium:

Johannes 8,31-32
31 Da sprach nun Jesus zu den Juden, die an ihn glaubten: Wenn ihr bleiben werdet an meiner Rede, so seid ihr in Wahrheit meine Jünger
32 und ihr werdet die Wahrheit erkennen, und die Wahrheit wird euch freimachen.

Weil der Teufel, der Gott dieser Welt, als Vater der Lüge und Verdreher und Verblender auf keinen Fall seine Niederlage hinnehmen möchte und sich nicht zurückziehen will aus dem Leben derer, die durch Jesus erkauft sind, deswegen verdeckt er so vielen Gläubigen den Maßstab von Freiheit und den Weg dahin. Wir als Pastoren und Seelsorger oder einzelne Gläubige dürfen uns mit diesem Taktieren des Teufels auch nicht indirekt arrangieren. Wir sollen keine Leisetreter sein. Wir sollen nicht im Hinblick auf angeblich notwendige theologische Differenzierungen Abstriche vornehmen und den Maßstab verändern. Wir sollen nicht aus Angst davor, daß wir gefordert sind, die Worte Gottes beschneiden. Wir sollen nicht in Ergebenheit gegenüber Traditionen christlicher Bewegungen die Verheißungen Gottes reduzieren oder umdeuten. Wir sollen unsere leidenden Geschwister ermutigen, inspirieren und auch motivieren, indem wir die großartigen Wahrheiten der Heiligen Schrift ungeschmälert ausrufen. Das gefällt unserem Herrn, und dazu steht er. Ich halte also fest: Der erste Anteil der Vorbereitung zum Befreiungsdienst ist die Motivierung durch verkündete und geglaubte Verheißungen Gottes.

Das folgende Beispiel könnte viele Personennamen tragen. Ich habe derartige Schicksale und die dann dramatisch ablaufenden Befreiungen häufig erlebt: Bruder R. war erfolgreicher Manager in einem größeren mittelständischen Industriebetrieb. Einige Jahre vor dem ersten Besuch bei mir kam er infolge einer familiären Krise zum Glauben. Andere Geschäftsleute, die eine lebendige Beziehung zu Jesus hatten, erkannten seine Schwierigkeit und sprachen ihn auf Jesus an. Schließlich führten sie ihn zu der Erfahrung der Liebe Gottes und der Vergebung durch Jesus.

Danach war Bruder R. ein treues Mitglied in seiner Gemeinde und in mehreren anderen christlichen Organisationen. Er war vorbildlich in seiner Hingabe. Aber er war depressiv, kämpfte gegen zwanghafte Minderwertigkeitsgefühle, die in einem bizarren Gegensatz zu seinem Ansehen und zu seinem Erfolg im beruflichen Leben standen. Solange er sich zurückerinnern konnte, litt er unter dem Gefühl von Hemmung, Traurigkeit, Schwermut und Minderwertigkeit. Daran hatte weder seine Bekehrung noch die Erfahrung der Taufe im Heiligen Geist etwas ändern können.

Ich habe mit ihm zweimal ein je einstündiges Gespräch geführt und beim letzten nach entsprechender Vorbereitung im Namen Jesu den dämonischen Kräften geboten, die hinter den Symptomen standen und denselben Namen hatten. Bruder R. erlebte eine augenblickliche Befreiung, stand gelöst, mit strahlendem Gesicht und in großer Entspanntheit auf. Er erlebte erstmalig seit Jahren, was es heißt, sich freuen zu können. Diese Erfahrung war überwältigend für ihn und sie blieb.

Der erste Teil seines Schicksals ist üblich. Tausende erleiden das. Weswegen erfuhr aber er Befreiung? Er hörte das volle Evangelium, das die göttliche Aussage einschließt, daß Jesus der Schlange den Kopf zertreten hat und daß wir Macht über alle

Gewalt des Feindes haben und daß Traurigkeit, Trübsal und Hemmung keine Bestandteile des Reiches Gottes sind. Es begann also mit der richtigen Erkenntnis aufgrund richtiger Lehre.

Die Belehrung von der Kanzel und alle anderen, von außen kommenden, richtigen Lehrimpulse stellen einen Faktor dar. Ein weiteres motivierendes Moment besteht darin, daß der belastete Gläubige, der durch Lehre auf den Geschmack und in die biblisch richtige Denkrichtung gekommen ist, die erkannten Wahrheiten des Wortes Gottes gleichsam von innen auf sich wirken läßt. Darunter verstehe ich einen Lebensstil des Wortes und des Glaubens, in welchem wir die Verheißungen Gottes regelrecht verspeisen und verstoffwechseln, indem wir darüber meditieren, über sie nachsinnen, sie aussprechen und deklarieren. Das ist mehr als nur die Bejahung und Anerkennung einer bestimmten Wahrheit. Das ist Leben aus der Wahrheit.

Diejenigen unter meinen Lesern, die selbst Befreiung brauchen, sollten diesen Weg beschreiten. Wer das biblische Gegenmittel gegen eine bestimmte Form von Zwang oder Bindung erkannt hat, sollte es sich immer wieder zuführen. Das Wort Gottes wirkt. Es erzeugt Gewißheiten und Zuversichten, die weit über das hinausgehen, was man allgemeine Zustimmung zum Worte Gottes nennen könnte. Vor allem wird dabei dem Gläubigen mit der Zeit offensichtlich, daß die Würfel im Prinzip schon längst gefallen sind und daß der Feind besiegt ist. Diese Innenerfahrung, daß man etwas legalerweise begehrt, was der Feind einem nur durch Lüge vorenthalten hat, was also real im Unsichtbaren vorhanden ist, sie ist der entscheidende Gewinn. Wer sie gemacht hat, der ist nicht mehr zurückzuhalten. Er will seine Freiheit, und er wird sie auch bekommen!

Nach meiner seelsorgerlichen Erfahrung ist die Taufe im Geist und der Wandel im Heiligen Geist eine weitere unerläßliche Voraussetzung dafür, daß der Herr Befreiungen bewirkt, die in den Bereichen des Charakters und der Haltungen ablaufen. Nur, wenn wir ganz erfüllt sind mit dem Heiligen Geist – was noch nicht heißt, daß wir ein makelloser Christ sind – werden wir die Sensibilisierung für diesen Prozeß der Befreiung erfahren. Die spektakulären, lärmenden Extremfälle dämonischer Besessenheit erfordern auf seiten des Belasteten keineswegs eine solche Voraussetzung. In solchen Fällen handelt es sich meistens ja auch um Nicht-Gläubige.

Wenn es aber darum geht, in ich-nahe, seelische Bereiche einzugreifen (Der Begriff Ich-Nähe muß nach wie vor relativ gesehen werden. Unser Ich ist in unserem Geist.), dann kann auf die Vorbedingung des Getauftseins im Geist und des aktuellen Wandels im Heiligen Geist nicht verzichtet werden. Das trifft auch dann zu, wenn gerade durch die bestehende dämonische Komponente dieses Bestreben vielleicht erheblich behindert wird. Aber es gibt auch dann die Möglichkeit, den Wandel im Geist, das Sprechen in neuen Sprachen, und die Anbetung in jenen Lebensbereichen zu vollziehen, die nicht vorrangig durch dämonische Blockaden beeinträchtigt sind. Meine Erfahrungen sagen mir, daß Gott offenbar erwartet, daß derjenige, der von ihm Heilung haben will, seinen angebotenen Weg der Heiligung beschreiten soll, nämlich das Begehren und Ergreifen der Taufe im Heiligen Geist.

Wer im Geist getauft ist, der kann anbeten. Anbetung ist die schönste und leichteste Form, seine Abhängigkeit von Gott zu erklären und ihm seine Liebe auszudrücken. Anbetung ist gleichzeitig die Haltung, in der sich der Heilige Geist am klarsten artikulieren kann. Ein Lebensstil der Anbetung bringt uns vor den Thron Gottes, wo wir die Dinge besonders deutlich sehen. Dort merken wir, was Gott gemäß ist oder nur ein Imitat darstellt.

Daneben bewirkt Anbetung noch etwas sehr Eigenartiges, das den Unkundigen überraschen, wenn nicht gar in Verzweiflung bringen kann. Gott wohnt in der Anbetung, so sagt es sein Wort. Während wir ihn erheben und preisen, schaffen wir ihm in uns Raum, so daß er in uns Wohnung nimmt. Dabei werden Fremdgeister, die bis dahin okkult (verborgen) geblieben waren, aufgespürt und zur Selbstoffenbarung gezwungen. Was manche Gläubige dann als Katastrophe bewerten, ist in Wirklichkeit die Konsequenz der Einwirkung von Gottes Heiligkeit und der Kraft seines Geistes auf verborgene dämonische Tücke und Präsenz, die sonst unentdeckt geblieben wäre.

Man kann also sagen: Wer gelehrt worden ist, Gott die Ehre zu geben und es tut, auch wenn Unfreiheiten ihn behindern, durchschreitet damit einen Prozeß der Sensibilisierung für die Wahrheit und des Aufdeckens der Kräfte der Lüge.

Zu den häufigsten Überraschungen, die Gläubige am Anfang ihrer Gemeinschaft mit dem Heiligen Geist erleben können, gehört das plötzliche Auftreten von Lästergedanken, Perversionsvorstellungen, Spottimpulsen und dergleichen, wenn sie mitten in der Anbetung Gottes sind. Wer das erlebt, weiß, was er jetzt zu tun hat. Er sollte nach dem zugehörigen Material in seiner Lebensvorgeschichte suchen und den Heiligen Geist fragen, worauf sich diese gedanklichen Zwänge beziehen. Dann sollte er sich davon trennen und im Namen Jesu diesen Geistern der Unreinheit, des Spottes und der Lästerung befehlen zu weichen.

Während eines kurzen evangelistischen Einsatzes in Süddeutschland sprach mich eine Dame an. Sie war Mitglied einer Freikirche, die an sich nicht offen war für den Heiligen Geist. Sie fragte mich, was sie von folgendem Erleben zu halten habe: Wenige Wochen vor meinem Besuch in dieser Stadt erlebte sie selbst die Taufe im Heiligen Geist, nachdem sie sich längere Zeit mit dieser Wahrheit beschäftigt hatte. Gemäß dem Wort Jesu aus Lukas 11,13 bat sie den Vater um den Heiligen Geist und erfuhr eine eindeutige und mächtige Taufe im Heiligen Geist mit dem Phänomen des Sprachenredens und der Freude in der Anbetung. Gleichzeitig aber erlebte sie, wie sie von einem Orgasmus überrascht wurde, der von ihrem Gefühlserleben in keiner Weise vorbereitet oder verstehbar war.

Natürlich war sie durch diese Erfahrung schockiert und verunsichert und wußte einige Zeit nicht, was sie von all dem halten sollte. Der Feind schien diese Schlacht gewonnen zu haben, weil diese Schwester zunächst einmal doch von jeglichem Sprachenreden und weiterer Hingabe an den Heiligen Geist Abstand nahm.

In einem kurzen Gespräch von wenigen Minuten konnte ich ihr die Zusammenhänge klarmachen. Der Heilige Geist deckte in der Erfahrung der Geistestaufe die Präsenz eines unreinen Geistes auf. Dieser war schon vorher da und wurde lediglich gezwungen, sich zu offenbaren. Daraufhin konnte sie eine augenblickliche Befreiung erfahren.

An diesem Beispiel können wir besonders gut erkennen, daß der Heilige Geist die dämonischen Kräfte lediglich zur Manifestation zwingt. Der Teufel muß dem stattgeben, aber versucht dann, und in vielen Fällen leider erfolgreich, aus seiner Not einen Gewinn für sich zu fertigen: Er redet dem Betroffenen ein, daß die Erfahrung der Geistestaufe für den Gläubigen erkennbar ein Geschehen „von unten" sei, das er tunlichst und schnell revidieren möge. Gott sagt aber:

Psalm 50,23
Wer Dank opfert, der preiset mich, und da ist der Weg, daß ich ihm zeige das Heil Gottes.

Dank opfern, den Herrn loben und ihn anbeten, ist Gott wohlgefällig und gleichzeitig ein „Weg", den der Herr aufweist zur Erweiterung und Vertiefung des Heils und der Heilung. So werden die verborgensten, zurückgezogensten dämonischen Kräfte, die sich nie preisgeben wollen und im Stillen ihr verderbliches Werk weiter betreiben wollen, aufgedeckt, so daß durch unsere nachfolgende Willensentscheidung der Heilige Geist sie völlig aus unserem Leben entfernen kann.

Die Befreiung aus den Kräften der Finsternis ist nicht ein technischer Prozeß. Der Erfolg der Seelsorge, die Befreiung erreichen will, steht und fällt mit der Wahrhaftigkeit des Gebundenen. Alle diese Gehorsamsschritte, die ich in diesem Kapitel aufgezählt habe, kann man von ganzem Herzen tun oder man kann sie auch nur formal und halbherzig tun, um sich oder dem Seelsorger den Beweis zu erbringen, daß man seine Pflicht erfüllt hat. Wahrheit und Aufrichtigkeit sind als Voraussetzungen unverzichtbar. Diejenigen unter den Hilfesuchenden, die nicht ganz ehrlich sind und

Dinge verbergen oder Entschuldigungen oder Alibis suchen, sie kommen nicht weit. Man erkennt sie an der Haltung, daß sie eigentlich alle Hilfe von den Künsten des Seelsorgers erwarten, sich selbst aber kaum offenbaren wollen und nur im Formalen oder Pflichtgemäßen steckenbleiben. Man kann sie übrigens auch häufig daran erkennen, daß sie in den Gottesdiensten in der letzten Reihe sitzen, worin sie ihre Distanz buchstäblich ausdrücken.

Das Wort Gottes sagt uns ermutigend, daß es dem Aufrichtigen gelingen soll. Aufrichtigkeit ist Liebe zur Wahrheit. Selbst dann, wenn die Anfangs-Aufrichtigkeit, mit der jemand in den Prozeß der Befreiung hineingeht, noch zu wünschen übrig läßt, kann dem Betreffenden geholfen werden. Das Wort Gottes sagt uns eindeutig (2. Thessalonicher 2,10), daß Gott uns nicht nur Wahrheit gibt, sondern zur Wahrheit auch Liebe zur Wahrheit hinzufügt. Diese muß also nicht von uns selbst kommen, sondern wir empfangen sie von Gott. So sehen wir wieder einmal, wie wichtig es ist, daß wir uns vom Worte Gottes motivieren lassen. Die Worte unseres Herrn haben eine außergewöhnliche Kraft und Auswirkung. Sie sind tatsächlich Geist und Leben. Ich finde es erhebend, daß Gott für alles sorgt, nicht nur für gute Endresultate, sondern den ganzen Prozeß von Heilung und Befreiung begleitet und sogar die Voraussetzungen in Gestalt der Motivation bei uns bewirkt.

Kapitel 5

Das Verletzungs-Bild im Kindesalter

Es hat sich herausgestellt, daß die Mannigfaltigkeit der wesentlichen Schädigungsformen durch elterliches Fehlverhalten nicht unendlich groß ist. Die nachfolgend beschriebenen dreiunddreißig Schädigungsmuster, die klar zu umreißen und abgrenzbar sind, dürften weit über fünfundneunzig Prozent aller in der Praxis vorkommenden Beeinträchtigungen darstellen. Ich bespreche sie einzeln, damit der Leser für sich selbst oder für seine seelsorgerlichen Aufgaben möglichst schnell die wegweisenden Entdeckungen machen kann. Man muß einfach viele dieser unterschiedlichen Verletzungsformen kennen, um nachher bei seiner geistlichen Diagnostik darauf kommen zu können. Deswegen bitte ich den Leser, diese wichtigen Kapitel, in denen ich das Schadensmuster der Außeneinwirkungen und die nachfolgenden Gesetzmäßigkeiten darstelle, sogar wiederholt zu lesen und sich dieses Spektrum einzuprägen.

Es gibt Regeln und Ordnungen in dem Entstehen von Unfreiheiten, deren Kenntnis die Diagnostik erleichtert. Aber es bleibt noch genügend Raum für die Wirksamkeit des Heiligen Geistes mit seinen Gaben. Kenntnis der wichtigsten Krankheits- und Unfreiheitsstrukturen und die Operation des Heiligen Geistes gehören zusammen. Ich kann dem Leser verraten, daß es ohne Führung durch den Heiligen Geist kaum möglich ist, durch das Gestrüpp von Verflechtungen, Anrechten und dämonischen Hintergrund-Manipulationen hindurchzuschauen. Die beste und umfangreichste Ordnung kann nicht den Heiligen Geist ersetzen, der immer wieder neu die punktuellen Erleuchtungen gibt.

Sicherheitshalber wollen wir uns noch einmal die theoretischen Grundlagen kurz vergegenwärtigen: Gemäß dem biblischen Menschenbild ist das Kind bis zu seinem religionsmündigen Alter, was zwischen 12 und 14 Jahren liegt, eine geistige und geistliche Einheit mit seinen Eltern. Insofern liegt alle Verantwortung für das Ergehen eines Kindes bei jenen. Kommen sie ihrer Aufgabe zu lieben und zu erziehen nicht nach, gibt es einen doppelten Schaden. Das Kind fühlt sich direkt seelisch beeinträchtigt, gestört und abgelehnt und entwickelt irgendwelche Ausdrucksformen dieser psychologischen Reaktion. Obendrein kommt es bei der Störung der Eltern-Kind-Beziehung zu einem Eintritt einer gleichnamigen dämonischen Kraft, die die seelische Störung verstärkt, chronifiziert und mit zwanghafter Kraft ausstattet, so daß diese nicht altert. Eine Störung der Eltern-Kind-Beziehung ist also gleichbedeutend mit einer Öffnung der geistlichen Schutzschicht des Kindes.

Jetzt geht es darum, in der notwendigen Ausführlichkeit die einzelnen Verhaltensformen auf Elternseite und die Reaktionen mit der dämonischen Komponente auf der Kindesseite darzustellen. Es ist offensichtlich, daß jeder Seelsorger, dem erst einmal der Blick dafür geöffnet worden ist, dann bestätigen wird, daß bestimmte Außeneinwirkungen zu bestimmten Veränderungen im Sinne von Charakterdeformierungen oder Symptomausgestaltungen auf der Kindesseite führen.

Selbst wenn in einzelnen Fällen bei nachweislich vorhandenem elterlichen Fehlverhalten das Kind scheinbar keine negative Reaktion zeigt, ist doch eine Einwirkung oder gar Einprägung von störenden oder krankmachenden Energien vorhanden, die zur Unfreiheit führen. Das ist gerade der Sinn der nachfolgenden Auflistung und Gegenüberstellung, damit auch dann, wenn der Belastete sich subjektiv, das heißt seinem Gefühlseindruck nach, nicht verwundet fühlt, er dennoch durch eine reife Handlung der Vergebung das Fortwirken der Schadenskraft beendet.

Vergebung, und zwar Vergebung aus ganzem Herzen, nachdem man die Vergebung des Herrn empfangen hat, das ist der Schlüssel für das sieghafte Bewältigen aller stattgehabten Beeinträchtigungen und Verwundungen.

In den meisten Fällen fällt das den Gläubigen, denen die Schuld der Eltern deutlich wird, nicht schwer. Sehr häufig sind nämlich mit den Jahre oder Jahrzehnte zurückliegenden Fehlhaltungen der Eltern keine wesentlichen momentanen Affekte von Unlust, Verzweiflung, Trauer und Empörung oder Schmerz verbunden. In anderen Fällen, die viel seltener sind, sind einzelne Verletzungen jedoch so schwerwiegend gewesen, daß nur mit großer Mühe und unter ausdrücklichem Greifen nach Gottes Gnade der Betroffene Vergebung aussprechen kann. Dabei kann es durchaus vorkommen, daß das sogar ein Prozeß wird, weil die ersten Äußerungen des Vergebens noch gar nicht aus der Tiefe des Herzens kommen, sondern nur Entscheidungen des Willens sind und bloße Worte darstellen.

Wer die ganze Aufstellung hindurchgeht, wird erkennen, daß der Umfang der seelischen und dämonischen Störungen auf der Kindesseite weniger abwechslungsreich ist als der auf der elterlichen Verursacherseite. Überhaupt gilt, daß das Böse und Dämonische weder originell noch mannigfaltig ist. Die Einwirkungen von Schuld und Dämonie wirken immer entdifferenzierend.

1. Ablehnung

Ursachen auf der Elternseite: Haltung der Ablehnung eines Kindes, das Kind ist unerwünscht. Das wird durch Abtreibungsversuch, durch das Verhalten der Eltern indirekt oder durch Erklärung direkt dem Kind mitgeteilt.

Auswirkungen auf der Kindesseite: Das Kind fühlt sich abgelehnt. Es kommt zur Invasion von dämonischen Mächten der Ablehnung, die immer polar gestaltet sind: sich abgelehnt fühlen und andere aktiv ablehnen; Zwang, sich nicht angenommen zu fühlen, Beziehungsstörung, Partnerschaftsproblematik, Menschenverachtung.

2. Haß

Ursachen auf der Elternseite: Das Kind wird von den Eltern in Haltungen oder Worten gehaßt; Eifersucht auf das Kind, was meistens durch Stiefvater oder Stiefmutter geschieht.

Auswirkungen auf der Kindesseite: Das Kind übernimmt die gleichsinnigen Haltungen wie Hassen und Eifersucht. Beide Komponenten, das psychisch Verstehbare und das Dämonische sind vertreten. Ferner zwanghafte Vorstellungen, ausgeschlossen zu sein: „Jeder ist gegen mich, ich werde bekämpft." Das Kind entwickelt Selbstzerstörungsprägungen, Haltung der Passivität. Das Kind wagt nichts. Kriminelle Neigungen, Verwahrlosungserscheinungen.

3. Vernachlässigung

Ursachen auf der Elternseite: Vernachlässigung in der Zuwendung, wenig Zeit, keine gemeinsame Freizeitgestaltung.

Auswirkungen auf der Kindesseite: Verlassenheit, Isolierungstendenzen. Das Kind oder der spätere Erwachsene zieht sich zurück. Lern- und Denkstörungen.

4. Verwahrlosung

Ursachen auf der Elternseite: Ausgeprägte Verwahrlosung, was Fürsorge im Bereich von Essen, Kleidung, Wohnung anlangt; Abwesenheit der Eltern und von jeglichen Erziehungsrichtlinien; Drogen in der Familie, totale Vorherrschaft des Fernsehens.

Auswirkungen auf der Kindesseite: Ebenfalls Verwahrlosung, völlige moralische Verflachung oder Fehlentwicklung (moral insanity), Haß, kriminelle Neigungen, Menschenverachtung, Rachegefühl, Gefühllosigkeit oder Kaltblütigkeit, Todesgeister.

5. Schutzlosigkeit

Ursachen auf der Elternseite: Eltern gewähren keinen Schutz gegenüber anderen Menschen, negativen Umständen oder Gleichaltrigen; keine Aufmerksamkeit, lieblose oder unzulängliche Versorgung.

Auswirkungen auf der Kindesseite: Schutzlosigkeit; zwanghafte Vorstellung, unbedeutend zu sein; Minderwertigkeitsgefühle, Mißtrauen, Angst.

Die kindliche Seele reagiert logisch, wenn auch nicht mit berechnender Bewußtheit. Sie folgert aus der Tatsache, daß die Eltern keinen Schutz gewähren, daß sie nichts wert ist. Normalerweise pflegt man nämlich das zu schützen, was kostbar ist. Man will es auf keinen Fall vermissen oder verlieren. Minderwertigkeitsgefühle kommen also bei unterschiedlichen elterlichen Störungsmomenten vor. Sie sind immer ein Ausdruck davon, daß das Kind sich in der Mitte seines Daseins und seiner Person getroffen und bedroht fühlt. Sie sind als Nebenreaktion bei sehr vielen Schuldformen der Eltern nachweisbar.

Mißtrauen ist eine Haltung, die immer eine Bedrohung oder Aggression von anderen voraussetzt. Wir finden hier eine polare Doppelreaktion vor, die in sehr vielen Fällen zu verzeichnen ist. Wir sahen sie schon unter dem Komplex Ablehnung (1.). Ein Kind, das keinen Schutz erfährt, wird gleichzeitig Schutzlosigkeitsgedanken und -programmierungen entwickeln und sich gegen Menschen stellen oder ihnen keinen Schutz gewähren, also von vornherein gegen sie sein. Das nennt man Mißtrauen. Ob das eine oder das andere Element einer solchen Doppelreaktion führend ist, hängt davon ab, wie stark oder schwach das Kind aufgrund anderer Störeinwirkungen ist. Je schwächer es ist, um so weniger wird es ausdrücklich aktive Regungen aufbringen. Also in dieser Rubrik wird sich das Kind mehr auf den Zwang, sich schutzlos zu fühlen, verlegen, statt ein aktives Mißtrauen oder offensive Aggression zu entwickeln.

Ferner ist noch wichtig, von welchem Elternteil das schuldhafte Verhalten ausgeht. Ist es der gegengeschlechtliche Elternteil, dann kann zusätzlich eine Einwirkung auf das spätere Partnerschaftsverhalten gegeben sein: Bindungsunfähigkeit, Neigung zum homosexuellen oder lesbischen Reagieren; Zwang, untreu sein zu müssen oder Angst vor dem anderen Geschlecht.

6. Streitigkeiten

Ursachen auf der Elternseite: Ungeborgenheit in der Familie, Streit und Zank zwischen den Eltern, häufige Auseinandersetzungen mit einer Atmosphäre von Vertrauensmangel und Spannung, keine Einheit.

Auswirkungen auf der Kindesseite: Ängste, Ungeborgenheit, Hoffnungslosigkeit, Unfrieden, Mißtrauen, Unsicherheit, Leistungsstörungen, Gefühlszurücknahme oder Gefühlsarmut. Gelegentlich exzessiver Leistungsdrang.

Zank und Streit im Elternhaus erzeugt einen aggressiven Charakter und Streitsüchtigkeit. Sehr häufig findet man auch bei den Kindern folgende Haltung: „Ich habe es bei meinen Eltern erlebt, wie verheerend Auseinandersetzungen im Elternhaus sind. Das soll in meiner Ehe nie geschehen!" Aber weil sie nicht vergeben haben, entwickelt sich nach einiger Zeit genau das, was sie auf jeden Fall vermeiden wollten.

Ängste sind Wahrnehmungen einer Bedrohung. Wenn der Schutz, den die Eltern gewähren sollen, durch die Wahrnehmung von Zank und Streit lädiert erscheint, entwickelt das Kind Ängste. Diese Ängste sind stark dämonisch bestimmt.

Beispiel: H. hatte an Gott hingegebene Eltern, die in der Dritten Welt als Missionare tätig waren. Dennoch gab es im elterlichen Hause durch die vielen Mängel und andere Umstände Spannungen und Auseinandersetzungen. Im Verlauf der Jahre entwickelte H., als er Kind war, im Missionsfeld zunehmende Ängste, die auf

Infektionen der umgebenden, heidnischen, dämonischen Gottesdienste und andere Faktoren geschoben wurden. Die Ursache aber war ein Ungeschütztsein durch Uneinigkeit im elterlichen Hause, wodurch dämonische Kräfte der Angst Zutritt bekamen. Alle Versuche, aufgrund einer verkehrten Diagnostik mit geistlichen Gewalteinwirkungen weiterzukommen, fruchteten nicht. Erst als die Ursache offensichtlich wurde und Vergebung ausgesprochen wurde, kam es zu einer Heilung. Die dämonischen Kräfte mußten sich zurückziehen.

Wenn es keinen Frieden im elterlichen Haushalt gibt, dann fühlt sich das Kind so bedroht, daß es alle Energie in die Abwehr dieser Bedrohung hineinstecken muß. Es fühlt sich schutzlos und hilflos und unmotiviert. In den Augen des Kindes lohnt es sich nicht mehr, sich dann in der Schule noch anzustrengen, weil das ein Nebenschauplatz ist.

7. Mangel an körperlicher Liebe

Ursachen auf der Elternseite: Zu wenig Liebe im Sinne von körperlich gezeigter Liebe, wenig oder keine Zärtlichkeit, kein Schmusen. Es fehlen Küssen, Drücken, Spielen, mit Gestik und Mimik bewiesene Zuwendung. Zeitmangel.

Auswirkungen auf der Kindesseite: Das Kind fühlt sich nicht geliebt und nicht angenommen und kann danach andere nicht lieben! Unterschiedlich starke Ausmaße von Minderwertigkeitsgefühl, Ich-Schwäche, Untauglichkeit, Wertlosigkeit, Sinnlosigkeit. Das Kind kämpft mit dem Zwang, fehlplaziert zu sein. Geradlinige Vorbereitung von Selbstmitleid und Depression. Unterschiedliche Ausmaße von Mißtrauen, Schutzlosigkeit und Ungeborgenheit. Zusätzliche Partnerschaftsproblematik – abhängig davon, welcher Elternteil Liebe verwehrt hat. Psychotische Reaktionen variabler Art.

Mangel an körperlicher Liebe und Zärtlichkeit ist keine produktive Verletzung. Der Sachverhalt ist schlicht durch die Abwesenheit von etwas gekennzeichnet. Wer nur nach traumatischen Ereignissen oder Haltungen fragt, wird diesen Komplex mit Sicherheit übersehen. Aber dieser ist der häufigste und damit die schlimmste Schadensquelle überhaupt! Nichts braucht der Mensch mehr als Liebe. Und Liebe muß erklärt werden mit Worten, mit dem Körper und mit Zeit!

Liebe, die nicht in der Form von körperlichen Äußerungen geboten wird, ist nicht vorhanden. Aber Zärtlichkeit, Zuwendung, Wärme und Liebkosen braucht der Mensch genauso wie Versorgung und gute Außenumstände und alle anderen von den Eltern kommenden Angebote. Verweigerung von Zärtlichkeit ist somit der schwerste Anschlag auf die Integrität der kindlichen Seele. Fehlt diese Zärtlichkeit oder ist sie nicht in ausreichendem Maß vorhanden, dann kommt es wieder unvermeidbar in der kindlichen Seele zu dem Schluß, den wir bereits kennengelernt haben: „Ich bin nichts wert, ich tauge nichts. Was hat das alles für einen Zweck, ich bin einer von vielen; ich bin austauschbar, weil meine Eltern in ihrem Verhalten nichts zeigen, was meine Kostbarkeit und Einzigartigkeit beweist."

Dieser Mangel, der gleichbedeutend ist mit der schlimmsten Verunsicherung und gröbsten Verwundung und Zerstörung des seelischen Lebens, ja der ganzen Person, ist ungeheuer häufig! Gut achtzig bis neunzig Prozent aller Gläubigen, die in meine Seelsorge kommen und Befreiung suchen, oder sonst eine irgendwie geartete Auffälligkeit haben, sind an dieser Stelle lädiert. Diese Form von Defizit ist wenig auffällig, weil die Eltern in der Regel einen Liebes- und Zärtlichkeitsersatz in Gestalt von Fürsorge oder Versorgung geben. Auch ein solcher Ersatz wird nach allgemeingesellschaftlicher Norm als Liebe anerkannt, obwohl er im eigentlichen Sinne keine Liebe ist. Fürsorge kann wohl Ausdruck von Liebe sein, aber sie kann auch nur Ausdruck von Sorgfaltspflicht sein.

Weil Lieben mit Herz und der ganzen Person so selten ist, hat sich das Ersatzprodukt als ausreichend und gesellschaftlich normgemäß durchgesetzt. Aber die Auswirkungen auf das Kind sind regelmäßig verheerend. Ab einem gewissen Ausmaß von Mangel an Zärtlichkeit und körperlicher Liebe bildet sich beim Kind der Eindruck aus, daß es gar keine Liebe empfangen hat. Wenn man regelmäßig die Erwachsenen fragt, ob sie sich daran erinnern können, daß sie einmal bei Vater oder Mutter auf dem Arm oder Schoß waren und gedrückt oder geküßt wurden, kann man in deprimierender Häufigkeit die Antwort bekommen: „Nein, aber ich glaube sehr wohl, daß meine Eltern mich geliebt haben." Die Befragten rationalisieren also sofort, daß es doch Liebe und Zärtlichkeit gegeben haben wird, aber sie können sich nicht aktuell daran erinnern.

Mittlerweile habe ich festgestellt, daß dies ein Kriterium ist und als ein Beweis dafür gelten kann, daß tatsächlich die von den Eltern empfangene Zärtlichkeit und Liebeszuwendung von der Seele des Kindes nicht als ausreichend angesehen worden ist. Sie führte zu keiner bleibenden Speicherung im Erinnerungsvermögen. Die Seele hat also entschieden – was sich im fehlenden Erinnerungsvermögen ausdrückt –, daß diese Qualität von Verhalten und Zuwendung nicht da war oder nicht ausreichend war.

Man kann die Auswirkungen von vorenthaltener Liebe und körperlicher Zuwendung nicht kräftig genug schildern. In diesem harmlos anmutenden Sachverhalt erkennt das Kind, wie wir es schon bei der Ablehnung gesehen haben, einen Anschlag auf das Ich und auf seine Bedeutung und die Infragestellung seiner Existenz überhaupt.

Auch hier folgert das Kind messerscharf: „Wer nicht geliebt wird, hat keine Bedeutung und ist es nicht wert, geliebt zu werden." So ist auch in diesem Fall die Entwicklung von vielfältigen Störungen der Identität, der Ich-Beziehung und des Selbstwertempfindens die unausbleibliche Folge. Und weil der Schaden so häufig ist, ist diese Folge auch so erschreckend häufig festzustellen.

Ausgehend von diesem Grunderleiden ergeben sich auf der Kindesseite eine große Anzahl von negativen Reaktionen, die gar nicht alle im Einzelfall zu berechnen sind. Dazu gehören Bahnungen zur Depression, Labilität, Isoliertheitsverhalten, Menschenfurcht bis hin zu psychotischen Phänomenen. Diese kindlichen Verhaltensreaktionen mit den dazu gehörigen dämonischen Mächten sind so regelmäßig vorhanden, und sind auch in der Reihenfolge der Entstehungsformen zeitlich führend, daß in den häufigsten Fällen der Befreiungsdienst an dieser Stelle ansetzen sollte. Wenn die Vorbereitung erfolgt ist und der Gläubige Gnade in Anspruch genommen hat und auch Gnade gewährt hat, dann beginnt die Auseinandersetzung mit den dämonischen Kräften in der Regel hier.

8. Geringschätzung und Verwöhnung

Ursachen auf der Elternseite: Verhalten der Geringschätzung und der Abfälligkeit gegenüber dem Kind, Vorwurf des Versagens, der Nichtsnutzigkeit, Nichtswürdigkeit („Du machst alles verkehrt, ich kann dir nichts überlassen, kannst du nie was ordentlich abschließen? Ich mache es lieber selber, ich kann nicht warten, bis du so weit bist"). Es gehört also dazu, Fertigkeiten nicht anzulernen und zu vermitteln, weil man vom Kind sowieso nichts erwartet. Dazu gehört auch die Haltung von Overprotection (das Kind vor allem bewahren, weil es immer Fehler machen und zu Schaden kommen könnte), Verwöhnung und Verweichlichung.

Auswirkungen auf der Kindesseite: Versagerbewußtsein, zwanghafter Komplex des Scheiterns, der Untauglichkeit, Verlierer zu sein. Angst vor Aufgaben, Leistungsunfähigkeit, Arbeits-, Denk- und Verhaltensstörungen. Besonders großer Ehrgeiz, Beweisungssucht, extremer Fleiß und Lernwilligkeit, Karrierestreben.

An diesem Schadenskomplex wird besonders deutlich, wie unterschiedlich die Reaktionen des Kindes sein können. Ist das Kind nicht zu sehr durch andere Beeinträchtigungen geschwächt und ist die negative Erwartungshaltung der Eltern nicht zu groß, dann kann genau das Gegenteil der elterlichen Einwirkung zustande kommen. Das Kind will beweisen, daß es doch etwas kann und entwickelt einen krampfhaften und zwanghaften Ehrgeiz, hinter dem ein starker Leistungswille und auch Racheimpulse stehen. Ist der Druck aber zu groß und ist das kindliche Ich durch andere dämonische Kräfte zu sehr geschwächt, dann wird es sich zum Versager und lebensschwachen Menschen entwickeln müssen.

Beispiel: Beate, eine gläubige geisterfüllte Christin, glücklich verheiratet, Mutter von drei Kindern, tut sich schwer mit dem Haushalt. Es gibt keinen Hinweis darauf, daß sie allgemein ungeschickt oder uninteressiert sei. Sie ist flink, von schnellem Auffassungsvermögen, liebt ihre Familie und zeigt keinerlei Symptomatik, die etwas mit Flucht vor Mutterverantwortung, Ablehnung der Frauenrolle oder dergleichen beinhaltet. Aber sie hat keinen Spaß an der Hausarbeit und ist auch nicht geschickt dazu.

In ihrer Vorgeschichte war bemerkenswert, daß ihre Mutter, die sie sonst durchaus förderte, im Bereich des Haushaltes von ihr keine Hilfe erbat, keine Anleitung gab, alles selbst machen wollte und bei gelegentlichen Versuchen von Beate, doch helfen zu wollen, diese abwies. Zum Teil sagte sie, daß das nicht Beates Revier sei, zum Teil äußerte sie, daß Beate ungeschickt sei und übrigens die Mutter auch keine Zeit hätte, auf den Abschluß von Beates Kochversuchen zu warten.

Die Folge war eine Störung im Bereich der hausfraulichen Tätigkeit in Küche und Wohnung. Beate begann zu vergeben, holte Gnade für diese neue Aufgabe und stellte sich gegen die erfolgte Programmierung. Sie konnte dann tatsächlich erste Erfolge von Motivation und Fertigkeit in diesem früher gemiedenen Bereich erringen.

9. Angst

Ursachen auf der Elternseite: Angst, Ängstlichkeit.

Auswirkungen auf der Kindesseite: Angst, Ängstlichkeit, Vertrauensmangel, sich selbst nichts zutrauen, Unsicherheit, Ungeborgenheit, vielfältige körperliche und psychosomatische Beschwerden, Verkrampfungszustände, Neuralgien.

Angst erzeugt Angst. Ich rede nicht von dem einzelnen Angstimpuls aufgrund einer abrupten Bedrohung. Angst ist der Glaube an das Nicht-geschützt-Sein, weil die bedrohenden Kräfte größer sind als die schutzgebenden. Angst ist also insofern Unglaube, und das ist eine Einladung an die Welt der Finsternis, sich zu erweisen. Insofern ist Angst als Haltung Ausdruck eines Geistes. Es gibt viele verschiedene Ängste. Selten ist eine Angst allein da. Wenn eine ganze Traube von Ängsten vorliegt, dann gibt es doch in aller Regel einen Haupt- oder Stammgeist, um den sich alle anderen Angstformen gruppieren. Hier einige der häufigsten Angstmanifestationen (jeder Art einer Angst entspricht ein gesonderter dämonischer Geist): Angst vor der Zukunft, Angst vor dem Tod, Angst vor dem Sterben, Angst vor Krankheit, Angst, wahnsinnig zu werden, Existenzangst (was eine besondere Form der Sorge in Hinblick auf die berufliche Situation ist), Angst vor Menschen, Angst vor Autoritäten, Angst vor der Behörde, Angst vor Dunkelheit, Angst vor Plätzen, Fahrstuhl, U-Bahn usw. (das sind eigentlich mehr Zwänge als Ängste), Angst vor Insekten, Hunden, Tauben, Schlangen, Angst vor Ansteckung usw.

Ängste, denen man nachgibt, werden stärker und erfassen immer mehr Bereiche. Angst, der man nachgibt, bringt neue Ängste mit sich. Wer sich von ihr kommandieren läßt, übernimmt ihren Charakter und wird dann schon von den kleinsten Auffälligkeiten beunruhigt.

Beispiel: Christina war fünf Jahre alt und lag wegen eines harmlosen Scharlachs, der schon im Abklingen war, auf meiner früheren Station in der Infektionsabteilung. Sie war das hübscheste und netteste Mädchen auf der ganzen Station. Alle Ärzte und Schwestern liebten sie besonders. An einem strahlend schönen Tag stand sie auf einmal im Korridor der Station, nachdem sie alle Sperren vom Behandlungszimmer zu dem Gang überwunden hatte, und weinte erbarmungswürdig. Die ganze Station lief zusammen und stand fassungslos um das kleine Mädchen, das so herzzerreißend schluchzte und weinte. Wir alle waren von der Szene so gerührt, weil dieses blonde und blauäugige Mädchen einfach unser Herz erobert hatte. Wir versuchten es zu befragen, was es so ängstigte und konnten es lange nicht herausfinden. Schließlich zog sie mich zurück in das Krankenzimmer, führte mich ans Fenster und wies auf eine kleine niedliche Wolke, die an dem ansonsten strahlend blauen Himmel zu erkennen war. Sie sagte: „Schau die Wolke, Doktor, schau auf die Wolke. Ich habe so große Angst." Dann erst begriffen wir: Christina hatte in der Klinik, getrennt von ihren Eltern, ein oder zwei schwere Gewitter mitgemacht, die natürlich immer etwas mit Wolken zu tun hatten. Sie hatte sich diesen Ängsten voll hingegeben, weil sie durch die Isolierung der Krankenhausbedingung allein war. Und so kam eine zwanghafte Angst vor Wolken(!) über sie.

Angst gehört mit zu den größten Geißeln der Menscheit. Angst ist die Erscheinungsform von Geistern! Angst hat es an sich, nicht alleine bleiben zu wollen. Wo Geister der Angst sind, suchen sie immer ihresgleichen und haben offenbar auch das Verlangen, sich zu somatisieren, das heißt, sie ziehen andere Mächte an, die auf dem vorbereiteten Feld dann den Körper befallen und alle möglichen Krankheiten erzeugen. Bevor ein Krebs sich in jemand ausbildet, bedarf es einer Anbahnung durch Angst vor dem Krebs und Angst vor der Krankheit oder allgemeiner Ängstlichkeit. Es muß nicht jeder Krebs auf dieser Grundlage entstanden sein. Aber wenn Krebs vorhanden ist und er geistlich besiegt werden soll, dann sollte die Frage nach einer derartigen Vorgeschichte gestellt werden. Sehr häufig finden wir dann diese Zusammenhänge.

Beispiel: In einer sehr starken Gemeindebewegung in Skandinavien wurde einem geistlichen Leiter in der Bewegung gesagt, daß die Satanisten des Landes gegen ihn beten und ihm Krankheit auf den Leib hexen wollen. Dieser Leiter wurde tatsächlich krank. Dann ging die Nachricht an die Gläubigen, daß auch die anderen Leiter dran seien. Und in der Tat, eine weitere bekannte Persönlichkeit aus dieser Gemeindebewegung bekam eine Krebserkrankung und starb auch daran. Nicht alle Einzelheiten von diesem Geschehen sind mir geläufig. Beides waren große Männer Gottes, die ihrem Herrn treu dienten. Die Bedeutung der Angst und der negativen Erwartung in diesen Fällen ist unübersehbar. Wir dürfen und wir brauchen der Angst keinen Raum zu geben. Jesus ist stärker als alle Dämonen der Angst.

10. Sorge

Ursachen auf der Elternseite: Sorge.

Auswirkungen auf der Kindesseite: Sorgenhaltung, Hektik, Betriebsamkeit, Arbeitshöchstleistungen.

Die einzelne Sorge für sich ist eine auf Alltagsexistenz-Bedingungen bezogene Sonderform von Angst. Sorge als Lebensstil oder hervorragendes Haltungsmerkmal ist zweifelsfrei Ausdruck von innewohnenden dämonischen Kräften bei den Eltern. Sind sie vorhanden, werden sie den Kindern mitgegeben. Sorgenvolle Eltern erzeugen sorgenvolle Kinder. Die Zusammenhänge sind zwingend. Wie häufig habe ich gehört, daß die Belasteten sagten: „Meine Eltern waren Weltmeister im Sorgen". Sorgen infizieren. Fast alles, was für die Angst gesagt worden ist, gilt auch für die Sorge.

11. Jammern

Ursachen auf der Elternseite: Weinerlichkeit, Lamentieren, Schmollen, Jammern, Beklagen.

Auswirkungen auf der Kindesseite: Der Geist des Jammerns und der Weinerlichkeit steckt an. Es treten beim Kind durch diese dämonische Infektion genau dieselben Erscheinungen auf; zum Teil aber auch ein Aggressionsverhalten und Fluchttendenzen, weil man genau spürt, daß die Eltern durch ein solches Verhalten ihre Aggressivität äußern, die Kinder belasten und beladen und sich auf deren Kosten ausleben.

Weinerliche und schmollende Elternteile können im Familienverband funktionell völlig ausfallen. Von ihnen kommt keine Leistung. Das merken die Kinder, und sie entwickeln in ihrer Rache und Aggression vielfältige Symptome.

12. Despotismus

Ursachen auf der Elternseite: Autoritäres Verhalten, Despotismus, Forderung der Unterwerfung, Herrschsüchtigkeit, den Willen brechen, erziehen und dirigieren durch Angst, keinen Widerspruch dulden.

Auswirkungen auf der Kindesseite: Angst, Unsicherheit, Unterwürfigkeit, Angst vor Behörden und Autoritäten, sich nichts zutrauen, scheu sein, Homosexualität. Aber auch die Gegenreaktion: aggressives Verhalten, Härte und Strenge.

Das war der preußische Erziehungsstil. Die Resultate waren entsprechend. Die Mentalität unseres Volkes wurde dadurch entscheidend geprägt. Zwei typische Wesensmerkmale – kritiklose Unterordnung und Gehorsam unter alles und alle auf der einen Seite und unberechenbares Ausbrechen auf der anderen Seite – sind letztlich die kollektiven Folgen von dämonischen Wirkungen auf der individuellen Erfahrungsebene. Es ist unmöglich, bei solchen Voraussetzungen im Elternhaus eine gesunde seelische Entwicklung zu erleben. Die dämonische Verbiegung des Charakters ist unausbleiblich. Wenn z. B. der Vater so autoritär war und keinen Widerspruch duldete, und seine Devise war, daß Erziehung bedeutet, den Willen der Kinder zu brechen, dann kann man die Spuren dieser Haltung in Gestalt vom verwüsteten Menschenleben schier durchgängig erleben. Das Ausmaß der Verheerung in der folgenden Generation ist ungeheuerlich.

Bei dieser Schadensgruppe ist die unterschiedliche oder gar polare Entwicklung der Kinder besonders deutlich zu verfolgen:

Sind die Auswüchse bei dem autoritären Erziehungselternteil nicht zu stark und liegt auf der Kindesseite eine gute Konstitution vor und sind andere Schwächungen nicht vorhanden, dann findet man sehr häufig bei dem Kind nicht das Devote, Unsicherheit oder Scheusein, sondern Aufsässigkeit, Härte und Strenge. Das ist dann der Ausdruck des Selbstbehauptungswillens, der zwar im Prinzip gesund ist, aber doch von einer dämonisch negativen Kraft aufrechterhalten wird. Dieses Verhalten ist nur scheinbar positiv.

Beispiel: Der Vater der Familie K. war ein typisch autoritärer, unbeherrschter Mann, der schnell explodierte, keinen Widerspruch duldete und gerne schlug. Seine älteste Tochter, ein sehr ansprechendes Wesen, keck und lebensbejahend, hatte den Kampf mit dem Vater aufgenommen und kam nicht mit zerbrochenem Rückgrat aus dieser Beziehung heraus, weil sie schon mit 16 Jahren den elterlichen Haushalt verließ.

Sie machte ihren Weg. Aber später fand ihr Ehemann heraus, daß sie immer ein wenig zu hart, ein wenig zu streng, ein wenig zu offensiv, ein wenig zu aggressiv war. Sie hatte Mühe zu vergeben und auch Schwierigkeiten, bei anderen gute Motive zu entdecken. Ihr Ehemann antwortete mit Liebe und Gebet. In der Seelsorge wurden diese Haltungen, die sonst alle Welt als natürliche, psychologisch verstehbare Gegenreaktionen gedeutet hätte, als Ausdruck von handfesten dämonischen Kräften erkannt. Die dämonischen Mächte mußten gehen und sie wurde sanft und lieblich. Vergebung war natürlich hier einer der Schlüssel.

Die zweite Tochter der Familie K. war schwächer in ihrer Konstitution, sei es durch Veranlagung oder durch das Vorhandensein anderer schwächender Faktoren. Sie blieb etwas länger im Elternhaus, sie hatte sich häufiger gebeugt. Sie wurde freundlicher und sanfter als ihre Schwester, aber entwickelte bald vielfältige seelische und körperliche Symptome. Sie wurde anfällig für Depressionen, entwickelte leichte Beziehungsstörungen und wurde von Kopfschmerzen geplagt. Ihre Reaktion war also nicht eine aktive (Aggression, offensives und beherrschendes Wesen), sondern mehr ein hinnehmendes, sanftes Verhalten. Aber die Sanftheit war nicht echt. Die Sanftheit war antrainiert und enthielt den Mechanismus, durch Nachgeben und Freundlichkeit den Beifall anderer zu erkaufen und durch Freundlichkeit ihr Gegenüber auf ihre Seite zu ziehen.

Die Auswirkungen der oben beschriebenen elterlichen Verhaltensweisen auf zwischengeschlechtliche Beziehungen und Partnerschaftsfragen sind vielfältig, aber immer katastrophal. Ist der Vater autoritär und hart, so wird die Tochter durch die übernommene dämonische Besatzung Hingabestörungen, Angst, Prüderie, Männerhaß und dergleichen entwickeln. Der Sohn ist in Gefahr, lebensuntüchtig zu werden. Er kann auch homosexuell werden. Die Homosexualität hat dann folgende Ursachen-Wirkungs-Kette: Das männliche Sich-Behaupten gegen den Vater war nicht möglich. Um sich überhaupt arrangieren zu können und seine Billigung zu erfahren, mußte er sich unterordnen und devot sein. So erschleicht er sich Wohlverhalten seitens des Vaters und Zuneigung. Aber mit diesem Preis hat er auch seine Männlichkeit verraten.

Kommen dann noch einige belastende Faktoren dazu, wie etwa eine zusätzlich relativ zu harte oder unansprechbare Mutter, so ist dem homosexuellen Dämon der Weg gebahnt: Lust bei dem Sohn oder späteren Mann durch Unterordnung und Hingabe. Aber das ist nur eine Entstehungsform der Homosexualität. Die andere und häufigste sieht so aus: Ist die Mutter zu hart und zeigt damit wenig weibliche Eigenschaften, so kann beim Kind die erste Beziehung zu einer Frau (nämlich der Mutter), nicht im Sinne eines schönen und lustvollen Verhältnisses gebahnt werden. Lust aber braucht der Mensch, also kommen auf dem Boden dieser Vorbereitung die homosexuellen Dämonen zum Zuge, denn wenn die gegengeschlechtliche Beziehung nichts an Lust einbringt, wird die gleichgeschlechtliche dafür erschlossen. Aber so gut wie immer sind noch viele weitere, krankmachende Umstände mit beteiligt.

13. Unberechenbarkeit

Ursachen auf der Elternseite: Ungerechtigkeit, launisch sein, Unberechenbarkeit, andere Menschen oder Kinder vorziehen, Sprunghaftigkeit, Unzuverlässigkeit.

Auswirkungen auf der Kindesseite: Unsicherheit, Angst und exakt dieselben Verhaltensweisen wie bei den Eltern.

14. Aggressivität

Ursachen auf der Elternseite: Aggressivität, Heftigkeit, Jähzorn, Wut und Grollen.

Auswirkungen auf der Kindesseite: Aggression, Heftigkeit, Jähzorn (dieselben Geister gehen über auf die Kinder). War Widerstand dem Kind möglich und lohnend, entwickelt es eine Haltung der Rebellion und Aggression. Ferner Homosexualität, Epilepsie.

Ein ausgemachter Jähzorn als eine typische und durchgehende Verhaltensweise hat etwas todbringendes an sich. Auffallend ist die Häufigkeit von Epilepsie bei Kindern jähzorniger Eltern. Epilepsie ist eine neurologische Krankheit, in der periodisch das normale bioelektrische Spannungspotential der Hirntätigkeit zusammenbricht. Nach jedem epileptischen Anfall sind Gehirnzellen zugrunde gegangen. Epilepsien sind also häufig Innenentsprechungen der Außenaggression des Jähzorns. Dämonische Kräfte dürfen periodisch zuschlagen und Hirnmasse zerstören. Es muß aber nicht unbedingt die Epilepsie im engeren Sinne Folge von Jähzorn sein. Offenbar können Epilepsie oder andere Gehirnerkrankungen wie vorzeitiger Schlaganfall auch Manifestationsformen von Todesgeistern sein.

15. Gefühllosigkeit

Ursachen auf der Elternseite: Zwänge, Gefühllosigkeit, Härte, Sachlichkeit.

Auswirkungen auf der Kindesseite: Exakt dieselben Erscheinungen: Zwänge, Gefühllosigkeit, Härte, Pedanterie, Partnerschaftsstörungen, extreme Genauigkeit, Gesetzlichkeit.

Man könnte erwarten, daß bei geringerer Form von Zwanghaftigkeit seitens der Eltern die Kinder mit Übermaß an Burschikosität, Unverbindlichkeit und Lockerheit reagieren. Das mag es geben. Ich habe keine Beispiele dafür vor Augen. Ansonsten gilt, daß diese Charaktereigenschaften ganz eindeutig eine dämonische Begründung und Hinterlegung haben. Zwang erzeugt Zwang. Andererseits können sich auf der Kindesseite Zwänge auch durch andere Schädigungen entwickeln, z. B. durch starke Dominanz eines Elternteils und durch Verwahrlosung oder gänzlichen Liebesmangel. Was hier das seelsorgerlich aufgeschlossene Evangelium erreichen kann, ist schlechthin gewaltig.

16. Dominanz eines Elternteils

Ursachen auf der Elternseite: Dominanz eines Elternteils. Das Kind nimmt wahr, was Dominanz zwischen den Eltern bewirkt: Bevormundung, Dirigiertwerden, starkes Leiden des unterdrückten Elternteiles, Unterdrückung durch Moralisieren, Heftigkeit oder erdrückende Überlegenheit.

Auswirkungen auf der Kindesseite: Weil Dominanz Lieblosigkeit ist, gelten alle Reaktionen, die wir bei diesen Rubriken festgestellt haben. Ferner Gefühllosigkeit, Angst. Fast immer Partnerschaftsproblematik, Homosexualität. Dominanz.

Wenn ein Elternteil dominiert, drückt es damit die Macht des Bösen aus. Dieser will herrschen, zerstören und unterwerfen. Diese dämonischen Kräfte müssen sich bei den Kindern auswirken. Ich kenne eigentlich keinen einzigen Seelsorgefall, in dem bei dieser Problematik nicht recht schwerwiegende Störungen bei den Kindern entstanden sind. Das Kind, das die Balancestörung bei den Eltern gesehen hat, schwört, nie denselben Fehler zu begehen. Indem es nicht vergibt, entwickelt es nach einiger Zeit aber genau dieselben Verhaltensweisen wie die Eltern, möglicherweise nur in etwas verschleierter Form.

17. Zerrüttung der Ehe

Ursachen auf der Elternseite: Alkoholismus, Ehezerrüttung und Eheauflösung bzw. Scheidung, Mißbrauch des Kindes durch ein Elternteil als Trostspender.

Auswirkungen auf der Kindesseite: Starrheit, Bitterkeit, totale Abstinenz oder, was noch häufiger ist, schließlich doch dem Alkohol verfallen sein, Ängste. Haß auf ein oder beide Elternteile, Mißtrauen, Bindungsunfähigkeit.

Die Folgen einer zerstörten Ehe mit Alkoholismus und seelischem Mißbrauch der Kinder als Trostgeber sind sehr vielfältig, so daß man kaum alle Zerstörungs- oder Störformen auf der Kindesseite aufzählen kann. Selbst wenn nur ein Partner Alkoholiker ist und ansonsten die Ehe einigermaßen funktionsfähig ist, gibt es immer bei den Kindern schwere seelische Deformierungen. Alkoholismus ist eindeutig durch dämonische Kräfte bedingt. Er ist keine Krankheit, sondern Unfreiheit. Der Alkoholiker wird gelenkt und gelebt und zerstört. Weil Alkoholismus so gut wie nie alleine vorkommt, muß das Bild auf der Kindesseite vielfältig sein. Alkoholiker-Familien ohne Befreiungsdienst helfen zu wollen, ist für beide Generationen (Eltern und Kinder) nicht sehr gewinnbringend.

18. Fehlen eines Elternteils

Ursachen auf der Elternseite: Ehescheidung, Weggehen von einem Elternteil, früher Tod eines Elternteils, Abschieben des

Kindes an Großeltern, Internat oder Heim. Abwesenheit des Vaters wegen starker beruflicher Beanspruchung, viel Reisen, Mutter arbeitet mit, kaum Familienleben.

Auswirkungen auf der Kindesseite: Verlassenheit, Verlorenheit, Minderwertigkeitsgefühle, Haß, Bindungsängste oder Bindungssucht.

Dieses Bild wird in aller Regel vielfältig abgewandelt durch zusätzlich vorhandene Einwirkungen. Manchmal ist die Symptomatik oder die Charakterveränderung sehr diskret. Aber dennoch sind dahinter handfeste dämonische Kräfte. Kinder können auf den frühen Tod der Eltern so reagieren, als ob das schuldhaft sei. Das bot mir im Anfang einige theologische Schwierigkeiten. Dann wurde aber offensichtlich, daß früher Tod in der Tat ja Auswirkung dämonischer Aktivitäten ist, weil uns das Wort Gottes verheißt, daß wir alt und lebenssatt sterben sollen. Hier wird also der Sprung von dem reinen Faktum „Tod eines Elternteiles", das durch Zerstörungskräfte zustande kam, in die Reaktionsform der zwanghaften Verlassenheit und des Vorwurfs gegenüber den verstorbenen Eltern dann doch verstehbar.

19. Liebe gegen Leistung

Ursachen auf der Elternseite: Liebe gegen Leistung, Liebe gegen Wohlverhalten, Liebe, die nur auf strikte Unterordnung seitens der Kinder gewährt wird.

Auswirkungen auf der Kindesseite: Liebesunfähigkeit, Liebesunwilligkeit, Haß auf Menschen, Gemeinschaftsunfähigkeit, Leistungsverweigerung, Leistungsexzeß, Angst, Einsamkeit, Partnerschaftsprobleme. Gefühllosigkeit mit hervorragendem Funktionieren in allen Alltagsbereichen, aber ohne Herz.

Diese Ursachen-Wirkungs-Verhältnisse können sehr schwierig zu ermitteln sein, weil die Ursachen verborgen sind. Selten ist das Fehlverhalten der Eltern sehr offensichtlich. Das kann eingebettet sein in so unauffällige oder freundliche Familienverhältnisse, daß es dem Auge des Seelsorgers entgeht. Die geschädigten Kinder selbst, mit denen man dann in der Seelsorge zu tun hat, sehen es am allerwenigsten. Es sind in diesem Fall so gut wie alle Auswirkungen möglich, die etwas mit Liebesmangel, Vernachlässigung, autoritärem Verhalten und Zärtlichkeitsentzug zu tun haben.

Beispiel: Hildegard war die Mutter von sechs Kindern und galt als glücklich verheiratet. Sie und ihr Mann folgten bereits seit vielen Jahren dem Herrn nach und hatten im Verlauf der zurückliegenden Jahre manche Aufgaben in unterschiedlichen Gemeinden übernommen. Zu Hause funktionierte alles hervorragend. Aber doch stellte sich heraus, daß die Kinder sehr unausgeglichen waren, indem sie Zeichen von Aggression und beginnender Autistik boten. Mit beiden Elternteilen habe ich seelsorgerliche Gespräche geführt. Beide hatten eine ähnliche, charakterliche Auffälligkeit: starke Verminderung von spontaner Emotionalität. Bei Hildegard wurde das nach einiger Untersuchung besonders deutlich: Sie funktionierte hervorragend, sie war schnell und geschickt, war fröhlich und sehr beliebt, aber ihre Verhaltensweisen waren angelernt. Es gab keine echten Gefühle, ja, es gab gar keine Gefühle bei ihr. Ihr Lächeln, ihre Zuwendung, alles war eine perfekte Imitation. Die Befreiung erfolgte bei ihr nach und nach. Am Ende war Hildegard völlig verwandelt.

20. Sexuelle Verführung

Ursachen auf der Elternseite: Sexuelle Verführung (meistens durch den Stiefvater), Eltern lassen die Kinder Zeuge ihrer eigenen sexuellen Beziehung werden. Kinder werden zur vorzeitigen Partnerschaft und sexuellen Beziehung ermutigt.

Auswirkungen auf der Kindesseite: Vielfältige sexuelle Zwangshaltungen und -entgleisungen. Inzestuöse Geister sind allgegenwärtig und führen zu vielfältigen Perversionen. Sodomieanfälligkeit und Sodomie-Erfahrungen, Hypersexualität, Prostitution,

Hingabestörung, Frigidität, auffällige Okkult-Anfälligkeit, sexuelle Organstörungen, vielfältige Unterleibsbeschwerden.

Die Auswirkungen der oben beschriebenen elterlichen Fehlhaltungen im Sexualbereich sind trostlos. Unter der Kette von Folgeerscheinungen bei den Kindern ist besonders auffällig, daß auf dem Boden dieser Vorschädigung eine starke Neigung zu Okkult-Betätigungen vorliegt. In diesem Zusammenhang offenbart sich besonders deutlich der dämonische Hintergrund der Perversion.

21. Mißhandlung

Ursachen auf der Elternseite: Körperliche Mißhandlung der Kinder durch die Eltern, übermäßige Strenge in der Erziehung, abnorme Züchtigung, Kadavergehorsam. Verfehlte Erziehungsformen im Sinne von Freiheitsentzug und Lustentzug.

Auswirkungen auf der Kindesseite: Je nach Ausmaß der elterlichen Mißhandlung: seelische Verkrüppelung, Liebesunfähigkeit, Psychosen, Lebensuntüchtigkeit, keinerlei Belastbarkeit.

22. Überbelastung durch Aufgaben

Ursachen auf der Elternseite: Eltern untersagen oder verhindern Spielen, sie lassen das Kind nicht zu Freunden oder die Freunde nicht zu sich in die Wohnung. Stetige Belastung des Kindes mit der Auflage, auf die eigenen Geschwister aufzupassen. Viel Arbeiten und zu große Belastung im Haushalt. Mißbrauch durch Vater oder Mutter, indem das Kind deren Probleme mittragen und trösten soll (siehe auch „17. Zerrüttung der Ehe").

Auswirkungen auf der Kindesseite: Freudlosigkeit und Unwilligkeit als direkte Folge des elterlichen Fehlverhaltens. Mißtrauen, Leistungsknick oder Leistungsdrang – je nach Ausmaß des Druckes. Depression, suchtartige Bindung an Menschen, häufig gestörte Emotionalität, Gefühlsarmut.

23. Drohungen

Ursachen auf der Elternseite: Reglementierung durch Angst und Bedrohung: „Wenn du das tust, dann bringe ich dich in den Keller, dann straft dich Gott, dann holt dich der Teufel, dann wird es dir schlecht gehen, dann werden deine Eltern früh sterben..."

Auswirkungen auf der Kindesseite: Natürlich Angst, Mißtrauen, Beziehungsstörungen, Zwangssymptomatik variabler Art, Asthma.

Die Asthma-Erkrankung kann hier und auch an anderen Stellen auf dem Boden von Angst und Mißtrauen bei einer Umgebungsathmosphäre des Verbietens, Verweigerns und des Bedrohens entstehen. Asthma ist nie allein! Wer die Heilung von Asthma durch den Befreiungsdienst erreichen will, sollte erst einmal die Einbettung der Asthma-Erkrankung in andere dämonische Charakterstrukturen und Haltungsdeformierungen aufspüren und beseitigen. Zu diesem Komplex gehört auch noch abnorme Unfähigkeit zum Glauben, weil die nahestehenden Kontaktpersonen das exakte Gegenteil eingeübt haben.

24. Reglementieren durch Verdammnisgefühle

Ursachen auf der Elternseite: Disziplinierung durch Schweigen, Schmollen, Eingeschnapptsein. Ein Hauptanteil der Erziehungsmethode besteht darin, Schuldgefühle zu erzeugen. Bedrohung durch alleinlassen, Liebes- und Aufmerksamkeitsentzug.

Auswirkungen auf der Kindesseite: Auflehnung, Rebellion, Schuldgefühle, Verdammnisgefühle, Depression, Suizidtendenzen, Zwang, exakt dasselbe zu tun, wie die Eltern (Schmollen, Schuldgefühle erzeugen).

25. Disziplinieren durch Krankheit

Ursachen auf der Elternseite: Disziplinierung mit Krankheit und Androhung der Verschlimmerung der Krankheit, wenn das Kind ungehorsam ist, oder: „Du bist schuld an meinem frühen Tod. Durch dich muß ich so sehr leiden. Du bist mein Sargnagel." Das Kind muß sich stetig in acht nehmen wegen der schwachen Nerven, der Depression und Belastungsunfähigkeit von Mutter, Vater oder einem kranken Geschwisterkind.

Auswirkungen auf der Kindesseite: Auflehnung, Haß gegen die Eltern, abnorme Schuldgefühle, Depression, Todesgedanken, Lähmung, Freudlosigkeit, Spontaneitätsmangel, sich nichts zutrauen, Minderwertigkeitsgefühle.

Das Dämonische ist hier nicht so offensichtlich erkennbar. Aber es ist dennoch hintergründig am Werk. Die Eltern sind beraubt durch die vorliegende Krankheit, die kultiviert wird. Sie holen sich Lust durch Unterjochung und Bedrückung. Das Kind wird beraubt, überwiegend durch den Mechanismus der Schuldgefühle.

26. Hysterie

Ursachen auf der Elternseite: Theatralik, Unechtheit, Hysterie.

Auswirkungen auf der Kindesseite: Die Entsprechungen: Theatralik, Unechtheit, Hysterie, vielfältige körperliche und vegetative Symptome. Minderwertigkeitsgefühl, Depressivität, Selbstunsicherheit, Mißtrauen. Das Mißtrauen resultiert aus der mißbrauchten Beziehung zu den hysterischen und unechten Eltern. Partnerschaftsproblematik, Angst, Angst vor Bindung, Zwang, untreu sein zu müssen. Gefühlsflachheit.

Die Auswirkungen des elterlichen Fehlverhaltens im Bereich dieses Komplexes sind vielfältig und nicht immer auf Anhieb erkennbar. Beispielsweise sind die Gefühlsstörungen und die Unechtheit der Liebe schwer wahrnehmbar. Der Betreffende selbst merkt es am allerwenigsten. Die meisten Auswirkungen auf der Kindesseite sind zu Tugenden oder ausgeprägten Charakteristika umprägbar, die der Person so etwas wie einen Schein von Originalität geben. Im Umkreis dieses Verhaltens herrscht Lüge, Stolz und Flucht vor der Realität. Nur wer tief in die Wahrheit des Evangeliums eingedrungen ist, wird das erkennen und Anlaß finden, seinen Eltern von Herzen vergeben zu müssen und zu wollen.

27. Verführung zur Unsittlichkeit

Ursachen auf der Elternseite: Lüge, Verführung zur Amoralität.

Auswirkungen auf der Kindesseite: Der elterliche Lügengeist wird zum Geist der Lüge bei den Kindern. Die Verführung zum Ungehorsam, zur Rebellion, zum Lügen und Stehlen, die als Saat auf der Elternseite gesät wird, geht auf der Kindesseite voll in diesem Sinne auf. Abdriften ins Kriminelle, Asoziale und in die Amoralität ist die regelmäßige Folge. Hinter allem steht eine Mechanik böser Geister.

28. Mißachten der Intimsphäre

Ursachen auf der Elternseite: Die Eltern zerstören die Vertrauensbeziehung durch Einbruch in die Privatsphäre, seelische Entblößung, seelische Vergewaltigung, Spionieren in Intimbereichen, Aufdecken oder Verrat von Geheimnissen (Tagebuch, Briefe, usw.). Manipulierendes Verhalten der Eltern.

Auswirkungen auf der Kindesseite: Mißtrauen, Angst, Flucht, Hingabestörung. Bei geringerem Ausmaß der Einwirkung zwanghafte Entwicklung zum Frühreif-Sein, schnelles Erwachsenwerden. Starres und aggressives Selbstschutzverhalten, Partnerschaftsproblematik.

Diese elterlichen Verhaltensweisen können Kinder sehr treffen. Hier ist wieder die Polarität der Entwicklung (hinnehmende Resignation oder aggressive Selbstbehauptung und schnelles Verlassen des Elternhauses) deutlich erkennbar. Aber auch in diesem Fall müssen wir uns stetig vor Augen halten, daß hinter dem Verhalten ein fremdes Ego steht, das so heißt wie die abnorme Reaktion.

29. Gleichgültigkeit

Ursachen auf der Elternseite: Gleichgültigkeit, innere Emigration aus der Familie. Dominanz von Geld und Materiellem. Die Familie bleibt wohl zusammen, Elternteile sind nicht abwesend, aber nur dem Hobby, dem Materiellen ergeben. Keine ausdrücklichen Erklärungen gegen Beziehung und Kinder, aber stillschweigender Entzug von Liebe.

Auswirkungen auf der Kindesseite: Das ist indirekte Ablehnung und führt zu ähnlichen Resultaten, wie dort festgestellt: sich abgelehnt fühlen und andere ablehnen. Minderwertigkeitsgefühle, Einsamkeit. Natürlich drückt sich der Geist auf der Kindesseite in einer direkten Form aus: Gleichgültigkeit, Verfallensein an Geld und Materielles, Gemeinschaftsunwilligkeit und -unfähigkeit.

30. Pedanterie

Ursachen auf der Elternseite: Pedanterie, Genauigkeit, Steifheit und Starrheit im Verhalten, im Umgang und in den Beziehungen.

Auswirkungen auf der Kindesseite: Gleichsinnige Verhaltensweisen als Abdruck des Elternverhaltens, also ebenfalls Pedanterie und Genauigkeit, aber auch das Gegenteil wie Unordentlichkeit, Protestverhalten, Aggressivität, Flucht in Unverbindlichkeit, Zügellosigkeit, Drogenszene usw., Zwanghaftigkeit, Partnerschaftsprobleme, Bindungsunfähigkeit oder Bindungssucht.

31. Moralisieren

Ursachen auf der Elternseite: Moralismus und Pharisäertum in der Familie. Mißbrauch der Moral, um zu reglementieren und zu unterdrücken.

Auswirkungen auf der Kindesseite: Unsicherheit, Angst, Mißtrauen, Bitterkeit, Protestverhalten, Aggressionen, Ausbruchstendenzen.

Moral als Unterdrückungsmittel ist hoch explosiv in der Auswirkung. Dahinter steht seitens der Eltern Stolz und Machtmißbrauch auf der Ebene von Lüge. Das ist ein idealer Nährboden für alle dämonischen Kräfte. Die Auswirkungen auf der Kindesseite sind verheerend. Alle Übergänge von Aktivreaktionen (Zorn, Aggressivität, Widerstand, Ausbruchs- und Verweigerungsverhalten) bis zu Passivvarianten (Unterwerfung, Übernahme der Haltung der Eltern, Selbstunsicherheit usw.) sind denkbar.

32. Religiosität

Ursachen auf der Elternseite: Scheinfrömmigkeit, Religiosität, Gesetzlichkeit. Dieses verbunden mit autoritärem Verhalten.

Auswirkungen auf der Kindesseite: Die Erscheinungen sind dieselben wie unter „Moralisieren", jedoch raffinierter und weniger oberflächlich.

Das Religiöse ist die raffinierteste Form der Verkleidung des Dämonischen. Dahinter steht Selbsterlösung und Leistungsfrömmigkeit, was Absage an Gnade und von Gott geschenkte Gerechtigkeit ist. Deswegen vielfältige Störungen im Glaubensleben, Glaubensunfähigkeit, zwanghafte Zweifel, verkehrte Gewißheiten, Anfälligkeit für Irrlehren. Die religiöse Denkweise ist meistens eine Folge des Selbsterlösungsversuches, der vom Gebundenen im Laufe seines Erwachsenwerdens oder -seins selbst entwickelt wird. Gelegentlich wird sie aber auch als System direkt von den

Eltern übernommen. Wer sich davon nicht getrennt hat und nicht lernt, die Fehlprägung durch die Eltern zu durchschauen – und diesen zu vergeben –, wird nie in die ganze Freiheit treten.

33. Todesprinzip in der Familie

Ursachen auf der Elternseite: Das Todesprinzip in der Familie, Häufung von vorzeitigem Tod in der Familienvorgeschichte, Suizide und Suizidgedanken, Todessehnsucht, Verherrlichung des Todes.

Auswirkungen auf der Kindesseite: Der Todesgeist äußert sich auf der Kindesseite wie auf der Elternseite. Hinter schweren Krankheiten ist er zu vermuten. Wenn man ihn anspricht, manifestiert er sich.

Es gibt zwei Kanäle, wie der Geist des Todes auf das Kind übergehen kann. Erstens: durch Reden, Andeutungen, Äußerungen und Verhalten in diesem Sinne seitens der Eltern. So geht der Geist direkt auf die Kinder über. Zweitens: der Todesgeist ist einfach wirksam in der Familie und wird nicht durch bewußtes Verhalten oder durch verbale Kommunikation, sondern einfach dadurch vermittelt, daß das Kind ein Mitglied der so geplagten Familie ist. Dieser Geist ist leicht zu übersehen. In den wenigsten Fällen ist seine Wirksamkeit mühelos an den Symptomen ablesbar. Hier braucht man die Gabe der Geisterunterscheidung oder das Wort der Erkenntnis, um ihn wahrzunehmen. Aber er ist viel häufiger da, als man das meinen könnte. Im Regelfall wird er, wenn mehrere dämonische Kräfte vorhanden sind, als letzter oder als einer der letzten sichtbar und auszutreiben sein. Der so befreite Gläubige ist körperlich natürlich nicht unsterblich. Aber die Macht, die gegen das Leben ist und zum vorzeitigen Ableben oder zur Gebrechlichkeit führen will, ist beseitigt. Danach kann der Betroffene ganz anders und viel freier leben. Sein späterer Tod ist ein glorreicher Übergang in die Herrlichkeit.

Alle aufgezählten 33 Komplexe von Schadensursachen bei den Eltern und Auswirkungen bei den Kindern beziehen sich auf Charakterabweichungen und Symptome des Durchschnittsgläubigen. Diese Erscheinungsweisen des Bösen sind aber die häufigsten und die am schwersten zu durchschauenden. Allen diesen Ursachen der nachfolgenden, dämonischen Fehlprägung ist gemeinsam, daß sie in der Eltern-Kind-Beziehung und in den frühen Lebensjahren wirksam werden.

Daneben sind natürlich auch alle anderen Formen von seelischen Verletzungen und Beeinträchtigungen zu berücksichtigen. Ich rede von jenen Formen der Verwundung, die in der Seelsorge ausreichend geläufig sind und nach denen bei einem Seelsorge-Gespräch im Regelfall gefragt wird. Das können Ereignisse, Prozesse oder schmerzhafte Erfahrungen sein, die erst wenige Tage, Wochen, Monate oder Jahre zurückliegen und die so deutlich sind, daß man sie unschwer im Interview mit dem Belasteten herausfinden wird.

Natürlich muß auch dann Vergebung erfolgen. Vielleicht fällt sie sogar schwerer, weil die Einwirkung noch ganz frisch ist und der Betreffende die seelischen Schmerzen stark spürt.

Vergebung öffnet dann manche Gefängnistüren. Nach dem Gleichnis von dem Schalksknecht – dessen Schuld darin bestand, nicht vergeben zu haben, obwohl ihm selbst vergeben worden war – wartet auf Verweigerung von Vergebung der Freiheitsverlust.

Vergebung setzt jedoch voraus, daß wir selbst Vergebung empfangen haben. Vergeben heißt doch, Gnade zu gewähren. Gnade kann jedoch nur der geben, der sie selbst erfahren hat. So müssen wir also darauf achten, daß Vergebung nicht ein technischer Prozeß ist, der mit dürren Worten geschieht, aber von keiner Veränderung der Charaktereinstellung begleitet oder gefolgt ist.

Kapitel 6

Erscheinungsformen der Selbsterlösung

Vergebung öffnet Gefängnistüren – unter gewissen Voraussetzungen. Das war meine schmerzhafte Erfahrung, als ich anfing, systematisch das Gebot zu vergeben, in die Vorbereitung des Befreiungsdienstes hineinzunehmen. Ich sprach bereits darüber, daß mit der gewissenhaften Beachtung dieses herausragenden biblischen Prinzipes die Quote der Befreiungserfahrungen angestiegen war. Jedoch war die erreichte Heilungsquote immer noch nicht befriedigend. Vielleicht waren es fünfzig Prozent, vielleicht auch weniger, die eine irgendwie geartete Befreiung auf dem bisher beschriebenen Wege gefunden hatten. Aber damit konnte ich mich nicht zufrieden geben. Das Wort Gottes verheißt ganze Freiheit:

> **Johannes 8,36**
> **Wenn euch nun der Sohn frei macht, so seid ihr recht frei.**

Unter bestimmten Voraussetzungen macht der Herr uns völlig frei. Daß es solche Voraussetzungen geben muß, enthält das Wort „wenn". Interessanterweise wird dieses Wort sehr häufig verkehrt zitiert und zwar in dem Wortlaut: „Wen der Sohn frei macht, der ist recht frei." Es lautet aber „wenn"!

Ich hatte bereits ausgeführt, welches die weiteren, offensichtlich unaufgebbaren Voraussetzungen für eine tatsächlich stattfindende Befreiung sind. Wir müssen den Weg der Selbsterlösung, der Selbsthilfe und Selbstbefreiung, den jeder durch Außeneinwirkung Geschädigte beschreitet, erkennen und revidieren. Entweder erlösen wir uns selbst, sofern das möglich ist, oder wir überlassen die Befreiung und Erlösung von der Macht des Bösen dem Herrn. Gottes Gnade und Kraft tritt nicht in Konkurrenz zu unseren eigenen Bemühungen! Wenn Gott sieht, daß wir uns selbst ans Werk machen, um uns aus dem Gefängnis zu befreien, dann empfindet er das als eine Ausladung. Wenn wir jedoch erkennen, daß wir uns nicht befreien können und unsere vorigen Selbsthilfemaßnahmen bekennen und zurücknehmen, dann kommt machtvoll die Gnade Gottes.

Alle Selbsthilfehaltungen und -maßnahmen haben im letzten Grunde etwas mit Selbstgerechtigkeit zu tun oder sind sogar blanke Selbstgerechtigkeit. Damit erweisen sie sich in ihrer letzten Konsequenz als Rebellion gegen Gottes Hilfsangebot und als ausgelebte Unabhängigkeit von Gott. Das trifft auch dann zu, wenn diese Haltungen der Selbstbefreiung sehr edel und moralisch aussehen, ja vielleicht sogar religiös sind. Letztere sind die raffiniertesten und feinsten Formen von Unabhängigkeit von Gott. Sie enthalten unübersehbar den Ansatz von Stolz und Leistung in frommem Gewand.

Ich möchte noch einmal dem Leser ins Gedächtnis rufen, was wir schon im Grundsätzlichen gesehen haben: Alle diese Maßnahmen sind Ausdruck einer Haltung des Stolzes und der Selbstvergötterung. Damit stellen wir uns quasi gegen Gott, und dadurch bekommt der Feind Anrechte, dämonische Kräfte der Verwirrung, der Schwächung und der Zerstörung auf uns zu hetzen und uns dadurch zu bedrängen und unfrei zu machen. Somit sind alle unsere Reaktionsformen, mit denen wir auf die Schwächung unseres Ichs, unserer Bedeutung und unseres Wertes nach elterlichen Verletzungen reagieren, Verstöße gegen das erste Gebot.

Während die Problematik, die durch Vergebung zu beenden ist, häufig in der Kindheitszeit ihren Anfang und Höhepunkt hatte, erstreckt sich der zeitliche Ablauf unserer Selbsthilfemaßnahmen auf unser ganzes Leben. Wer die Biographie von vielen Menschen daraufhin untersucht, wird feststellen, daß unsere Selbsthilfemaßnahmen bereits mit den ersten Lebensjahren einsetzen, um sich dann zu steigern und allmählich umzuformen und immer neue Bereiche von Fehlverhalten einzubeziehen. Beim genauen Hinsehen ist schon die erste Reaktion nach jeder seelischen Verletzung gefolgt von einer Selbsthilfemaßnahme. Schon das Eingeschnapptsein oder Beleidigtsein, jeder Racheimpuls oder auch die Haltung der Isolierung drücken nicht nur Feindsinnigkeit und Verletztsein aus, sondern sind bereits Maßnahmen, mittels derer man sich schützt und gegen den Aggressor oder Bedränger zur Wehr setzt. Wer sich z. B. verletzt zurückzieht, greift damit zu einer Haltung des Herrschens über denjenigen, der ihn verwundet hat. Er läßt ihn leerlaufen, er erzeugt Schuldgefühle und erringt damit eine relative Position der Überlegenheit.

Diese Momente bleiben jedoch bei einzelnen seelischen Verwundungen und auch bei längeren Prozessen so im Hintergrund, daß man sie kaum wahrnimmt.

Daneben aber wachsen durch die Summe der Beeinträchtigungen und vor allem unter dem Druck von verheerenden Unlustgefühlen Minderwertigkeit, Unzulänglichkeit, Versager-Bewußtsein, gestörtem Selbstbild und Selbstwertgefühl systematisch ganze Strukturen von Einstellungen und Haltungen, mittels derer der Betroffene und Bedrohte seine Balance wiederfinden will. Er hilft sich selbst, indem er sich auf seine eigene Kraft verläßt oder er holt das Gefühl von Wert und Kompetenz von anderen Menschen, die er durch raffinierte Verhaltensweisen dazu verführt, ihm Liebe, Applaus, Bestätigung und Anerkennung zu zollen. Dieses subtile und schwer zu diagnostizierende Geflecht von einzelnen Reaktionen, Maßnahmen und Grundeinstellungen der Selbsthilfe will nun der Heilige Geist aufdecken.

Solange diese Strukturen der Selbsterlösung vorliegen, so lange kann das Licht Gottes nicht hineinscheinen in eine Persönlichkeit, so lange bleibt der Fluch auf ihr, und so lange haben die dämonischen Mächte das Recht, zu wirken und zu zerstören. Die Mächte verweisen schlicht auf den Fluch, den die Person selbst bewirkt hat. Sie argumentieren keck, daß ihre Art von dem Träger in seinen eigenen Haltungen und Denkweisen verfolgt und praktiziert wird, und sie leiten davon das Recht ab, zu kommen und zu bleiben. Das ist also der geistliche Hintergrund der Rechtsprechung in der unsichtbaren Welt. Die dämonischen Kräfte können ihre Wirksamkeit entfalten, weil die Menschen sich in ihrer Haltung auf eine Ebene mit ihnen begeben haben.

So finden wir bei jedem Zustand der Unfreiheit den eigenen menschlichen Beitrag im Sinne einer verkehrten Haltung und Einstellung, die mit dem eigenen Willen gewollt und ausgeführt wird. Auf der anderen Seite finden wir die dämonische Komponente, die dadurch erst Eingang gefunden hat. Sie hat dieselbe Benennung und dieselbe Wirkrichtung, aber von ihr kommt die Chronizität, die Zwanghaftigkeit und das unaufhörlich Zerstörerische.

Wenn wir das verstanden haben, dann wird der Befreiungsdienst nicht mehr, wie es so häufig geschieht, zu einer geistlichen Prügelszene degradiert, wo der oder die Seelsorger ununterbrochen auf die dämonischen Kräfte einsprechen oder brüllen, als ob die Befreiung nur vom Willens- und Stimmeneinsatz des Seelsorgers abhängig sei. Aber das ist mitnichten der Fall! Die entscheidende Person ist der Geplagte und Gebundene selbst. Wenn er aufhört, den dämonischen Kräften mit seinem Fehlverhalten Deckung und Unterschlupf zu geben, dann gehen diese mit Leichtigkeit. Vielleicht bedarf es dann nur eines Satzes des Seelsorgers – und häufig nicht einmal dessen. Diese Kräfte gehen dann von alleine! Es ist die erkannte und angenommene Wahrheit über sich und über den Herrn, die frei macht. Es ist nicht die Kunst und eigentlich auch nicht die Vollmacht des Seelsorgers, die entscheidend ist.

So sind die einzelnen Komplexe von Selbsthilfemaßnahmen unterschiedliche Formen der einen großen Lüge, nämlich daß wir uns selbst helfen könnten. Wird diese Lüge durchschaut und die Wahrheit des Herrn angenommen, dann wird augenblicklich diese wirksam: Es geschieht Befreiung. Ein solcher Ablauf des Befreiungsdienstes hat nichts von den häufig würdelosen Kampfszenen an sich, die einfach entstehen müssen, wenn man nicht weiß, unter welchen Voraussetzungen dämonische Kräfte kommen oder gehen.

Jeder Einsatz im Bereich der Vorbereitung vor der eigentlichen Befreiung, der zu einem Mehr an Wahrheit führt und diese Strukturen der Lüge zu durchschauen hilft, zahlt sich nachher aus. Dadurch bekommt nicht nur das Befreiungsgeschehen selbst

Schub, Ziel und Erfolg. Darüber hinaus erfährt der bis dahin Beladene und Gebundene in so vielen anderen Bereichen, in denen er es sich nicht hätte träumen lassen, Reinigung und Hilfe, weil die Vorbereitung ja nichts anderes darstellt, als eine groß angelegte und in die Tiefe gehende Umkehr. Sie ist also das, was die Bibel Buße nennt. Insofern ist die seelsorgerliche Anwendung der Erkenntnisse über die bis dahin benutzten Formen von Lebenslüge der entscheidende Gesichtspunkt im gesamten Befreiungsdienst überhaupt.

Wenn wir ruhig und gewissenhaft und unter der Assistenz des Heiligen Geistes durch diese einzelnen Gebiete hindurchschreiten, geht es um Wahrheit und geht es um den Menschen, dem wir helfen wollen. Es geht dabei nicht um Dämonen! Das Thema Befreiung bedingt nun einmal, daß wir viel von dämonischen Kräften reden müssen. Aber bei genauer Bewertung von allen Abläufen, die zur Befreiung führen, wird dann doch deutlich, daß das Dämonische selbst von mehr untergeordneter Bedeutung ist. Wir müssen alle Betonung darauf legen, daß die Gebundenen und Belasteten, die in unsere Seelsorge kommen, erkennen, wo sie mit ihren Haltungen den Feind eingeladen haben.

So wird also das Verständnis von Eigenverantwortung gefordert. Vom Dämonischen und erst recht von dem Gesichtspunkt, daß der arme Unfreie ja gar nicht anders kann, als von finsteren Kräften geknechtet und geplagt zu werden, ist nicht die Rede! Es ist eben der beliebte und häufig stillschweigend unterlegte Entschuldigungsgrund, daß jemand ja nicht anders sein könne, als er ist. Damit werden die Verhältnisse auf den Kopf gestellt.

Natürlich, wenn erst einmal finstere Kräfte in jemandem sind, dann werden sie ihn zwingen und sich in bestimmten Symptomen und Haltungen ausdrücken. Insofern ist also tatsächlich in einem gewissen Sinne Zwang vorhanden. Aber der Zwang ist nur deswegen da, weil der Betreffende vorher in freier Entscheidung seines Willens sich auf bestimmte Haltungen und Einstellungen eingelassen hat. Werden diese erkannt und korrigiert, wird augenblicklich die Wahrheit Jesu wirksam, daß die dämonischen Mächte bereits besiegt sind, von Jesus ihrer Macht und ihrer Waffen beraubt sind und daß sie auf ein Kommando oder Willensentscheid unsererseits zu gehen haben. Der Zwang ist unter diesen Voraussetzungen nicht mehr vorhanden!

So können wir also feststellen, daß in dem gesamten Bereich des Themas Befreiung und Heilung von dämonischen Kräften nicht diese die Hauptrolle spielen, sondern die Personen, die ihnen Einlaß gewährt haben. Welches die Pforten und die Wege der Lüge sind, durch die die Zerstörer Eingang genommen haben, das wird nun im einzelnen ausgeführt werden.

Die große Anzahl der Selbsthilfe- oder Selbstbefreiungsmaßnahmen läßt sich in bestimmte Kategorien aufteilen. Allerdings wird auch durch diese Gliederung die Notwendigkeit nicht beseitigt, den Heiligen Geist zu befragen und in den Gaben des Geistes zu operieren.

Ich sehe acht Bereiche, denen alle Erscheinungsformen unseres Selbstbefreiungsstrebens zugeordnet werden können:

1. Profilierung durch Leistung (Das Ego appelliert mit der Leistung an andere, um von ihnen Beifall und damit Luststeigerung und Bestätigung zu bekommen.)
2. Profilierung mit den natürlichen Qualitäten der eigenen Person (Das Ego sucht Bestätigung von anderen im Hinblick auf vorhandene Qualitäten.)
3. Ich-Bestätigung durch Machtausübung (Das Ego sucht seine Stärkung in der Überlegenheit über andere.)
4. Ich-Stärkung durch soziale Investition (Das Ego gibt zunächst, um dadurch nachher von anderen zu empfangen und dadurch seinen Selbstwert abzuleiten.)
5. Selbstbestätigung als Betreuungsfall (Das Ego erzwingt durch ein Minusangebot Zuwendung von anderen durch Mitleid.)
6. Profilierung durch vorgetäuschte Leistung und Schein (Das ist das Billigangebot von 1. und 2. Das Ego holt Bestätigung durch vorgetäuschte Leistung und Qualität.)

7. Selbsterhöhung in der eigenen Phantasie (Das Ego verzichtet auf den Beitrag anderer und befriedigt sich in der internen eigenen Scheinwelt.)
8. Selbstprofilierung und Behauptung gegen Gott (Das Ego erheischt Anerkennung von Gott wegen eigener moralischer oder religiöser Leistung.)

1. Profilierung durch Leistung

1.1. „Der Intellektuelle"

Selbstbestätigung durch Förderung intellektueller Fähigkeiten. Steht dem Kind eine gewisse intellektuelle Fähigkeit zur Verfügung, dann ist das ein sehr beliebter Weg, sich Anerkennung von anderen, sonderlich von den Eltern zu verschaffen und auch vor sich selbst zu bestehen. Das Kind verschafft sich Überlegenheit über Mitschüler oder seine Umgebung durch ausgeprägte, vielleicht einseitige intellektuelle Fähigkeiten. Hohe Strebsamkeit in der Schule, Intellektualismus in der Oberschule, im Studium und im späteren Leben können dann die Folge sein. Dazu gehört auch ein entsprechender Redestil und Freude am Problematisieren und Theoretisieren.

Kann all das etwas mit dämonischen Kräften zu tun haben? Ich möchte den Leser einladen, hier ganz scharf mitzudenken: Natürlich sind intellektuelle Fähigkeiten göttliche Geschenke. Selbstverständlich sollen diese auch ausgiebig gebraucht werden. Das hat nichts mit Dämonen zu tun, sondern es ist geradezu ein göttlicher Auftrag. Der Mißbrauch des Intellekts durch dämonische Kräfte oder, sagen wir es ganz deutlich, durch einen Geist des Intellektualismus und der abnormen intellektuellen Strebsamkeit tritt durch das verkehrte Motiv ein! Das Kind oder der Erwachsene erfreuen sich nicht der von Gott gegebenen intellektuellen Fähigkeit, sondern benutzen sie als Mittel der Selbsterhöhung, der Flucht, als Mittel der Befreiung aus Minderwertigkeitsgefühlen und Bedeutungslosigkeit. Hier kommt über das Motiv eine fremde zerstörerische Kraft dazu, die sich auf Wesen und Charakter des Kindes aufpfropft und der Funktion des Intellektes Züge von Zwanghaftigkeit, Einseitigkeit, Selbstvergötterung und auch des Kriegerischen gegen andere und anderes aufsetzt.

Es liegt hier also eine versklavte und mißbrauchte Intellektualität vor. Jetzt ist der Intellekt nicht mehr ein Diener, sondern er ist versklavt und knechtet mit seiner Dominanz und Eigengesetzlichkeit die gesamte Persönlichkeit. Hier muß in der Tat Befreiung her, damit die Verstandeskräfte wieder ihre eigentliche Aufgabe wahrnehmen können.

1.2. „Der Praktiker"

Profilierung durch Fertigkeiten und handwerklich-berufliche Qualifikationen. Die Abläufe und Zielsetzungen sind hier ganz ähnlich wie beim Intellektuellen. Wiederum besteht ein Mangel an Wert und Bedeutung in der Person, die aus ihrer Kindheitszeit lädiert heraustritt. Auch in diesem Fall wird eine ausgeprägte Unlust resultieren, die den Zwang in Gang setzt, dem gespürten Bedeutungsmangel etwas entgegenzusetzen mit dem, was man hat. Sind intellektuelle Qualitäten nicht so ausgeprägt, dafür aber praktische und handwerkliche Fähigkeiten vorhanden, können diese eingesetzt werden. Es kommt zu demselben Mißbrauch, den wir beim Intellektuellen bereits kennengelernt haben. Ein Ausgleich muß erfolgen, so fordert es die wunde Seele; dementsprechend sucht sie das geeignete Material zur Selbsterhöhung und zum Ausagieren des Stolzes. Handwerkliche und berufliche Leistungen werden zur Lebensmitte! Gerade bei Handwerkern auf unterer Ebene ist in großer Breite erkennbar, wie sie sich identifizieren mit ihrer Berufssituation. Hier liegen äußerlich gesunde, aber beim näheren Hinsehen doch abnorme Verhältnisse vor. Alle geistlichen und seelischen Verletzungen der Vorgeschichte werden durch häufig sehr einseitige berufliche Leistungen ausgeglichen. Hier liegt ein Zwang vor. Wehe dem Betreffenden, wenn er in Pension geht. Er wird häufig eines frühen Todes sterben.

1.3. „Der Hobbyist"

Die Hobbyisten offenbaren die Ersatzfunktion ihrer Hobbyleistung besonders deutlich. Hier ist auch das Moment der Flucht stärker vorhanden. Der Stolz, mit dem latente Defizite ausgeglichen werden sollen, kann im Beruf, in der Gesellschaft oder in der Öffentlichkeit nicht zum Erfolg führen. So zieht man sich in die Hobbyszene zurück und liefert sich einem Zwang aus, der natürlich subjektiv als Lust erlebt wird. Also auch hier liegt ein Mißbrauch einer eigentlich schönen und durchaus sinnvollen menschlichen Reaktionsweise vor. Menschen, die im exzessiven Ausmaß ihrem Hobby nachgehen, brauchen Befreiung! Ihr Hobby ist terrorisierend, gemeinschaftszerstörend, familienschädigend, häufig kostspielig, zeitraubend und steht in keinem Verhältnis zum Gewinn.

1.4. „Der Macher"

Es ist hier nicht nur von dem Manager die Rede, der in seinem unaufhaltsamen Aufstieg auf der geschäftlichen oder beruflichen Karriereleiter ununterbrochen von Glanzleistung zu Glanzleistung geht. Die Macher werden getrieben von dem Zwang, immer auf dem Sprung zu sein, immer ständige Kontrolle über sich und alles mögliche zu haben und immer Erfolg haben zu müssen. Der klassische Macher kann, auch wenn er vielleicht eine Hausfrau ist, sich nicht fallenlassen oder sich Menschen hingeben und hat auch Mühe mit dem Schlaf.

Der Macher ist wirklich von einer dämonischen Kraft getrieben, die es heute jedoch leichter als früher hat, sich zu tarnen. Denn die Macher und die Manager sind gesellschaftsfähig geworden, ja zum Teil gilt ihre Arbeitswut als tugendhaft.

Aber hinter dem Rotieren des Machers steht die unersättliche Begierde und der Zwang, sich selbst beweisen zu müssen, daß er etwas schaffen kann und anderen überlegen ist. Er verbindet sich mit Beherrschungskräften, Unterjochungsallüren und manchmal auch mit der wahnartigen Vorstellung, dadurch möglichst vielen ein Segen zu sein, indem er den Untergebenen Brot und Lohn verschafft.

All das hat mit einer freien Entfaltung der Persönlichkeit nichts mehr zu tun. Das ist der zwanghafte und dranghafte Prozeß der Selbstbefreiung aus qualvoller, instinktiv wahrgenommener Bedeutungslosigkeit. Aber auch hier liegt nicht nur die psychologische Ebene vor. Das Hauptmoment sind dämonische Kräfte dieses Namens und der Funktion, denen sich der Träger mit seinem Willen ergeben hat.

1.5. „Der Philosoph"

Die Philosophen und Grübler dieser Kategorie, die zu den letzten Hintergründen des Seins vordringen wollen – vielleicht sind es überhaupt alle –, haben keine Liebe zur Weisheit, was eigentlich der griechische Begriff Philosophie meint. Sie sind chronische Sucher um des Suchens willen. Sie stellen alles in Frage und gehen zu allem und allen auf Distanz. Sie dürfen auf keinen Fall finden. Grübeln wird zum Selbstzweck.

Diese Philosophen sind sehr stolze Menschen. Aber auch bei ihnen entstammt das Motiv, so zu werden und zu bleiben, denselben primitiven Ursprüngen. Sie sind lädierte Persönlichkeiten, vielleicht wenig geliebt und emotional ausgehungert. Auf dem Terrain der Beziehungen und Gefühle erwarten sie stillschweigend nichts mehr für sich. Das ist zu gefährlich und zu fremd. So verlegen sie sich auf das Philosophieren und Denken – und das am besten in den Bereichen, wo sie nicht dem Test der Wirklichkeit standhalten müssen.

Sehr häufig kommen echte Zwänge im Sinne des psychiatrischen Begriffes „Anankasmus" (Zwangsverhalten) dazu: Solche Menschen müssen ununterbrochen über einzelne Begriffe oder unsinnige Logikschritte und -ziele nachdenken. Die Fremdsteuerung wird dann besonders offensichtlich. Ein solches Denken ist leer und fruchtlos. Der Philosoph hat noch seine Lust daran, der zwanghaft Denkende wird gequält. Aber hinter allem stehen dämonische Kräfte der Selbstverherrlichung. Diese Philosophie führt in den Abgrund. Auch hier ist Befreiung notwendig. Keinesfalls darf der Versuch unternommen werden, in ein solches System einzusteigen und durch Argumentation dem Betroffenen einen Ausweg zu verschaffen.

1.6. „Der Humanist"

Humanismus als Weltanschauung und Lebensweise ist Ausdruck der Selbsterlösung und der Anschauung, daß der Mensch das Maß aller Dinge sei. Am Humanisten sehen wir die Selbsterlösungsabsichten in deutlichster Form. Hier ist ein Übergang zur Selbstbefreiung vermittels natürlicher Qualitäten vorhanden, indem der Humanist nicht nur mit dem Einsatz von Fähigkeiten und Fertigkeiten, sondern mit seiner Person selbst sein Ziel zu erreichen sucht. Er glaubt, daß er vom Ansatz her und dem Wesen nach gut ist: „Wer immer strebend sich bemüht, den können wir erlösen." Die Humanisten müssen kraft ihrer Weltanschauung edel sein. Bei ihnen ist in der Tat beim ersten und auch beim zweiten Hinsehen nichts Anrüchiges, Böses oder Gemeines zu erkennen, sofern sie echte Humanisten sind. Aber gerade hier feiert das Dämonische seine Triumphe! Wer nämlich wirklich und mit Vorsatz dieser Lebensweise verpflichtet ist, der lebt im totalen, wirklich im totalen und absoluten Gegensatz zu Gott und seiner Gerechtigkeit. Das läßt sich der Gott dieser Welt, der Teufel, nicht entgehen. Die Lebensweise des Humanismus ist eine einzige Einladung an die dämonische Welt – die eine Welt der Rebellion und der Unabhängigkeit von Gott ist –, diese Grundsatzentscheidung mitzutragen und sich darin auszudrücken. Die Humanisten sind durchgehend dämonisch besetzt! Humanismus ist ein Geist, und die Humanisten sind von diesem Geist besetzt. Dieser Zustand kann nicht durch Argumentation überwunden werden, sondern nur durch eine Befreiung. Erst nachher kann der Humanist in geordneten und freien Bahnen denken. Die Bibel sagt

(1. Timotheus 4,1), daß in den letzten Zeiten viele durch die Lehren von bösen Geistern verführt werden.

2. Profilierung mit natürlichen Qualitäten

Die Selbstbefreiungsreaktionen und Ausgleichsmaßnahmen dieser Rubrik sind nicht scharf abzugrenzen gegenüber anderen Kategorien. Person und Leistung sind ja schwer voneinander zu trennen. Hier gibt es graduelle Übergänge. Aber entscheidend ist, daß wir eine möglichst differenzierte Gliederung im Kopf haben, damit wir in den Augenblicken der Seelsorge schneller zu den entscheidenden Fragen oder Entdeckungen kommen können.

2.1. „Der Schöne"

Schönheit ist eine göttliche Qualität. Alles, was von Gott kommt, ist schön, harmonisch und vielgestaltig. Aber Schönheit kann mißbraucht werden. Schönheit ist keine Fähigkeit oder Fertigkeit, sie gehört einfach zur Person. Die meisten Menschen, die ihre Schönheit kennen, gebrauchen sie zur Selbstverwirklichung und Selbstbefriedigung, um damit Defizite an anderer Stelle auszugleichen. Man ist sich seiner Schönheit vor den anderen bewußt. Das heißt, der oder die Schöne sucht den Beifall, die Bestätigung, die Anerkennung und Bewunderung der anderen. So wird Schönheit zu einem herausragenden Mittel der Selbstprofilierung und gibt damit dem Bösen Anrecht zu Attacken und zur Invasion.

2.2. „Der Verführer"

Wenn die Schönheit nicht ausreicht, oder wenn die Reaktionen anderer auf die Schönheit zu schwach sind, bietet sich die Steigerung an: Man verführt die anderen. Die Verführung und das Mittel der Koketterie ist das berechnende Einsetzen von natürlichen

Fähigkeiten und Eigenheiten, um andere dadurch zu gewinnen und eine Luststeigerung gewaltigen Ausmaßes zu erreichen. Die Methode der Verführung beinhaltet somit auch, Macht und Herrschaft über andere Menschen auszuüben. Aber die Mittel, die man einsetzt, sind weitgehend die der eigenen Person. Man stellt sich zur Verfügung, man bietet sich verführerisch an, um damit gleichzeitig Lust für sich im Begehrt-Werden und Lust in der Wahrnehmung seiner Macht über andere zu bekommen. Das Verführerische ist von Anfang an dämonisch inspiriert. Es ist eine Maßnahme, mit der man andere gefangensetzen will.

2.3. „Der Ästhet“

Seine Wirksamkeit kann objektiv gut oder zumindest neutral sein, und doch sind sie mehr gefährdet als fast alle anderen Menschen. Sie appellieren geradewegs und von Anfang an an die Reaktion anderer.

Hier ist weniger von dem Berufs-Künstler die Rede. Ich spreche von dem Ästheten oder dem künstlerisch oder schauspielerisch begabten Menschen, der sich gerne darstellt und damit die Aufmerksamkeit seiner Umgebung auf sich lenkt. Denn das ist der eigentliche Motor hinter den meisten Künstlern, es sei denn, daß sie wirklich vom Heiligen Geist inspiriert sind. Der Ästhet rühmt sich seines untrüglichen Sinnes für Proportion und Schönheit. Er steht über den anderen, und er weiß das und hält auch selten mit seiner Ansicht zurück. Er sonnt sich in seiner Vorzüglichkeit. Dabei rühmt er sich einer Sache, die er nicht verdient hat, sondern die ihm gegeben worden ist und die er mißbraucht. Ästheten nutzen ihren ästhetischen Sinn gegen Menschen! Damit suchen sie ihre Überlegenheit. Die Künstler setzen sich mit ihrer Kunst vom Durchschnitt ab und kultivieren ihr Ausnahme- und Grenzsituations-Schicksal. Das Moment des Kompensierens und der Selbstvergötterung ist mit Händen zu greifen. Wer sich in dieser Haltung befindet, braucht Befreiung. Das Dämonische war nämlich von Anfang an präsent. Es kann gar nicht anders sein bei solchen Konstellationen.

2.4. „Der Starke“

Selbstbehauptung durch Stark-Sein, das ist der Traum aller Schwachen – wie auch der Starken, die noch stärker sein wollen. Stärke ist ja der Beweis, daß man überlegen ist, wertvoll ist, bedeutend ist, daß man etwas hat und kann. Wer also stark ist, der hat das letzte Ziel aller Bemühungen erreicht: Er ist jemand. Wir reden hier aber von der „Stärke aus uns selbst heraus“, nicht von der „Stärke in Christus“. Gott will, daß wir stark sind, aber durch ihn und in ihm. Wer als Christ oder ohne Christus seine Überlegenheit durch Stärke beweisen möchte, die er aus sich selbst gewinnt, tritt die Auseinandersetzung gegen Gott an. Er ist der Rebell, der beweisen möchte, daß er es selbst schafft und Gott nicht nötig hat. Er muß von dämonischen Kräften heimgesucht werden, es gibt gar keine andere Möglichkeit. Er lebt in seiner Gerechtigkeit und in seiner Kraft, was ein idealer Nährboden für die Geister der Bosheit ist, die alle rebellische Geister sind.

Will der Starke und Fähige wirklich befreit sein, dann muß ein großes Wunder geschehen. Denn die Stärke, wenn sie da ist, offeriert ja alles, was man braucht: Lust, Überlegenheit und Bestätigung. Deswegen sagt das Evangelium, daß unter den Starken und Mächtigen kaum jemand zu Jesus kommt. Wer stark ist, also aktuell in seinem irdischen und natürlichen Leben aus eigener Kraft sichtbare Überlegenheit über andere zuwege gebracht hat, braucht die ganze Lehre über Gottes überragende Kraft und Liebe, damit er aus seiner Position zu den noch höheren Erlebnisformen von Stärke aufbrechen kann. Das ist eine seltene Erfahrung.

2.5. „Der Lüstling“

Er ist nicht identisch mit dem ewigen Verführer. Dieser ist aktiv, der Lüstling mehr passiv. Er möchte ständig Wohlgefallen, sei es sexuell, sei es als Ästhet oder in anderen Bereichen, passiv erleben. Indem er Lust erfährt, wird ihm deutlich, daß er jemand ist. Lust wirkt bestätigend, weswegen die Lüstlinge selten große, produktive Leistungen hervorbringen. Sie sind auf sich selbst bezogen und genießen ihre Bedeutung an ihrer Lusterfahrung. Daß sie Lust haben, reicht ihnen schon. Mehr brauchen sie nicht. Das ist ein dämonisches Prinzip, das beraubend ist, weil der Betreffende so fixiert wird auf ein Minimum an Lebensqualität und Leistungsfähigkeit.

2.6. „Der Playboy"

Daß man ihm eine eigene Gruppe einräumen muß, hängt damit zusammen, daß es ihn als speziellen Typus so häufig gibt. Er ist mehr als die Verbindung von Schönheit, Verführerisch-Sein, Stärke und Lüstling. Im Playboy drückt sich eine ganze Kultur aus: die der westlichen, extrovertierten Zivilisation. Der Playboy will neben den eben genannten Eigenheiten imponieren durch seine Jugendlichkeit, Frische, Weltoffenheit und Geld. Diese strahlenden Jungs (dasselbe trifft auch für die Girls zu) sind das ganze Gegenteil ihrer Erscheinung. Sie treten stark und überlegen auf, spielen ihre natürlichen Fähigkeiten – gesellschaftliche Gewandheit, Schönheit und Umgang mit Worten – aus, verführen und werden verführt, aber sind in Wirklichkeit ganz arme Kerle.

Der Playboy ist ein Lehrbuchfall in Bezug auf Ausgleichen von katastrophalen Minderwertigkeitsgefühlen und Unzulänglichkeitseindrücken in einer Vielfalt von Methoden. Daß er es tut, ist so allgemein bekannt, daß es gleichsam ein Standard geworden ist und nicht mehr anrüchig erscheint. Der Playboy wird getrieben von finsteren Mächten! In ihm ist keine Ruhe, keine Entspannung, kein Frieden, kein Verweilen. Auch er setzt die eigenen Mittel und Möglichkeiten ein und gestaltet damit seine Unabhängigkeit. Daß er nicht an Gott denkt, macht nichts. Der Mechanismus ist dennoch da. Der Playboy braucht Befreiung.

2.7. „Der Ironische"

Der Ironische und Kritische ist eine Variante des Starken, der sich zusätzlich mit Verachtung bewaffnet hat. Die Haupttriebkraft der Ironie ist die wahrgenommene Überlegenheit über den anderen und das Wissen, daß das nicht ausreichend ist und gesteigert werden muß. Der Ironische spielt sein Wesen und seine Position voll aus und geht dabei auf Distanz. Das ist eine der schärfsten Erklärungsformen des Stolzes überhaupt. Ironie ist beißend, bitter, aggressiv und arrogant. Wer diese Haltung bei sich erkennt, darf wissen, daß dahinter eine fremde Kraft ist.

Aber wir kennen inzwischen die Hintergrundsituation: Nicht der Dämon der Ironie ist der Schuldige! Vielmehr muß die Person mit ihrer Neigung und bewußten Entscheidung, ironisch zu reagieren, diesen Kräften Tür und Tor öffnen. Die Verantwortung liegt wieder einmal bei uns und nicht bei den Dämonen. Ironie ist eine der primitiven Formen der Selbstsicherung und Selbstbefreiung, die genau zum Gegenteil führt, nämlich zur Versklavung.

2.8. „Der Clown“

Die Clownerie könnte genausogut unter einer anderen Kategorie erscheinen. Sicher, man muß in einer Weise als Clown geboren sein. Die Anlage zum Spielen und zur leichten Handhabung von Problemen und Beziehungen muß da sein. Und doch ist Clownerie mehr als die Perversion eines solchen natürlichen Charakterzuges. Der Clown täuscht sich und andere über Probleme hinweg. Er überdeckt sie und überspielt sie, um damit den Eindruck zu erwecken, daß sie gar nicht da sind. Ein Mensch ohne Probleme indessen ist ein erfolgreicher Mensch. Gleichzeitig will der Clown auch den Beifall und die Anerkennung der Zuschauer haben. Clownerie ist also Lüge. Sie kann nur von einem Menschen dann ein Leben lang durchgehalten werden, wenn er von Mächten der Clownerie und der Schauspielerei dazu verführt wird. So kann der arme Kerl, der nachts in seine Kissen weint, doch noch am Tage vor sich und den anderen bestehen. Das Moment der Selbstprofilierung auf der Ebene von Lüge ist doch wohl leicht zu erkennen.

2.9. „Der Arrogante“

Arroganz ist eine forcierte und extrovertiert dargestellte Form der Überheblichkeit, die man selbst nicht merkt, aber die andere als peinlich empfinden. Diese Überlegenheit ist unecht, sie bedarf der Nachhilfe mit übersteigerter Ausdrucksform, Deutlichkeit und Theatralik und verliert dabei erst recht den Schein von Überlegenheit.

Eigentlich ist Überheblichkeit ein anderes Wort für Stolz. Stolz aber ist eine Greuelsünde. Sie ist die Hauptuntugend schlechthin, denn sie ist der Versuch, ohne Gott und im Verlaß auf eigene Kräfte bedeutend zu sein. Der Stolze ist kraft der Tatsache dieser seiner Natur dämonisiert.

2.10. „Der Faule“

Faulheit und damit auch Passivität sind Verbündete des Stolzes, der Arroganz und der Lüge. Die Faulen sind in letzter Konsequenz stolz auf ihre Verweigerungshaltung. Manche klagen über ihre Faulheit, als ob es ihr Schicksal sei, aber sie ist die Folge ihrer Willensentscheidung.

> **Sprüche 26,16.13**
> **16 Ein Fauler dünkt sich weiser als sieben, die da wissen, verständig zu antworten.**
> **13 Der Faule spricht: Es ist ein Löwe auf dem Wege, ein Löwe auf den Gassen.**

Das Wort Gottes ordnet mit diesen beiden Aussagen tatsächlich die Faulheit bei der Arroganz und Ignoranz wie auch bei der Lüge ein. Ein vermuteter, aber unwahrer Sachverhalt ist der Grund, nichts zu tun. Faulheit und Passivität sind also kein Schicksal, sondern eine der raffiniertesten Erscheinungsformen des Stolzes. Insofern enthalten sie alles, was für den Stolz typisch ist. Weil der Stolze nichts annehmen kann, kann auch der Passive und Faule nichts nehmen. Solange er bei dieser Grundsatzentscheidung bleibt, kann er sich auch nicht verändern. Eine solche Einstellung ist gleichzeitig die Einladung an entsprechende dämonische Kräfte der Faulheit, der Passivität und der Lähmung. Es gibt einen Sieg darüber, wenn man sich entschieden hat, nicht mehr in der Unabhängigkeit zu leben.

Der Faule lacht über die törichten anderen, die arbeiten und sich mühen und verachtet sie. Dabei wird er selbst beraubt, denn Faulheit führt zum Mangel. Der dämonische Komplott ist vollkommen, aber der Verursacher ist der Mensch selbst!

2.11. „Der Moralist“

Die Selbstgerechtigkeit und Gesetzlichkeit des Moralisten durchzieht, wie wir mit Nachdruck herausgestellt haben, alle Kompensationshaltungen. Hier ist die reine Form des Moralismus gemeint. Wer moralisiert, stellt nicht nur sich selbst dar, sondern greift auch zu einer Methode: dem Mißbrauch von Sittlichkeit. Die Moralisten bedrücken die Menschen, wie kaum eine andere Gruppe. Deswegen begegneten wir dieser Haltung bereits als wir aufzeigten, welche verheerenden Auswirkungen das Moralisieren der Eltern auf die Kinder hat.

Der Moralist glaubt allen Ernstes, daß er die von der Gesellschaft oder von Gott geforderte Sittlichkeit aufbringt und übersieht dabei gänzlich sein vielfältiges Scheitern. Insofern ist er ein Mensch der Lüge. Lüge und Stolz sind ein unzertrennliches Geschwisterpaar. Der Stolze ist nicht abhängig von Gott und ist dem Wahn ergeben, der Lüge, daß er mit eigener Kraft gut sein kann, wo doch alle Güte in Gott ist und jenseits von ihm nichts Gutes ist.

Die Moralisten vollziehen also die Täuschung, daß sie bedeutend und stark sind durch Verkennen ihrer selbst, durch Selbstbetrug, indem sie wirklich glauben, makellos zu sein und durch den Machtvorsprung, den sie durch ihr Moralisieren im Hinblick auf andere erfahren und genießen. Es ist also diese Haltung eine

Mischung von Scheinsittlichkeit, Lüge, Selbstbetrug, Machtausübung und Unabhängigkeit. Das ist der allerbeste Nährboden für dämonische Kräfte, die durch eine solche Haltung eine hochoffizielle Einladung erfahren.

2.12. „Der Super-Edle“

Die Super-Edlen, deren Sittlichkeitsniveau so hoch ist, daß sie sich einen Fehltritt nicht vergeben können, sind die Fortentwicklung der Moralisten, wobei das peinlich Anstößige, das dem Moralisten eigen ist, ihnen nicht so anhaftet. Sie können aber, wenn sie scheitern, einfach keine Vergebung annehmen. Das ist dann wiederum ein Ausdruck von Stolz, der es nicht wahrhaben will, daß man so war, wie es der begangene Fehler eigentlich beweist. Diese Überskrupelhaften sind Menschen ohne Gnade. Deswegen können sie sich keinen Fehler erlauben. Ihre scheinbare Unfähigkeit, Vergebung anzunehmen, beruht nicht auf einem besonders hohen Anspruchsniveau, sondern ist der Ausdruck ihrer Bußarbeit und ihrer edlen Verzweiflung über ihr Versagen. Sie sind die verkappten, aber raffinierteren Moralisten und holen sich mit dieser ihrer Haltung einen großen Zugewinn an moralischer Bedeutung und edler Gesinnung. Sie wollen lieber zugrunde gehen, als sich leichtfertig der Gnade zu überlassen. Diese Arroganz ist von Anfang an gefolgt und gestraft von dämonischen Kräften derselben Art und vielfältigen anderer Art wie Depression, Selbstmordgedanken, Lähmung und Minderwertigkeitsgefühlen. Nichts davon kann isoliert vertrieben werden, sofern der Träger dieser Kräfte nicht im Kern seiner Person wahr wird. Die Wahrheit macht ja frei.

2.13. „Der Gebildete aus guter Familie“

Selbstsicherung und Selbstbestätigung durch Verweis auf Herkunft, Abstammung, Erziehung, Bildung. Auch die Menschen aus bestem Hause, häufig gerade sie, treten verletzt ins Leben. Entstammen sie nun einer adligen Familie oder anderer vorzüglicher

Herkunft oder können sie auf Erziehung und Bildung oder ähnliches verweisen, dann verfügen sie über außerordentliche, stabilisierende Faktoren ihres Ichs. Sie handhaben also die Stützung ihres Egos nicht mit Fähigkeiten, sondern mit dem, was die Familie ihnen mitgegeben hat. Für Paulus war das Kot, weil es im Hinblick auf seine Auswirkungen tatsächlich das ist. Wer sich darauf verläßt, der sichert seine Persönlichkeit mit den falschen Mitteln. Er verweist auf menschliche Qualität und macht sich dadurch unabhängig von Gott. Auch hier ist die nachfolgende dämonische Präsenz unvermeidbar.

3. Bestätigung durch Machtausübung

Die nachfolgenden Reaktionsformen unseres Ichs, mit denen wir uns Bedeutung, Wichtigkeit und ein starkes Selbstwertgefühl vermitteln wollen, haben alle gemeinsam, daß sie dieses Ziel über den Weg des Herrschens, Unterdrückens und Bindens von Menschen zu erreichen suchen. Das Verfahren, das unser Ego dabei wählt, ist sehr einfach: Wenn ich mir andere unterwerfe, dann stehe ich über ihnen. Mithin muß ich ein Mensch von Bedeutung und Stärke sein, weil in mir das Kräftepotential ist, andere zu unterwerfen. Das ergibt Lustgefühl, das tut dem Ich gut. Aber der Preis, der dafür bezahlt werden muß, ist sehr hoch.

Wer sich auf sich selbst und auf seinen Arm verläßt (Jeremia 17,5), der erzielt möglicherweise und kurzzeitig einen Gewinn an subjektivem Wohlbefinden, aber er handelt sich einen Fluch ein. Dieses Konzept ist eine indirekte (nicht in Worten erklärte) Rebellion gegen Gott. In diesen Bereichen braucht man ihn nicht. Hier macht man alles selbst. Das ist dann erneut die mittelbare, aber voll wirksame Einladung an die Unterwelt, ihre Herrschaft über den auszuüben, der so sein Ich stabilisieren will. Die bösen Geister, die also dadurch gerufen werden, werden ihre stille, aber bei näherem Hinsehen unübersehbare Wirksamkeit in vielfältigen

Blockaden, Erschwernissen, chronischen Gefühlsstörungen und Zwängen ausüben. Keiner erkennt sie, so wirken sie ungehindert weiter. Allein das Wort Gottes, die Wahrheit, stellt sie bloß und macht uns frei von ihnen, wenn wir die Wahrheit auf uns beziehen.

Was bewirkt die Wahrheit Jesu an uns und in uns? Damit wir in der Erörterung der einzelnen Punkte nicht die Perspektive verlieren, will ich es noch einmal zwischendurch verdeutlichen: Die Wahrheit, bei der wir verweilen sollen und die uns dann frei macht (Johannes 8,31-32), sagt uns, daß wir ohne unsere Selbsthilfemaßnahmen bereits Geliebte sind und von Gott versöhnt worden sind. Sie entlarvt unsere eigenen Methoden als überflüssig, unnötig und unwirksam. Sie sagt uns, daß unsere Bedeutung nicht in unserer eigenen Kraft und Anstrengung liegt, sondern in der Willensentscheidung Gottes für uns, so daß wir als Geliebte und von Gott Bejahte bedeutungsvoll sind. Wir beziehen unseren Wert also durch glaubendes Annehmen von Gottes Gnade und wir genießen das, weil das Gnadenangebot Gottes zuverlässig ist und seine Annahme lange nicht so anstrengend ist wie alle eigenen Maßnahmen, mit denen wir dasselbe Ziel erreichen wollen und es doch nicht schaffen. Wir sind bedeutend und kostbar, da wir von Gott erwählt sind, seine Kinder(!) geworden sind und seine Gerechtigkeit sind und haben.

So sind die in dieser Rubrik beschriebenen seelischen Reaktionsweisen ebenfalls nichts anderes als die Variation des großen und schwierigen Themas: Ausdrucksformen, mit denen wir in Unabhängigkeit und Stolz uns gegen Gott profilieren. Alle Probleme und alles Leid in der Menschheit und in jedem einzelnen Individuum hängen mit dieser Grundfrage zusammen. So gelten tatsächlich folgende Formeln:

Unabhängig-Sein von Gott = Selbsthilfe → Leid

Abhängigkeit von Gott = Demut = glaubendes Annehmen von Gnade → Wohlergehen

Es kommt eben nur darauf an, daß wir die Formen von Unabhängigkeit, die unser kapriziöses Ich erfindet und entwickelt, bei uns und bei anderen aufdecken.

3.1. „Der Machtmensch"

Macht haben und Einfluß nehmen durch Dominanz, starke Persönlichkeit, Reichtum und andere individuelle Machtmittel. Macht berauscht, weil man sieht, daß dann andere kuschen, kriechen und sich freiwillig unterwerfen. Für denjenigen, der ein inneres Defizit zudecken muß, geht damit die Rechnung zunächst einmal auf. Aber der Machtmensch handelt sich größere Nachteile ein: Dämonische Kräfte vielfältiger Art rauben an anderer Stelle Lust, Emotionalität, Beweglichkeit, Sensibilität, Frieden und Gelassenheit. Der Machtmensch ist um den Genuß gebracht, sich hingeben zu können und von anderen Schutz zu erfahren. Er braucht Befreiung.

3.2. „Der Launische"

Herrschen mit den spezifischen Reaktionsformen von Wut, Zorn, Unberechenbarkeit und launischem Verhalten: Unter diesen Verhaltensmodalitäten leidet der Verursacher selbst schon genug. Bei anderen bewirken sie häufig sichere Resultate in dem gewünschten Sinne: Die Umgebung wird verunsichert und weiß nicht, wie sie mit diesen Verhaltensweisen zu Rande kommen soll. Unsicherheit führt häufig zur Unterwerfung oder Einfallslosigkeit bzw. Passivität. Es ist unter solchen Umständen dann leichter, über seine Mitmenschen zu herrschen. Auch diese Rechnung geht scheinbar wieder glatt auf. Aber der Schein trügt. Der Autor dieses Verhaltens erfährt über die damit eingeladenen Fremd-Egos weitaus mehr Unlust, als er selbst an Lust gewinnt. Das Verhalten, das durch eine entsprechende dämonische Macht unterstützt wird, verselbständigt sich und versklavt die so handelnde Person selbst. Obendrein kommen vielfältige andere Kräfte dazu. Menschen, die also zu diesen Mitteln greifen, sind unglücklich, einsam, unstet, bitter, gefühlsarm oder gefühlsgestört.

3.3. „Der Aggressor“

Das ist also die Methode der Einschüchterung durch ungetarnte Aggressivität und rohe Beherrschungssucht. Wenn das von einer Person ausgeht, die alle anderen notwendigen Mittel, wie sicheres Auftreten, Wortgewandtheit und berufliche Fähigkeiten, mitbringt, dann sind die Auswirkungen verheerend. Der Aggressor erreicht sein Ziel, aber er selbst sieht sich ausnahmslos eingesperrt in ein Gefängnis von vielfältigen, dämonisch bedingten Deformierungen und internen oder äußeren Beraubungssituationen. Wer so vorgeht, ist in Wirklichkeit arm dran. Er hat vielfältige Zwänge am Hals.

3.4. „Der Weltverbesserer“

Der offene Rebell und querulatorische Weltverbesserer, der Eiferer, der mit skurrilen Weltanschauungen seine Umgebung terrorisiert ist eine Variante von den ersten drei Formen der Ich-Sicherung. Scheinbar geht es dem Eiferer und dem Rebell mehr um eine bestimmte Anschauung, die er zum Wohl anderer durchsetzen will. Aber das ist nur der Vordergrund. Dahinter läuft das bekannte Spiel ab: der Rebell oder Revolutionär hat eine Idee gefunden, hinter der sich seine Aggression und sein Haß gut verstecken und sogar als eine edle Regung tarnen lassen. Damit kann er dann die Menschen unterjochen und sich als Weltbeglükker und Wohltäter sonnen. Solche Menschen sind ausnahmslos dämonisiert. Viele Anhänger der Friedensbewegung, der alternativen Szene und der Dritte-Welt-Bewegung gehören hierher.

3.5. „Der Zyniker“

Zynismus und Sarkasmus sind Untugenden, die die Verlängerung und Verstärkung der Ironie darstellen. Hier ist das Zweckgerichtete und Zerstörerische deutlicher erkennbar als bei der Ironie. Will der Ironische noch mehr sich selbst erheben mit seiner überlegenen, distanzierten Reaktionsweise, so wird hier der Mechanismus des Anschlages und der Aggression deutlicher. Zynismus und Sarkasmus stören und zerstören, so daß am Schluß nur noch der Zyniker übrigbleibt. Alle anderen sind im Rundumschlag niedergemäht worden. Wer so die Menschen demütigt, wird selbst gedemütigt. Unfreiheiten an allen Ecken und Enden einer solchen Persönlichkeit sind unübersehbar. Das ist auch dann vorhanden, wenn diese Erscheinungen nur in Ansätzen vorhanden sind.

3.6. „Der Gefühllose“

Gefühllosigkeit ist häufig ein Schicksal, das man erfährt aufgrund von bestimmten Vorentscheidungen in anderen Bereichen oder durch Traumatisierung durch die Eltern. Gefühllosigkeit kann aber auch die Folge von willentlichen Entscheidungen sein, was häufig genug in der Anamnese (Krankenvorgeschichte) nachweisbar ist. Dadurch läßt man seine Umgebung leerlaufen oder auflaufen, was sehr weh tut und verunsichert, irritiert oder gar lähmt. Die körperlichen Entsprechungen können im Bereich von Perversion und Sadismus liegen. Menschen mit Armut an Gefühlen sind häufig Techniker und streng sachlich. An ihnen scheitern die Menschen mit normalem Gefühlsleben.

In dieser Konstellation liegt schon der Lustgewinn desjenigen, der sich dieser Technik bedient. Er herrscht über andere. Sein eigener Schaden ist aber offensichtlich: Weil ihm die Gefühle fehlen, fehlt ihm auch Frieden und Freude und all das Angenehme, das über unsere Emotionalität abläuft. Ein solcher Mensch braucht Befreiung. Er muß die früheren, verkehrten Entscheidungen rückgängig machen. Das bedeutet aber auch, daß er sich der Gnade unterstellt und damit im Glauben die sichere Erwartung ausdrückt, daß er sich Gefühle erlauben kann, weil Gott ihn schützt. Gefühllosigkeit ist nämlich unter anderem ein Panzer, mit dem man sich gegen andere wappnet und diese überrennt.

3.7. „Die Stimmungskanone“

Der Explosive, der Stimmungsmensch, die Stimmungskanone weist starke Überlappung mit dem Launischen auf. Der Unterschied liegt darin, daß nicht unbedingt die Bedrohlichkeit im Vordergrund stehen muß, sondern mehr der Überschwang an Gefühl, Motorik, Lebensfreude und Reaktionsstärke. Gegen ein solches Ausmaß an Reaktion kommt die Umgebung nicht auf, so daß sich eine Einbahnstraße ergibt. Wer zu diesem Verhaltensmuster greift, beherrscht damit indirekt seine Umgebung. Er läßt keine anderen Reaktionen und Einwände an sich herankommen. Er dominiert damit. Aber auch diese Haltung hat ihre Schadenseite mit vielfältigen Symptomen und Auffälligkeiten. Die Gesamt-Lustbilanz ist negativ.

3.8. „Der Schweiger“

Herrschen durch Schweigen, Sich-Zurückziehen und Isolierung sind Reaktionsformen, die die Kinder meistens schon bei ihren Eltern abgelesen haben und unter denen sie genug leiden mußten. Aber sie waren wirksam, so daß das Kind oder der spätere Erwachsene diese Verhaltensweise entdeckt oder wiederentdeckt, um dadurch sich durchzusetzen. Mit Schweigen und Auf-Distanz-Gehen oder Sich-rar-Machen kann man seine Umgebung zuverlässig tyrannisieren. Das geht noch besser, wenn die Umgebung sogar noch von einem abhängig ist.

Aber der Tyrann sperrt sich in sein eigenes Gefängnis ein und leidet entsetzlich. Obendrein holt er sich unkontrollierbare, andere dämonische Kräfte herein. Auch diese Reaktionsform zahlt sich nicht aus. Wer so herrschen will, wird selbst viel stärker beherrscht, als er Herrschaft über andere entfaltet. Zu diesem Verhaltenskomplex ist noch das Schmollen und Beleidigt-Sein als bewußtes Mittel der Machtausübung hinzuzurechnen. Es gelten auch dafür die uns mittlerweile bekannten Gesetzmäßigkeiten. Sie schlagen auf den Autor der Haltung voll zurück.

3.9. „Der Herrscher über Abhängige"

Hier liegt die Betonung auf Abhängige. Man sucht sich die Schwächeren, etwa die Eltern oder Geschwister oder die Kinder, um durch variable Mittel, die einem zur Verfügung stehen, sich eine relative Überlegenheit zu sichern. Aus diesen Gründen kann man sogar eine bestimmte Berufsentscheidung treffen, z. B. die des Lehrers, des Offiziers oder des Sozialarbeiters. Die Formel ist doch klar: mehr Image durch Überlegenheit über Abhängige. Man weidet sich an deren Angst oder Applaus oder an beidem.

3.10. „Der Menschengefällige"

Mit Menschengefälligkeit als Mittel und Lebensstil, um Bestätigung und Zuwendung zu empfangen, wechseln wir in eine neue Kategorie über. Ab jetzt gilt nicht mehr das Konzept, sich durch Machtausübung und Herrschen in direkter und plumper Weise eine relative Überlegenheit zu verschaffen. Nach wie vor wird zwar der andere gebraucht, aber man verschafft sich jetzt die Bestätigung und den Applaus dadurch, daß man ihm zu gefallen sucht und ihn bedient und möglichst seine Erwartungen aufspürt, um sie zu befriedigen. Dadurch erhält man seine Aufmerksamkeit, Freundlichkeit und Zuwendung, vielleicht sogar Liebe, wenn so Liebe zu verstehen und zu ernten ist.

Das Verfahren ist aufwendig, aber nicht sehr verläßlich. Niemand ist auf die Dauer bereit, immer nur Wohlgefallen und Wohlverhalten zu vermitteln. Wenn sich der Betreffende abwendet, ist dann Menschenfurcht als Kehrseite der Medaille die unumgängliche Folge. Das ganze Arrangement basiert auf der Lüge, daß so alle Beteiligten gut bedient sind. Das Gegenteil ist vielmehr der Fall. Alle Beteiligten binden sich gegenseitig und verlieren ihre Freiheit. Es gilt dann wieder dasselbe Wort: Verflucht ist der Mensch, der sich auf Menschen verläßt. Wer von Menschen holen will, wird ihr Gefangener und der von dämonischen Kräften obendrein.

3.11. „Der Liebessüchtige“

Der Liebeshungrige und Liebesabhängige, der sich in Bindungssucht an Menschen versklavt und Depression erntet, geht von Anfang an nach dem Muster des Menschengefälligen vor, aber handelt noch spezifischer. Er bindet sich an Personen, um von ihnen Liebe zu erpressen, sie auszusaugen und anzuzapfen und für sich verfügbar zu machen. Das endet immer in Unfreiheit und in Beziehungskatastrophen. Kurze Zeit erhält der Liebessüchtige das, worauf er scharf ist: Liebe. Und hat er Liebe empfangen, dann geht es ihm gut. Er erfährt eine Steigerung seiner Lust durch den Nebeneffekt der Herrschaft über den anderen, den er angezapft hat.

Aber nach kurzer Zeit bricht das System zusammen und endet in Depression, Menschenabhängigkeit, Lebensuntüchtigkeit und Verzweiflung. Und genau dahin wollten die beteiligten dämonischen Kräfte die Person führen. Viele weitere Deformierungen und Symptome an anderen Stellen haben hier ihre Ursache. Wer Freiheit erreichen will, muß dieses Arrangement aufdecken, revidieren und zerstören.

Es ist nicht in sich schuldhaft, keine Liebe zu haben und bedeutungsleer zu sein. Aber wir sollen uns nicht an Menschen wenden, um von ihnen zu nehmen, sondern nur an unseren Herrn. Von ihm bekommen wir indessen unbegrenzt Zuwendung und Liebe, bevor wir selbst lieben können.

3.12. „Der Ausbeuter“

Das Benutzen von Menschen, um sich ihrer Qualifikation und Fähigkeiten zu bedienen, geht folgendermaßen vor: Man bindet sich an Menschen, man hofiert und verschafft diesem gewisse Vorteile, um nachher dessen berufliche, menschliche und handwerkliche Potentiale und Qualitäten zu nutzen. In diesem Fall zielt man also weniger auf die Person selbst als auf ihre Funktion.

Auch hier herrscht die Methode der Unterjochung, wobei man sich allerdings selbst bindet, um nachher sekundär Vorteile zu bekommen. Das ist eine häufige Form in der menschlichen Gesellschaft und ein Mißbrauch von Beziehungen. Auch hier geht es in letzter Konsequenz darum, Macht und damit Überlegenheit zu bekommen.

3.13. „Der Mißtrauische“

Verachtung und Mißtrauen spielen sich mehr im Inneren ab und werden nur dezent nach außen gewandt. Aber die Äußerung erfolgt doch in dem Maße, daß es die Umgebung spürt. In der Verachtung dominiert stärker die Überheblichkeit und der Haß, im Mißtrauen mehr der Vorwurf der Unzuverlässigkeit und Unwürdigkeit. Beide Haltungen leben von dem vorausgesetzten Abstand an Wert zwischen dem Träger dieser Einstellung und demjenigen, auf den sie sich beziehen. Daraus kann man außerordentlich viel Überlegenheits- und Sicherheitsgefühl ableiten. Jedoch auch hier ist der Preis gewaltig: vielfältige Zwänge und chronische Charakterdeformierungen, die Leid erzeugen und von fremden Egos, also dämonischen Wirkkräften, unterhalten werden.

4. Stärkung durch soziale Investition

Für diese Formen der Ich-Stabilisierung ist es charakteristisch, daß sie schwer durchschaubar sind. Der sichtbare Anteil dieser Selbsthilfemaßnahme ist so edel, menschenfreundlich und sozial, daß dahinter das verkehrte Motiv kaum erkennbar ist. Insofern stellen sie eine Sonderkategorie dar. Der Einsatz des Hilfesuchenden ist überproportional groß und geschieht unter Verwendung von Verhaltensmustern, die allgemein als sittlich anständig oder besonders vortrefflich gelten.

4.1. „Der Supersanfte“

Der Supersanfte und sehr Nachgiebige, Freundlichkeit als Köderhaltung: Die Psychologie kennt diese Kategorie von Mitmenschen durchaus. Sie nennt sie z. B. die aggressiv Gehemmten. Von geistlicher Sicht sind alle sehr sanften und nachgiebigen Menschen, auch Christen, sofern sie nicht erkennbar gereifte Gläubige sind, die im Worte Gottes stehen, verdächtig darauf, zu dieser Gruppe zugehörig zu sein. Was ist der Trick, den diese Menschen anwenden? Man investiert zunächst einmal viel Freundlichkeit und ein sehr softes und supersanftes Verhalten, um damit seinem Gegenüber jegliche Aggression abzukaufen. Wer sich dieser Methode bedient, zieht seine Mitmenschen mit Freundlichkeit über den Tisch. Aber er tut es nicht aus Menschenfreundlichkeit, sondern aus der Angst heraus, daß er anderenfalls Ablehnung oder Widerstand erfährt, die er nicht ertragen kann. Er braucht statt dessen Bestätigung und Anerkennung, die er sich mit dem Einsatz von Scheintugenden erkauft oder dem anderen abnötigt. Also liegt hier ein Mißbrauch von Tugenden vor, wodurch Mitmenschen gebunden und dazu gezwungen werden sollen, nichts Widriges oder Nachteiliges zu denken oder zu sagen.

Dieses Konzept ist somit die Fortführung des Verhaltens, das wir beim Menschengefälligen, Liebessüchtigen und Ausbeuter kennengelernt haben. Auch wenn es noch so edel erscheint – es ist ein unheiliges Arrangement, seine Position auf Kosten anderer, die seelisch vergewaltigt werden, zu sichern. Somit unterliegt auch diese Verhaltensweise demselben Fluch, den wir bereits kennengelernt haben. Die Folgen sind Menschenfurcht, Ängste vielfältiger Art, Unsicherheit und vieles mehr.

4.2. „Der Hilfsbereite“

Praktische Hilfe und soziale Einstellung als Selbstverwirklichungsmodus: Jetzt wird es sehr schwierig, den Mechanismus der Selbstbefreiung und Selbsterlösung aufzudecken. Die hilfsbereiten und sozialen Menschen werden in der Gesellschaft gebraucht. Sie wissen das auch. Es gibt ja kaum eine höhere Ebene der Betätigung und der Einstellung als die, ein Menschenfreund zu sein. Wenn aber Jesus nicht der Motor zu dieser Haltung ist, dann muß die Triebfeder woanders sein. Es kann dann nur das verborgene Streben nach Anerkennung und Selbsterlösung sein, das sich aus der Überzeugung nährt, gut zu sein und zum Guten fähig zu sein. Während die Supersanften nach einiger Zeit doch bei den Menschen in ihrer Umgebung ein Gefühl des Unwohlseins und der Beklommenheit auslösen, was dann diesen den Verdacht nahelegt, daß da einiges nicht so ganz stimmt, sind die sozial Engagierten und die Hilfsbereiten von vornherein fein raus. Niemand wird sie verdächtigen, irgend etwas Eigennütziges und Unredliches im Sinne zu haben. Und doch ist genau das der Fall. Hier kann die Selbstgerechtigkeit ihre verborgenen Triumphe feiern. So seltsam es klingt, unter vielen sozial Hilfswilligen erfährt die humanistische und antigöttliche Rebellion ihre stärkste Ausprägung. Das ist dann der Hintergrund dafür, daß diese Menschen in so vielen Unfreiheiten und Zwängen sind, die in einem bizarren Gegensatz zu ihrer scheinbaren Hingabe an Menschen stehen. Es braucht viel Wahrhaftigkeit und Einwirkung des Heiligen Geistes, um dieses Arrangement zu durchschauen.

4.3. „Der Sozialarbeiter“

Hier handelt es sich also um die institutionalisierte Form dessen, was wir beim Hilfsbereiten schon gesehen haben. Die Haltung ist zum Beruf gemacht worden, damit sie auch wirklich festhält. Alles, was dort gesagt worden ist, gilt auch hier. Die Anfälligkeit für Ideologien unter Sozialarbeitern ist offensichtlich. Bei ihnen findet man viele Vertreter einer kirchlich-pietistischen Frömmigkeit, die die Diakonie zum Selbstzweck erhoben hat. Auf der anderen Seite des Spektrums sind die Verteter von unterschiedlichen Schulen der links-alternativen Szene. Beide scheinen äußerlich von Welten getrennt zu sein, und doch sind sie zum großen Teil im selben Boot. Sie alle stricken an dem Gewand der Selbstgerechtigkeit, um darunterliegende Blößen von Wert, Bedeutung und Image zu bedecken.

Natürlich gibt es eine soziale Einstellung aus richtigen Motiven. Das ist dann gegeben, wenn uns die Liebe Christi „dringet", indem wir erkennen, daß unser alter Mensch gestorben ist, weil wir im Glauben den Tod Jesu als für uns verbindlich anerkannt haben. Liebe kommt immer vom Herrn. Kommt sie von woanders, dann ist sie ein Ersatz aus der Werkstatt der Selbstgerechtigkeit.

4.4. „Der Liebesmakler"

Die unechte Liebe als Beherrschungs- und Strafmittel ist eine Liebe, die sich von Voraussetzungen bei den zu Liebenden abhängig macht. Es ist eine Liebe auf Wohlverhalten, Gehorsam, Anständigkeit, Leistung. Die wahre Liebe macht sich nicht von Voraussetzungen abhängig, sie ist bedingungslos.

Die Verhaltensweise der unechten Liebe wird in aller Regel von den Eltern eintrainiert. Das Kind erkennt instinktiv die verheerenden Auswirkungen und greift trotz allem Protest gegen den selbst erlittenen Unsegen eines solchen Verhaltens später doch zu derselben Methode. In diesem Verhaltensstil offenbart sich eine besonders rabiate und subtile Weise, Macht über Menschen auszuüben. Man benutzt jene Tugend, gegen die niemand etwas vorbringen kann – die Liebe. Aber natürlich ist es dann keine Liebe mehr, sondern ein Beherrschungs-und Disziplinierungsmittel, das andere unfrei macht.

Die dämonischen Kräfte erkennen natürlich diese Anrechte, die ihnen dadurch eingeräumt werden. Es ist ja eine Haltung der Täuschung, der Lüge, des Machtmißbrauches und der Zerstörung. Sie können nichts dafür, daß sie auf dieses Angebot eingehen müssen. Dazu zwingt sie ihr eigener Charakter. Sind sie aber einmal da, erzeugen sie Leid. Also ist auch das eine Rahmensituation, in der Befreiung vonnöten ist. Ich gehe davon aus, daß der Leser mittlerweile die Mechanik recht gut kennt: Es hat keinen Zweck, auf die diagnostizierten dämonischen Kräfte einzuwirken oder einzuschlagen. Solange der Mensch, der diese Haltung in eigener Verantwortung plant und durchzieht, sich nicht davon abwendet und Buße tut, also Gnade für sich begehrt und an andere weiterreicht, wird es nie zu einer wirklichen Heilung oder Befreiung kommen können.

5. Selbstbestätigung als Betreuungsfall

Unser lädiertes und defizitäres Ich geht seltsame und verschlungene Wege, um sich doch seine Lust zu holen. Ohne Lust kann kein Mensch leben.

Ist die Zerstörung der Persönlichkeit durch Einwirkungen aus der Familie und Kindheit so stark geworden, daß die bisher beschriebenen Macht- und Beherrschungsmaßnahmen nicht mehr möglich sind, weil die lädierte Person dazu nicht mehr die Energie und die Fähigkeiten aufbringt, dann bleibt noch ein anderer Weg: Man bietet sich als krankes, armes, geschlagenes und gebeuteltes Opfer an, um auf diese Art und Weise in sich selbst durch ein flink gefertigtes Märtyrerbewußtsein ein neues Selbstbewußtsein zu entwickeln oder von draußen seine Bedeutung durch Mitleid aufzubessern. Die zerstörte Persönlichkeit bringt also einen makaberen Einsatz, um dabei doch noch etwas herauszuholen, womit man leben kann.

5.1. „Der Empfindliche“

Wer regelmäßig im Befreiungsdienst tätig ist, wird dieser Verhaltensweise ununterbrochen begegnen. Wir können nicht in Empfindlichkeit bleiben und gleichzeitig Freiheit durch Jesus haben wollen.

Das empfindliche Reagieren offenbart zunächst einmal ein Getroffen-Sein vom Verhalten des anderen. Das ist für sich nur dann möglich, wenn man ohne Vertrauen und ohne Liebe lebt. Glaube und Liebe sind erstrangige Panzer, die uns vor der Verletzung bewahren. Der Empfindliche ist jedoch nicht nur getroffen, sondern offenbart auch in einer fein dosierten Form diese seine Verletzung. Dahinter ist eine Haltung von Abscheu, Überheblichkeit, Trauer und Pikiert-Sein darüber, daß der andere so primitiv sein kann und ihn mit seinen eigenen zarten Regungen so mißverstehen und brutal behandeln kann. Empfindlichkeit ist also eine Reaktion und ein Ausdruck des Stolzes, und präsentiert dem Empfindlichen in seinem Bewußtsein das erwünschte Resultat, daß der andere unwert und primitiv sei, während er selbst mit seiner edlen Strebung und Gesinnung sein Opfer geworden sei.

Der Empfindliche entnimmt seiner Empfindlichkeitsreaktion Lust! Er sieht seine insgeheime, moralische Überlegenheit und genießt bei allem Schmerz die Tatsache, daß der andere primitiver und gröber ist als er selbst.

Empfindlich-Sein heißt getroffen und verwundet sein. Es funktioniert mithin dieser Teufelskreis nur dann, wenn der Empfindliche nicht vergibt! Würde er mit der Gnade Jesu, die er empfangen hat, dem Aggressor vergeben, so müßte er auf diese bestimmte feine Lust verzichten, die in der Arroganz seiner Empfindlichkeitshaltung liegt. So sehen wir, daß die Empfindlichkeit in sich zwei Flüche entbindet: Zum einen offenbart sie als Wurzel Stolz, zum anderen zwingt sie zur Unversöhnlichkeit. Beides schafft aber nach der Schrift Anrechte für die Invasion finsterer Kräfte.

5.2. „Der Selbstmitleidige“

Die Haltung des Selbstmitleides ist eine Steigerung der Empfindlichkeitshaltung. Empfindlichkeit ist noch eine mehr punktuell auftretende Reaktionsform und führt nach und nach zur Bitterkeit. Selbstmitleid ist mehr eine durchgehende Haltung und führt geradewegs zur Depression.

Der Selbstmitleidige kultiviert seine Empfindlichkeit und züchtet in ihr stärker als der Empfindliche die Lustgewinne des Märtyrerbewußtseins, der moralischen Überlegenheit, der größeren inneren Differenziertheit und des Verkannt-Werdens. Im Selbstmitleid erblickt der Betroffene immer sich selbst als den Leidtragenden, der einfach das Opfer seiner guten Absichten und der bösen Wünsche seiner Umgebung werden mußte. Dabei werden eigene Haß- und Rachegelüste sowie die primitiven, egoistischen Strebungen kunstvoll umdeklariert, so daß sie im Gefühlserleben den anderen unterstellt werden.

Diese Umdrehung macht das Selbstmitleid so genußvoll und sorgt dafür, daß es gern gesucht wird. Natürlich muß der Selbstmitleidige Leid hinnehmen, was er in seinem Abgewiesensein und in seinen inneren Schmerzen erlebt. Aber er bekommt dabei auch die innere Bestätigung, daß er ein edler, wenn auch verkannter Mensch ist. Er ist gleichsam jemand, dessen seine Umgebung nicht wert ist.

Selbstmitleid kommt häufig vor und muß radikal und völlig aufgedeckt und als ein krebsartig wucherndes, seelisches Geschwür aus der Persönlichkeit herausgeschält werden. Das geht durch die Gnade Gottes und die Wahrnehmung seiner Liebe.

Wer erkannt hat, wie Jesus wirklich ist und wieviel Liebe der Vater hat, der braucht nicht zu dieser fragwürdigen, selbstzerstörerischen und süß-säuerlichen Maßnahme zu greifen. Er kann damit auch alle weiteren bösen Folgen dieser Haltung vermeiden.

5.3. „Der Kranke“

Der Genuß, den das Selbstmitleid verschafft, ist begrenzt. Manche können sich damit nicht begnügen. Sie helfen sich dadurch, daß sie sichtbare Schwächen, Krankheiten und Nöte oder gar Gebundenheiten durch andere dämonische Kräfte ihrer Umgebung anbieten, um dadurch deren Mitleid zu erheischen. Wenn dieser Mechanismus gebraucht wird, muß die Krankheit oder das jeweilige Handicap entsprechend deutlich gezeigt werden. Damit erfährt es in den meisten Fällen eine Zunahme an Intensität, was wiederum eine Vermehrung von Leid bedeutet. Wir sehen also, daß man einen fragwürdigen und bedenklichen Einsatz bringen muß, um dadurch etwas zu ernten.

Aber in den meisten Fällen klappt es. So kommen Hilfsmaßnahmen zustande, durch die man Zuwendung, Aufmerksamkeit und auch die praktische Hilfe Dritter erfährt. Der Lustgewinn, den man sich dadurch verschafft, ist ein doppelter. Einerseits holt man sich selbst auf diesem Wege Liebe, wenn auch genötigte Liebe. Diese tut wohl, aber sie führt zur Sucht. Dadurch wird indirekt die Krankheit verewigt. Andererseits übt man damit auch einen Zwang auf seine Umgebung aus, indem man sie anstellt und regelrecht zwingt, bestimmte Maßnahmen zu ergreifen. Man macht dadurch Menschen seiner Umgebung von sich abhängig.

Diese Verhaltensweise ist von großer Unsicherheit und Angst begleitet, weil man nie wissen kann, wann andere einen im Stich lassen. Instinktiv spürt der so Handelnde, daß er seine Krankheit damit benutzt und zementiert. Auch hier ist die Lust-Leid-Bilanz negativ; ganz abgesehen davon, daß man durch diesen Mißbrauch von Krankheit und von Menschen sich zusätzliche negative Kräfte aus der unsichtbaren Welt an den Hals hängt.

Wenn irgendwelche Symptome oder Charaktereigenschaften vorliegen, die das Vorhandensein von ich-fremden Kräften nahelegen, muß ein derartiges Verhaltensgefüge restlos aufgedeckt und ebenfalls durch Gnade beseitigt werden. Anderenfalls gibt es keinen Fortschritt. Wer Krankheit und Lüge gebraucht, kommt nun einmal in den Bann der dämonischen Welt – ja, er ist damit schon mittendrin.

5.4. „Der Depressive“

Es klingt für den Leser vielleicht absurd, daß ausgerechnet die Depression, diese arge Geißel der Menschheit und besonders der neueren Zivilisation ein Mittel sein könnte, mit dem die Depressiven ihr Ich stärken könnten. Aber so ist es. Die Depression ist die Verlängerung von Selbstmitleid, wobei jedoch das Leid ein so starkes Übergewicht gefunden hat, daß der Genußanteil kaum mehr erkennbar ist. Aber doch steht am Anfang jeder Depression eine Entscheidung für sie!

Die Symptomatik der Depression ist davon gekennzeichnet, daß Lähmung und Trauer sowie Schwermut überhandnehmen und häufig mit einem Verdammnisgefühl einhergehen. Der Depressive verurteilt sich selbst, er hält sich für so unwert, daß er verdammenswert ist. Er kann vor sich und vor der gesamten Menschheit nicht bestehen. Er kann sich selbst nicht vergeben und meint, daß auch Gott ihm nicht vergeben könne. Damit wird die Lüge in ihrem ganzen Umfang aufgedeckt. Gott vergibt immer. Und wenn er vergibt, dann können wir auch Vergebung für uns annehmen. So liegt es also nicht an den anderen Menschen und auch nicht an Gott, sondern an uns selbst, daß wir nicht zur Vergebung durchdringen. Unser Stolz und die Annahme der Lüge verhindern das.

Wir halten fest: Stolz und Lüge, dieses unedle Geschwisterpaar, sind die Fundamente der Depression. Der Depressive hat frustrierte Größenideen, die jedoch nicht realisiert werden können. So genießt er wenigstens die Träume in der Haltung des Sich-abgelehnt-Fühlens und in der Haltung des Unwert-Seins.

Daneben ist jede Depression noch eine handfeste Belastung für die Umgebung. Ein Depressiver kann eine ganze Familie, wenn nicht gar noch mehr Menschen in den Bann schlagen und beschlagnahmen. Der Raub, der typisch ist, den die gerufenen bösen Geister besorgen, ist überall ersichtlich.

Mit der Depression gehen Suizid-Gedanken und Todeswünsche sehr häufig einher. Natürlich haben sie in den meisten Fällen ihre Begründung in dem elterlichen Verhalten, in welchem sich die Todeskräfte ausgedrückt haben. Aber dennoch kann und wird sehr häufig das Todesprinzip vom Depressiven selbst gesucht. Mit seinen Suizid-Gedanken straft er in seiner Vorstellungswelt seine Umgebung, von der er sich abgelehnt und mißhandelt fühlt. Seine Todeswünsche sind Ausdruck von Rachegedanken und ebenfalls Strafmaßnahmen, womit er sich an anderen schadlos halten will.

Stärker als ich es in meinem früheren Buch „Heilung durch sein Wort" gesehen und ausgedrückt habe, sehe ich heute, daß auch die Depression ein direktes Werk dämonischer Kräfte ist. Aber hier gilt ganz besonders die Tatsache, daß der Kranke das Wesentliche dazu beizutragen hat, daß er gesund wird. Er muß erkennen, mit welchen Entscheidungen er die Vorbereitung für die Depression getroffen hat. Er muß sich dazu stellen, daß sein Leben voll von Stolz und Selbstmitleid und latenten Beherrschungswünschen war und muß sich in einer reifen Entscheidung davon trennen. Natürlich braucht der Depressive Liebe, um dadurch motiviert zu werden, die Wahrheit zu ergreifen. Aber es muß wirklich eine Liebe sein, die zur Verantwortung und zur Wahrheit führt. Dann kann Befreiung stattfinden, in den meisten Fällen sogar schlagartig!

5.5. „Der Resignierende"

Wo steckt die Leistung in der Resignation? Wie will der Resignierende sich mit dieser Haltung noch einen Vorteil verschaffen, der ihm irgendwie und irgendwo eine Ich-Stärkung verschafft? Das ist tatsächlich nicht leicht einzusehen. Resignation hat viel mit der Depression gemeinsam. Sie geht jedoch nicht so tief wie diese. Wer resigniert, der resigniert nur in Hinsicht auf ein bestimmtes Aufgabengebiet oder ein bestimmtes Thema. Er ergibt sich der Passivität und vielleicht auch einer umschriebenen Verzweiflung, weil er sieht, daß die Zeit oder seine Umgebung noch nicht reif ist für bestimmte eigene Wünsche, Erwartungen und Ziele. In der Resignation ist auch die Anklage und der Vorwurf gegenüber der Umgebung enthalten, daß diese zu primitiv und zu egoistisch ist. Die Resignation enthält zweifelsfrei eine gewisse Portion von Trauer über die Unzulänglichkeit anderer und die Wahrnehmung der eigenen Überlegenheit, zumindest der moralischen Überlegenheit. Niemand resigniert aus der Erkenntnis heraus, daß er selbst etwas nicht zuwege gebracht hat. In der Resignation steckt die Enttäuschung über das Versagen der anderen. Insofern enthält auch die Resignation wieder die alte, wohlbekannte Komponente der eigenen Höherbewertung und der Abwertung der anderen.

Liegt irgendwo in der seelischen Landschaft eine Resignation vor und soll Befreiung geschehen, so muß tatsächlich diese auf ihre wahre Begründung hin untersucht und bearbeitet werden, so daß der Herr nach Aufkündigung des Stolz-Hintergrundes seine Gnade fließen lassen kann.

6. Bestätigung durch Schein

Das Besondere dieser Gruppe ist das Vorherrschen der Täuschung als eine mehr oder weniger bewußte und gewollte Maßnahme, um kurzfristig doch Eindruck in der Umgebung zu machen. Wer so vorgeht, der weist nicht mehr eine echte Leistung oder Fähigkeit vor. Dazu ist er nicht mehr imstande. Er täuscht nur etwas vor. So geht er besonders stark und frivol mit der Lüge um, die in den meisten Fällen bis zum Grotesken gebraucht wird, um wenigstens einige Minuten lang von den Zuschauern oder Zuhörern Bestätigung zu erfahren.

6.1. „Der Lügner“

Natürlich bestehen alle bisher besprochenen Selbsthilfemaßnahmen letztlich aus Lüge. Aber bisher war sie weitgehend verborgen und den Beteiligten selbst kaum bewußt. Hier aber begegnen wir der Lüge, der Übertreibung oder Untertreibung als bewußtes Mittel, kurzzeitig Eindruck zu schinden. Der Betreffende, der das gerade tut, weiß oder müßte wissen, daß er nach wenigen Sekunden bis Minuten durchschaut wird. Zu häufig hat er Anschauungen davon bekommen, wie das für ihn nachteilig und peinlich ist. Aber nachdem er sich über mehrere andere Stationen erst einmal für die Lüge entschieden hat, ist er nicht mehr imstande, das zu bremsen. Er steht dann unter einem Zwang der Lüge und des Größenwahnsinns. Auch er holt sich dadurch seinen Lustgewinn, selbst wenn er ununterbrochen tiefer auf der sozialen Leiter abgleitet. Aber der Lügner ist nicht mehr imstande, den Zusammenhang zwischen seiner Lüge und seinem Ergehen festzustellen. Er hängt sich sklavisch an seine sekundenlangen Triumphgefühle und ist genötigt, jedesmal den Reiz größer werden zu lassen, damit er zu ähnlichen Bestätigungen kommen kann.

6.2. „Der Angeber"

Der Angeber im engeren Sinne ist der nicht-verbale Lügner. Natürlich gebraucht er auch seinen Mund, um das Ziel des Beeindruckens und Angehimmelt-Werdens zu erreichen. Aber er gebraucht überwiegend die indirekten Mittel dazu, auch wenn sie sehr plump sind. Er bringt keine Leistung mehr zustande, sondern täuscht sie nur noch vor. Lüge und Angeben sind meistens miteinander verbunden.

6.3. „Der Unauffällige"

Keine positiven und auch keine negativen Merkmale und Auffälligkeiten zu haben ist in den Augen vieler die beste Gewähr, gut durchs Leben zu kommen. Solche Menschen verhalten sich aalglatt und betont unauffällig, so daß sie nie in Bedrängnis kommen können, nie zu großen Leistungen aufgefordert werden und deswegen auch nie eine Blamage einstecken müssen.

Ihr Lustgewinn liegt darin, daß sie mit einem Minimum an Aufwand und ohne Verletzung gut durchkommen. Sie wollen es am Ende gut haben, was ja auch etwas wert ist. Deswegen vermeiden sie alle Extreme, alle Forderungen, alle Herausforderungen, alles, was aus dem Rahmen fällt. Aber sie bekommen tatsächlich auch nichts dafür. Merkmale solcher Menschen sind Angst, Unsicherheit, Ereignislosigkeit, Gleichgültigkeit, Flachheit des Denkens, Fühlens und der Einstellung.

6.4. „Der eitle Selbstgerechte“

Der Selbstgerechte kommt mehrfach vor. Es gibt den moralisch angestrengten Selbstgerechten, der tatsächlich viel Mühe darauf verwendet, moralisch integer zu sein. Dann gibt es den Selbstgerechten der religiösen Spielart. Auch der wird noch zu untersuchen sein. Und schließlich haben wir uns hier mit dem Selbstgerechten zu beschäftigen, der für andere erkennbar weit von jeder höherwertigen Sittlichkeit entfernt erscheint. Diese Kategorie von Selbstgerechten hat große Ähnlichkeit mit den Hysterikern. Sie machen sich zunächst selbst etwas vor und anschließend anderen. Sie glauben, daß sie moralisch einwandfrei leben, weil sie durch ihren Stolz die gröbsten Fehler und Unarten an sich selbst nicht wahrnehmen können. Anschließend präsentieren sie die von ihnen gemutmaßte Redlichkeit ihrer Umgebung, wobei sie gewaltig und peinlich überziehen und so nur wenig Gewinn an Bestätigung und Anerkennung finden können. Aber diesen schlechten Ertrag machen sie wett durch die subjektiv eingebildete Vortrefflichkeit, die sie in ihrer Phantasie auskosten.

7. Selbsterhöhung in der Phantasie

Für diese Gruppe ist es typisch, daß der Realitätsbezug völlig verlorengegangen ist und der Belastete sich auf sich selbst zurückgezogen hat. Alles, was er an Großem und Schönem sein will oder erreichen will, vollzieht sich nur in der Innenwelt seiner Phantasie. Es gibt keine echte Leistung mehr nach draußen, nicht einmal die des Angebens. Es handelt sich hier also um ein stilles und abgeschlossenes System der Lüge, das häufig eine Art von Vorstufe zur Psychose ist.

7.1. „Der Träumer“

Bedeutend will jeder Mensch sein. Gelingt es nicht in der Außenwelt, dann muß einfach die Phantasie herhalten. Sie ist geduldig, und in ihr kann man die gewaltigsten Ziele konzipieren und erreichen. Wer sich lange in dieser Traumwelt aufhält, glaubt schließlich an die Realität seiner Trauminhalte, so daß sich in seinem Bewußtsein Außen- und Innenwelt allmählich vermengen. Natürlich ist das eine Lebensform der Lüge, die allein schon deswegen die Befreiung verhindern wird. Obendrein ist es wiederum ein weiterer Versuch des Ichs, sich wenigstens ein gewisses Kontingent von Lust und Bedeutung zu verschaffen und sei es auch nur auf diesem untauglichen Wege.

Wenn das ganze Evangelium vorgestellt wird, das Freude, Freiheit und Lust heißt, kann auch hier Befreiung eintreten.

7.2. „Der Süchtige“

Wir müssen die Drogenabhängigkeit und jede Suchtform von ihrem doppelten Charakter her erkennen. Natürlich ist sie für uns in erster Linie das Endstadium einer Kette von vorgelagerten Fehlentscheidungen und Fehlhaltungen. Auf der anderen Seite, und darauf kommt es in diesem Zusammenhang an, ist der Griff zur Droge in sich eine Maßnahme der Ich-Stabilisierung. Man holt sich einfach seine Lust und Überlegenheit auf direktem Wege ohne Leistung und ohne Lüge, indem man mit einem chemischen Mittel sein Zentralnervensystem zu bestimmten wohligen und selbstbestätigenden Gefühls- oder Wahrnehmungsreaktionen veranlaßt. Damit koppelt sich der Drogenabhängige gänzlich von seiner Außenwelt und von seiner Verantwortung ab. In einer Weise ist es ein genialer Kunstgriff, auf kürzestem Wege viel Lust, Ruhe oder auch Größenbewußtsein zu empfangen.

Und doch ist dieses Verfahren nicht frei von Lüge. Jede Droge, die mit diesem Vorsatz eingenommen wird, ist ein Verstoß gegen das göttliche Grundgesetz, daß Gott der Geber von Freude, Lust und

Kraft sein will. Insofern kollidiert eine solche Maßnahme mit der Wahrheit Gottes und ist eine unmittelbare Einladung zur Invasion dämonischer Kräfte.

Das muß der Seelsorger wissen: Der Drogengebrauch ist für sich bereits ein okkultes Geschehen. Es ist in der letzten Konsequenz eine Maßnahme, Gott auszuschalten und an ihm vorbei sich seine Erlösung zu verschaffen.

7.3. „Der Gehemmte"

Gewiß hat die weit verbreitete Charakterschwäche der Gehemmtheit vielfältige Ursachen. Zum Beispiel spielt die Angst dabei eine bedeutende Rolle. Aber man muß auch das Moment der Vermeidung darin erkennen, das die relative Stabilisierung des eigenen Ichs fern von jeder Bedrohung und Infragestellung zu erreichen sucht. Der Gehemmte und der Scheue genießt in der Phantasie, was er sich in seinen Außenbekundungen verkneift.

Wenn man in sein Inneres hineinschaut, sieht man sehr viel verdrängtes, elitäres Denken und Größenideen. Der Gehemmte hat fraglos noch mehr Kontakt zur Außenwelt als der Träumer, weil er ein regelrechtes Vermeidungssystem innerlich aufbauen muß. Er möchte aber seine relative Stabilität nicht durch Unruhe und Bedrohung oder Gefahr erschüttert sehen. So genießt er, von einigen doch nicht vermeidbaren Irritationen abgesehen, im Stillen das, was er gerne in der Außenrealität sehen würde, aber für ihn nicht erreichbar ist.

Wer sich mit dieser Dimension von Leben zufriedengibt, der arrangiert sich wiederum mit der Lüge und auch mit der Angst und glaubt, daß er sich selbst schützen muß. Auch er ist somit in der großen Truppe der Selbsterlöser.

7.4. „Der latente Selbstmörder"

Der Selbstmörder kam schon unter dem „Depressiven" vor. Nun gibt es aber nicht wenige Menschen, die mit Todesgedanken und

Selbstmorderwägungen spielen, ohne manifest depressiv zu sein. Sie ergötzen sich an der inneren Möglichkeit, bei Bedarf doch sofort auszusteigen. Das gibt ihnen Sicherheit, Ruhe und den Eindruck von Souveränität. Sie können über ihr Leben verfügen. Es ist offensichtlich, daß auch diese Haltung, die doch eine gewisse Unabhängigkeit vermittelt, aus mehreren Gründen zum Fluch führen muß. Erstens ist sie eine Form der Selbsterlösung. Zweitens spielt sie mit dem Tod und greift damit in Befugnisse hinein, die uns nicht gegeben sind. Drittens hat der Umgang mit Tod, wie wir bereits gesehen haben, auch immer etwas mit Maßnahmen von Rache und Strafe zu tun. Diese Haltung stellt einen idealen Nährboden für viele dämonische Kräfte dar, die in der Nähe zu den Haltungen des Selbstmordes stehen.

8. Profilierung Gott gegenüber

Die Besonderheit dieser Gruppe von Reaktionen unseres Ichs liegt darin, daß der Partner, vor dem man sich beweisen möchte, Gott selbst ist.

8.1. „Hiob“

Pochen auf eigene sittliche Unversehrtheit und Makellosigkeit, um dadurch vor Gott Recht zu bekommen: Das ist das Hiob-Syndrom. Hiob glaubte, daß er gerechter wäre als Gott, der doch so schlimme Dinge zuläßt. Er hätte diese in seiner tadellosen Haltung nicht verdient. Der Selbstgerechte, der immer auch der Gesetzliche ist, verweist vor Gott auf seine Bemühungen, seinen Verzicht und seine Opfer. Er ist ehrlich davon überzeugt, daß er den Willen Gottes hundertprozentig erfüllt hat.

Seine Blindheit ist genauso katastrophal wie rührend. Leider sind die Auswirkungen keineswegs rührend und lieblich. Satan macht sich diese totale Verkennung zunutze, die gleichermaßen völlige

Lüge und Überheblichkeit ist, um auf dieser Grundlage sein Werk zu tun – und er darf es.

Der Selbstgerechte verweist ja auf seine Gerechtigkeit, das heißt, er glaubt, alle Gebote der Sittlichkeit erfüllt zu haben. Damit erklärt er seine faktische Unabhängigkeit von Gott, was ein Frei-Sein von allem, was göttlich ist, bedeutet. Das mutet vielleicht an wie ein sehr abstrakter und theoretischer Hintergrund, der im seelsorgerlichen Alltag doch keine Bedeutung hat. Diese Bewertung ist jedoch von allergrößtem praktischen Belang.

Die Befreiung steht und fällt mit der Klarheit an dieser Stelle. Wenn an Jesus Gläubige nicht wahrnehmen, ob und wo sie in der Gesetzlichkeit und Selbstgerechtigkeit leben, werden sie keinen Zentimeter vorankommen. Der Feind hat mit dieser ihrer Vorentscheidung das volle Recht, sie zu plagen und zu lähmen.

Wenn wir irgendwo die Hilfe des Heiligen Geistes brauchen, um diesen Hintergrund anschaulich und verstehbar zu machen, dann an dieser Stelle. Die meisten Heilungen und Befreiungen, die nicht stattfinden, haben etwas mit dieser entscheidenden Wahrheit zu tun!

8.2. „Der militante Moralist“

Der Moralist mit der erhobenen Faust ist militant und rebellisch. Er setzt sich für die gute Sache ein und sieht sich von Gott dabei gebremst. Viele Ideologen wie Marx und Lenin gehören zu dieser Gruppe. Sie meinen, einer guten Sache zu dienen – wiewohl sie doch wissen, daß sie viel Leid und Blutvergießen gebracht hat – und sehen sich dabei von Gott gehindert. Sie möchten gleichzeitig dem Recht zum Durchbruch verhelfen und Gott entmachten.

Diese Menschen sind mehr als alle anderen Kategorien von Belasteten in der Gefahr, in totale Finsternis zu geraten. Solche Fälle weist die Geschichte in großer Anzahl auf.

8.3. „Der Religiöse“

Die feinste Form des Stolzes, und damit der Unabhängigkeit, ist Religiosität. Wir definieren Religiosität als ein menschliches Bemühen, durch menschliche Kraft und Verdienste die Brücke zu Gott zu schlagen. Eine solche Form von Frömmigkeit geht wohl davon aus, daß es einen Gott gibt und daß wir in Beziehung zu ihm treten sollen, aber sie glaubt, daß unsererseits der Weg zu Gott möglich ist.

Das Evangelium berichtet uns aber davon, daß Jesus von der himmlischen Herrlichkeit zu uns kam, weil es unsererseits keine Möglichkeit gibt, in unserer Kraft und Vollkommenheit zu Gott zu gelangen.

Wer an dieser Wahrheit vorbeigeht, verkündet damit seine Überzeugung, dem Maßstab Gottes mit eigener Kraft gerecht werden zu können. Indem er sich an diesem höchsten Maßstab mißt, beweist er die größte Arroganz. Er weiß nichts davon, daß nur Gott allein gut ist und jenseits von ihm nichts Gutes ist. Demnach versteht er Gnade nicht, und so ist sein ganzes Leben eine einzige Verkennung von Wahrheit, Wort Gottes, Glauben, Liebe und Leben.

Das ist das Kunststück, das viele Gläubige fertigbringen: Generell wissen sie sich von Gott durch Gnade erlöst. Aber in weiten Bereichen ihres Alltages verhalten sie sich religiös. Sie wollen Gott beeindrucken und bekehren mit bestimmten Ritualen, Gebetsformen, Sakramenten und Leistungen. Damit unterwirft man sich erneut dem Fluch des Gesetzes, dem wir durch Jesus längst entkommen sein sollten.

9. Praktische Hinweise

Dieses Kapitel ist also eine Aufzählung von Verhaltensmustern, in denen sich Stolz, Unabhängigkeit und Selbstgerechtigkeit ausdrücken. Wer diese Verhaltensweisen in seinem Leben oder im Leben der ihm anbefohlenen Seelsorgefälle erkennt und richtig darauf eingeht, hat den wichtigsten Beitrag zur Befreiung bewirkt. Es ist möglich, mit der Hilfe des Heiligen Geistes zu erlernen, welches die vielfältigen Gesichter des Stolzes sind. Alle Krankheitsnot, überhaupt jede Form von seelsorgerlicher Problematik, die die Menschen zu uns treibt, hat irgendwo etwas mit diesem Kernproblem zu tun.

Wer tatsächlich abhängig von Gott ist, ist nicht in Nöten. Tatsächliche Abhängigkeit von Gott ist die beste Vorbereitung für die Befreiung, weil damit die finsteren Kräfte bloßgestellt werden und ihre Verbindung mit der Person, die sie bislang gequält haben, auflösen müssen. Wenn dann das Wort des göttlichen Befehls aus unserem Munde erfolgt, geschieht Befreiung!

Zum Schluß noch einige Gedanken und Anregungen, wie man mit diesen unterschiedlichen Formen von Selbsthilfe-Reaktionen verfährt. Unser Ziel beim Aufdecken dieser Reaktionsweisen des Ichs – die scheinbar hilfreich sind, aber in Wirklichkeit den Fluch herbeiziehen – war es, eine Diagnose und Hintergrunderhellung der vorliegenden Störungen und Unfreiheiten zuwege zu bringen, um damit auch gleichzeitig die Linien der Therapie sichtbar zu machen.

Natürlich kann alles der Heilige Geist durch die jeweils operierenden Gaben des Wortes der Erkenntnis und der Geisterunterscheidung bewirken. Aber wir können und wir sollen auch das Wissen einsetzen, das uns zur Verfügung steht. Insofern ist es wichtig, all diese Komplexe erst einmal zu kennen, um sie später durch entsprechende Fragen entdecken zu können. Die Kenntnis der Krankheitserscheinungen und der Vorgeschichte führt immer geradewegs zu den wichtigsten Entdeckungen. Ich möchte folgendes Vorgehen aufgrund meiner Erfahrung vorschlagen, weil man dadurch sehr schnell zu den wichtigsten Aufschlüssen kommen wird: Die Kenntnis der Symptomatik, die den Belasteten überhaupt zum Gespräch bewegt hat, ist gleichbedeutend mit der Kenntnis der dahinter befindlichen Haltungen und dämonischen Komponenten. Auf der anderen Seite finden wir dann die frühkindlichen Verletzungen und Beeinträchtigungen mit ihren häufig sehr charakteristischen Erscheinungsformen.

Es werden sich in den allermeisten Fällen keinerlei Probleme einstellen, die klassischen Konstellationen von Verwundung und Reaktion aufzudecken. Die Auswirkungen im Umkreis von Ablehnung, Vernachlässigung, Nicht-geliebt-Werden, Minderwertigkeitsgefühlen springen schnell ins Auge, wenn man erst einmal diese Zusammenhänge kennengelernt und verstanden hat.

Von der Art der frühkindlichen Zerstörungs- und Entsagungszustände her ist es dann sehr leicht, diese Verbindung zu dem Endresultat – der vorliegenden Symptomatik – herzustellen. Obendrein bietet ja die restliche Vorgeschichte genug Stoff und Auffälligkeiten, so daß man sich nach und nach von einer Entdeckung zur anderen bewegen kann. Dabei wird man beträchtliche Anteile der Selbsterlösungs-und Selbstbefreiungsmaßnahmen des Ichs entdecken, die in diesem Kapitel beschrieben sind.

Ganz selten handelt es sich dabei nur um ein oder zwei Komplexe, die der Befreiung Suchende entdeckt. Sehr viel häufiger ist es, daß eine größere Anzahl von fünf, acht, zwölf oder fünfzehn Fehlhaltungen nach und nach erkennbar wird. Kommt der Seelsorge Suchende gut vorbereitet in das Gespräch, das heißt, weiß er, wer er in Christus ist, und hat er eine entwickelte Fähigkeit zur geistlichen Selbstbeobachtung und Reflexion, dann kann ein solches Verfahren im Extremfall manchmal nur eine viertel oder eine halbe Stunde dauern. In den meisten Fällen wird jedoch dieses Vorgehen mehr Zeit beanspruchen.

Selbstverständlich sollte der Seelsorger in der Zeit, wo er Fragen stellt und Antworten bekommt, still mit dem Heiligen Geist kommunizieren, damit er von diesem die richtigen Anregungen, Aufschlüsse und Zusatzfragen bekommt.

In dem Maße, wie der Prozeß voranschreitet, wird üblicherweise der Hilfesuchende geistlich immer sensibler werden und dabei immer leichter und schneller unter der Mithilfe des Seelsorgers die wichtigsten Formen der Selbstverwirklichung wahrnehmen und mutig aussprechen. Es muß in diesem Zusammenhang wirklich betont werden, daß Wahrhaftigkeit die entscheidende Größe in dem ganzen Geschehen ist. Fehlt es an ihr, dann ist der gesamte Prozeß ertraglos.

Schließlich möchte ich noch auf eine Gesetzmäßigkeit hinweisen, die ich das „Kohlkopf-Phänomen" nennen möchte. Sehr häufig vermag der Hilfesuchende nicht auf Anhieb hintereinander weg die einzelnen Komplexe von Fremdschädigungen und Selbstverwirklichungsformen aufzulisten. Diese sind dann gleichsam nicht nebeneinander, sondern hinter- oder untereinander in der inneren Struktur seines Charakters schichtweise gelagert. Wie man bei einem Kohlkopf eine bestimmte Blattschicht erst dann zu Gesicht bekommt, wenn man die darüberliegende entfernt hat, so ist es dann auch in der Vorbereitungsarbeit beim Befreiungsdienst. Erst wenn die erste Schicht weggenommen worden ist, wird die zweite sichtbar. Diese wiederum läßt die dritte erst dann offenbar werden, nachdem sie entfernt ist. So kann es sehr wohl zutreffen, daß erst mit fortschreitender Befreiung weitere entscheidende Fehlhaltungen entdeckt werden.

Ich bin davon überzeugt, daß jeder lernwillige Leser imstande sein wird, die wichtigsten Aufschlüsse zu erhalten, wenn er mit diesem Verfahren die drei lebensgeschichtlichen Eckdatenbereiche zusammenbringt: Art der Symptomatik, Art der frühkindlichen Beeinträchtigung und Art der Auffälligkeiten im Leben und Reagieren in den dazwischenliegenden Lebensabschnitten.

Alle einzelnen, negativen Verhaltensweisen haben, wie ich es häufig genug herausgestellt habe, einen eigenen persönlichen Anteil, für den der betreffende Mensch selbst die Verantwortung hat. Dazu kommt dann die Fremdkomponente durch die dämonische Kraft, die genauso wie die zugehörige psychologische Komponente benannt ist.

Soll nun eine Befreiung von irgend einem einzelnen, beschriebenen Symptom stattfinden – nehmen wir zum Beispiel an, es handelt sich um eine Migräne – dann werden wir auf dem Anmarschweg hin zu diesem entscheidenden Punkt eine ganze Anzahl der beschriebenen Verhaltensformen erkennen, korrigieren und an dieser Stelle bereits durch die Kraft des Namens Jesu Freiheit bringen, bis wir dann schließlich zu dem eigentlichen Hauptziel, nämlich dem Symptom vordringen, das den Betreffenden in die seelsorgerliche Sprechstunde geführt hat.

Sind diese Stationen auf dem Weg zu dem Hauptsymptom tatsächlich alle erledigt worden, dann kann auch dieses Symptom durch eine Befreiungsaktion schlagartig beendet werden. Damit wird deutlich, daß ganz unterschiedliche Haltungen, die zunächst nichts mit einem einzelnen Symptom zu tun haben, dieses doch unterhalten. Solange diese mehr im Charakterlichen liegenden Verhaltensformen nicht entmachtet sind, kommt der Sieg an der gewünschten Stelle nicht zustande. Aus diesem Grunde ist es so wichtig, daß jeder Seelsorger sich im Bereich der Erscheinungsformen von Stolz und Unabhängigkeit schlafwandlerisch sicher auskennt. Mit der Kenntnis und der Beharrlichkeit in diesem Themenbereich steht und fällt der Erfolg in der Seelsorge.

Kapitel 7

Unsere neue Identität in Christus

Der Weg zur endgültigen und manifesten Befreiung verläuft über mehrere Stationen. Der Gebundene und Belastete muß selbst mithelfen. Von ihm wird sogar der größte Beitrag erwartet. Indessen muß er wissen, was er zu tun hat.

Unausgesprochen begleitet uns immer das Wort Jesu: „Wenn ihr bei meiner Rede bleiben werdet, werdet ihr die Wahrheit erkennen, und die Wahrheit wird euch frei machen." Bislang haben wir die Wahrheit des Wortes Gottes überwiegend dazu benutzt, das verkehrte und auf der Lüge der Selbsterlösung basierende Konzept zu entlarven, das die Grundlage für dämonische Bindung ist. Wir haben also Wahrheit über uns erkannt, in wie vielfältiger Form wir uns mit den Mitteln der Lüge selbst betrügen und auch andere betrügen.

Die Anwendung der Wahrheit in diesem Sinne, also im Sinne des Aufdeckens und Bloßstellens von Schuld und Charaktersünde bringt einen großen Fortschritt im Befreiungs- und Heilungsprozeß. Ich erwähnte bereits vorher, daß bei gewissenhafter Beachtung dieser geistlichen Vorgehensweise ein hoher Prozentsatz von ungefähr achtzig Prozent der Betroffenen Befreiung erfährt, sofern diese tatsächlich frei werden wollen.

Wir können also sagen, daß damit bereits viel erreicht ist, wir aber doch noch nicht ganz am Ziel angelangt sind. Denn eine Versagerquote von ungefähr zwanzig Prozent ist noch zu hoch. Jesus sagt nun aber: „Wenn euch nun der Sohn frei macht, so seid ihr recht frei." Dementsprechend müssen wir die Wahrheit, die uns frei macht, richtig anwenden.

Es gibt in der Tat durch ein konsequentes Nutzen göttlicher Wahrheit, wie sie uns die Heilige Schrift vermittelt, die Möglichkeit zu einem weiteren Fortschritt, so daß alle Gläubigen, wenn sie nur wollen, frei werden können. Bislang benutzten wir die Wahrheit des Wortes Gottes, um daran zu erkennen, wer wir in der Vergangenheit wirklich waren und was wir uns vorgemacht haben, was wir seien. Nun will ich reden von der Wahrheit, die wir nicht erkennen, sondern die wir uns glaubend aneignen.

Glauben heißt ja nehmen, was Gott uns in seinem Wort anbietet. Gott bietet uns eine neue Identität an, die in vielen Schriftaussagen exakt bezeichnet wird. Das Volk Gottes besteht nicht aus kontur- und charakterlosen Kindern. Sie haben, weil sie zu seiner Familie gehören, seine Eigenschaften!

Gott sieht uns ganz anders, als wir uns selbst sehen. Er hat ein schönes und vollkommenes Bild von uns, das wir von ihm übernehmen sollen. Mit einem Wort, wir sollen unsere Identität umprägen lassen zu dem, was er über uns sagt: Was wir in ihm sind, was wir in ihm haben und können.

Indem wir die göttliche Schau über uns, die wir dem Worte Gottes entnehmen, im Glauben ergreifen und so lange in den Spiegel des Wortes Gottes hineinschauen, bis wir das göttliche Bild von uns erkennen, wird unsere Identität tatsächlich umgeprägt. Und das ist ein notwendiger Vorgang, damit im aktuellen Befreiungsprozeß dann tatsächlich durch das Wort Gottes die Trennung der eigentlichen Person, die sich selbst neu göttlich definiert und erkannt hat, von den Fremd-Egos, die dämonische Mächte der Lüge und der Zerstörung sind, erfolgen kann.

Solange wir im Denken und in unserer Haltung genau die Einstellung haben, die die Mächte kennzeichnet, von welchen wir befreit sein wollen, kann diese Befreiung nicht stattfinden, weil wir eine praktische Kooperation auf der Ebene derselben Werte eingegangen sind. Es muß also eine Trennung dieses Verbundes von Haltung unsererseits und dämonischer Gesinnung andererseits stattfinden. Damit ist die entscheidende Unterbrechung der Verbindung von Person zu Fremd-Ego vollzogen.

Indem wir uns vom Worte Gottes sagen lassen, wer wir in den Augen Gottes sind, wird dieser Prozeß noch beschleunigt, weil wir ohne Minderwertigkeitsgefühle und Schuldgefühle mit dem neuen Bild von uns, mit unserem geistlichen, neuen Image dem Feind entgegentreten. Ich habe diese Entdeckung im folgenden Schlüsselerlebnis gemacht:

Christiane erwies sich als ein hartnäckiger Fall. Das Befreiungsgeschehen kam nicht richtig vom Fleck. Eine ganze Anzahl von verkehrten Charakterhaltungen waren bereits aufgedeckt und zum Teil wirklich im Sinne eines Befreiungsvorganges nach zuvor stattgehabter Umkehr beseitigt worden. Aber dann traten wir auf der Stelle. Manche psychosomatischen Erkrankungen wie Durchfallserscheinungen, Hautkrankheiten und rheumatoide Gelenkbeschwerden blieben hartnäckig. Es stellte sich dann auch heraus, daß Christiane Mühe hatte, sich von ihrer Haltung der Rebellion und von Minderwertigkeitsgefühlen zu lösen. Obendrein kämpfte sie ununterbrochen mit dem Eindruck, daß sie gar nicht richtig wolle.

Ich war nahe dran aufzugeben. Da gab mir der Heilige Geist den Gedanken ein, ihr klarzumachen, daß sie gar nicht mit Gewalt wollen muß, sondern sich lediglich in eine Haltung des Motiviert-Seins hineinbegeben muß. Natürlich brauchte Gott ihre Motivation, um helfen zu können, weil er nicht manipuliert. Aber er hat seinen Weg der Motivierung.

Ich sagte ihr, daß Gott keinen Gefallen hätte an einer seelischen Gewaltleistung, weil die ja doch aus der eigenen Kraft komme und genau das Gegenteil von dem darstelle, was jetzt gefordert sei. Also bliebe nur der Glaube übrig. So sagte ich ihr, daß sie mir mit Entschlossenheit und Ehrlichkeit nachsprechen solle, was Gott über sie sagt: Wer sie sei, was sie habe und was sie könne. Ich formulierte darauf ein längeres Gebet vor, das im wesentlichen aus biblischen Feststellungen bestand, wer Christiane in Jesus sei. Ich forderte sie auf, im Glauben die Auffassung Gottes über sie höher zu stellen als das, was sie selbst über sich dachte. Weil Gott kein Mensch ist, daß er lügt, meint er das, was er sagt.

So sollte sie sich einfach an Gottes Festlegung halten und sie für sich übernehmen.

Dementsprechend betete sie mir nach, daß sie von Gott geliebt, begehrt, angenommen sei. Sie erklärte im Gebet, daß sie gerecht geworden sei und als Gerechte auch herrlich gemacht worden sei. Sie erklärte, daß sie der Sünde gestorben sei und daß sie durch Christus nun der Gerechtigkeit lebe. Sie erklärte, daß sie stark und ein Überwinder sei. Vor allem erklärte sie auch, daß sie nach 2. Korinther 3,4.6 tüchtig und fähig sei. Durch dieses glaubende und verbale Ergreifen von Gottes Aussagen und Beteuerungen für sich, wuchs in ihr Glaube, und sie sah sich auf einmal tatsächlich anders als zuvor.

Daraufhin konnten wir den Befreiungsprozeß sehr schnell mit großem Erfolg weiter fortführen, weil durch diese Glaubensproklamationen die Positionen richtig verdeutlicht worden waren: Sie war nicht das kleine, arme Mädchen, das hilflos den Launen des Feindes ausgesetzt war. Sie verstand sich vielmehr als gerecht und herrlich gemachtes Kind Gottes, das einen großen Wert hat und über viel Kraft verfügt. Auf dieser Basis der Wahrheit mußte der Feind seine Position aufgeben, weil Christiane nicht mehr an seine Übermacht glaubte, sondern jetzt von der Überlegenheit der Macht Gottes und ihrer eigenen Position überzeugt war.

Das war also meine erste Erfahrung mit dem Gesichtspunkt der Glaubenssicherung unserer neuen Identität. Heute weiß ich, daß der Glaube an die Wahrheit des Wortes Gottes und auch an die Liebe Gottes eine wichtige Voraussetzung für die Befreiung ist. Genaugenommen ist sie überhaupt die wichtigste Voraussetzung. Alles, was ich bis jetzt erklärt habe, wirkt nicht für sich selbst, sondern nur wenn es im Glauben ergriffen und angewandt wird. Die Ursünde war die, daß Eva den Anweisungen und Beteuerungen Gottes nicht glaubte, sondern sich der Lüge der Schlange öffnete. Ohne Glauben können wir nicht zu Gott kommen und können auch nicht Gott gefallen. Paulus erklärt:

Römer 14,23b
Was aber nicht aus dem Glauben geht, das ist Sünde.

So müssen wir uns hüten, die Befreiungsszene zu einem technischen Geschehen zu degradieren, wo nur bestimmte Methoden mechanisch angewandt werden. Damit wird der Befreiungsvorgang sogar zu einem Akt der Sünde!

Wir ehren Gott damit, daß wir ihm sein Wort abnehmen, das Geist und Leben ist. Wenn das Wort Gottes uns umprägt und schon vor der stattfindenden Befreiung einen Eindruck oder gar ein Gefühl von seiner Nähe und von unserer Bedeutung und göttlichen Wertschätzung vermittelt, dann ist die Hilfe nahe. Der Weg in die Katastrophe und in die Unfreiheit ist immer ein Weg in den Unglauben hinein. Vor dem Ungehorsam kommt der Unglaube:

Hebräer 3,18-4,2
18 Welchen schwur er, daß sie nicht zu seiner Ruhe kommen sollten, wenn nicht den Ungehorsamen?
19 Und wir sehen, daß sie nicht haben hineinkommen können um ihres Unglaubens willen.
1 So lasset uns nun mit Furcht darauf achten, daß euer keiner dahinten bleibe, solange die Verheißung noch besteht, daß wir einkommen zu seiner Ruhe.
2 Denn es ist auch uns verkündigt gleichwie jenen; aber das Wort der Predigt half jenen nichts, da die nicht glaubten, die es hörten.

Wir entnehmen dieser Aussage über den Ungehorsam der Kinder Israel während ihrer Wüstenzeit, daß ihr Unglaube dem Ungehorsam vorausging. Ferner sagt das Wort, daß das, was sie zu glauben hatten, das „Wort" der Predigt war.

Das Beispiel Sauls, von dem im 1. Samuel 15 die Rede ist, verrät uns, daß ausdrücklicher Ungehorsam geradewegs zu Abgötterei und Götzendienst führt oder von Gott so bewertet wird:

1. Samuel 15,22a-23
22a Siehe, Gehorsam ist besser als Opfer und Aufmerken besser als das Fett von Widdern.
23 Denn Ungehorsam ist Sünde wie Zauberei, und Widerstreben (Rebellion) ist wie Abgötterei und Götzendienst.

Wenn wir also in unserer alltäglichen Jesus-Nachfolge oder auch mitten im Befreiungsprozeß nicht glauben, was Gott über uns sagt, dann sind wir mitten drin in der Rebellion, auch wenn unsere eigene Selbstbeurteilung noch so fromm und religiös erscheint. Sie ist in jedem Fall nicht identisch mit dem, was der Herr über uns denkt und erklärt. Die Belasteten denken nämlich gering und verkehrt über sich. Sie sehen sich als ungeliebt, wertlos, unbrauchbar, fern von Gott, ungerecht und absolut nicht fähig oder herrlich an. Aber all das trifft in den Augen Gottes nicht zu. Das ist eine Haltung der Scheinfrömmigkeit und Ausdruck von falscher Demut.

Die Hauptsünde, deren sich die Menschheit schuldig macht, besteht darin, nicht an Jesus als die göttliche Antwort und den Erlöser zu glauben:

Johannes 16,8a.9
8a Und wenn derselbe (der Tröster und der Geist der Wahrheit) kommt, wird er der Welt die Augen auftun über die Sünde...
9 über die Sünde: daß sie nicht glauben an mich.

Die Sünde und damit alles Leid kam über den Unglauben in diese Welt. Die Befreiung von der Sünde und der Zugang zu Gottes Gerechtigkeit kommt durch Glauben zu uns. Wir müssen glauben, daß Jesus alles gut gemacht hat. Er hat nicht nur die Sünde getragen, sondern hat uns auch von den Folgen der Sünde erlöst, indem er den Fluch der Menschheit mit aller Krankheit und allen Problemen und Nöten auf sich genommen hat und den Verursacher des Fluches, den Teufel mit seinem gesamten Heer besiegt hat. Wenn wir an Jesus und an sein Wort glauben, werden wir gerecht und fähig zum Gehorsam. Bei Abraham, dem Vorbild des Glaubens, können wir Kinder des Neuen Bundes es lernen:

Hebräer 11,8
Durch den Glauben ward gehorsam Abraham, als er berufen ward, auszugehen in ein Land, das er ererben sollte, und er ging aus und wußte nicht, wo er hinkäme.

Wir sehen also, daß Abraham erst glaubte und dann gehorsam wurde. Er glaubte nicht durch Gehorsam, sondern er wurde gehorsam durch den Glauben, der aufgrund des Wortes Gottes, das an ihn ergangen war, entbunden worden ist.

Also haben wir viel Grund, auch im Befreiungsgeschehen uns auf die Macht des Glaubens zu besinnen. Es bringt tatsächlich einen gewaltigen Fortschritt, wenn jeder Gläubige, der aus seinen Bindungen und Belastungen heraustreten will, erkennt, wer er in Jesus ist. Das Befreiungsgeschehen nimmt so augenscheinlich zu an Dynamik und auch Leichtigkeit, daß ich möglichst in keinem Fall darauf verzichte, dem Befreiung Suchenden zu vermitteln, wie Gott ihn sieht. Ich fordere ihn auf, satzweise und glaubend nachzusprechen, was das Wort Gottes über unsere Identität in Christus sagt.

Alle nachfolgenden biblischen Feststellungen, die Erklärungen des Vaterherzens Gottes sind, wirken der jahre- oder jahrzehntelangen negativen Vorprägung und Umprägung entgegen, die der Feind durch die Mittel der Sünde und fremder Geister bewirkt hat. Hier eine kurze Aufzählung der wesentlichsten Inhalte unserer neuen Identität, die wir in Christus haben:

- Wir haben die Gerechtigkeit Gottes und wir sind die Gerechtigkeit Gottes (2. Korinther 5,21).
- Als Gerechte sind wir herrlich gemacht (Römer 8,30).
- Wir sind befreit von der Macht des Feindes und Erben Gottes (Kolosser 1,13; Römer 8,17).
- Wir sind Erben, weil wir Kinder Gottes sind. Wir haben also Gottes Wesen und gehören zu seiner Familie (Römer 8,14-17).
- Wir sind angenehm in dem Geliebten (Epheser 1,6).
- Wir sind begehrt, und der Heilige Geist eifert um uns (Jakobus 4,5).
- Wir sind geliebt (1. Johannes 4,19).
- Wir sind kostbar und wert gehalten (Jesaja 43,4).
- Wir heißen Gottes Lust (Jesaja 62,4).
- Wir sind fähig zu allem, wozu uns Gott fähig macht (2. Korinther 3,4.6).
- Wir sind stark in dem Herrn und in der Macht seiner Stärke (Epheser 6,10).

- Wir sind mehr als Überwinder (Römer 8,37).
- Christus ist unser Leben (Philipper 1,21).
- Wir sind der Sünde und den Sünden abgestorben (1. Petrus 2,24).
- Weil wir gerecht sind, leben wir auch der Gerechtigkeit (1. Petrus 2,24).
- Wir vermögen alles durch den, der uns mächtig macht (Philipper 4,13).
- Wir sind durch das Blut Christi Gott nahe geworden (Epheser 2,13).
- Jesus ist uns so nahe geworden, daß er durch das Wort des Glaubens in unserem Herzen und unserem Munde ist (Römer 10,6-8).
- Wir sind in den Augen Gottes so tauglich, daß wir als Botschafter an seiner Stelle fungieren können (2. Korinther 5,20).

Viele Gläubige bewegen sich nicht in diesem Raum von Freiheit und Erkenntnis, so daß sie beraubt sind, auch wenn es gar nicht um Unfreiheiten in dem engeren Sinne von dämonischen Gebundenheiten geht. Deswegen erweist es sich häufig als notwendig, daß die Gebundenen, die frei werden wollen, diese Worte immer wieder lesen und ihrem Herzen zuführen, bis sie ihre Innenwirklichkeit geworden sind. Diese Art von Vorbereitung zahlt sich aus.

Wer im Worte Gottes trainiert ist, wer seine Identität nicht aus seinen Gefühlen oder den Äußerungen der Menschen oder der Summe aller Erfahrungen und Sinneseindrücke aus Gegenwart und Vergangenheit entnimmt, sondern sich an das Wort Gottes hält, um Gott zu befragen, wer er ist, der wird eine schnelle und machtvolle Befreiung erleben.

Die finsteren und uneigentlichen Kräfte, die sich in unseren Charakter gemogelt und jahre- oder jahrzehntelang ihre zerstörerischen Eigenschaften den Gläubigen aufgenötigt haben, empfinden diesen Prozeß als qualvoll. Der Gläubige erlebt auf einmal, wer er wirklich ist. Schon bevor es zur endgültigen Trennung kommt, lösen sich die finsteren Kräfte, weil sie merken, daß das nicht mehr ihr Terrain ist.

In der Tat, viele Befreiungen finden offenbar still und unauffällig statt. Wenn jemand so vorbereitet zur Seelsorge kommt, stellt sich häufig heraus, daß er bereits zu Hause seine Befreiung erfahren hat. Hier sehen wir wieder, daß es nicht die Kunst des Seelsorgers ist, sondern die Überlegenheit der Wahrheit, die wir im Glauben ergreifen – die macht frei.

Wir haben es ja von den Israeliten gehört (Hebräer 4,2), daß das Wort der Predigt, also die Wahrheit, überhaupt nichts nützt, wenn sie nicht glaubend angenommen wird.

Wenn ich meine Erfahrungen mit diesem Anteil des Befreiungsgeschehens – besser ausgedrückt: mit seiner Vorbereitung – abschließend bewerte, dann bin ich dankbar, daß Gott mir die Augen für die Macht des geglaubten Wortes geöffnet hat. Es ist eben doch nicht eine Methode, die freisetzt, sondern etwas, was von Gott selbst kommt, nämlich sein Wort. Es ist genaugenommen identisch mit Jesus selbst. Dementsprechend habe ich schon einige Male Geschwistern, die zur Befreiung in meine Seelsorge gekommen waren und die nicht richtig vorankamen, gesagt, daß sie sich mehr mit dem Worte Gottes beschäftigen müßten, um zu erkennen, wer sie in Christus seien. Mit solchem Auftrag versehen gingen sie nach Hause. Wenn sie dann wirklich gehorsam waren und ihr Denken und Bewußtsein sowie ihre ganze Identität mit dem Worte Gottes tränkten und erfüllten, war bei dem nächsten Zusammenkommen der große Durchbruch so gut wie immer gesichert.

Kapitel 8

Die Werke des Teufels werden zerstört

Folgende einfache Regeln möchte ich dem Leser, der sich der Aufgabe des Befreiungsdienstes stellen möchte, anempfehlen:

1. Die Vorbereitung

Vorbereitung ist alles. Deswegen unser langer Anmarschweg, der sich nun bezahlt macht. Das Entscheidende im Befreiungsdienst ist die Anleitung zur Umkehr, zum Wahrhaftigwerden und der Weg in einen Lebensstil, wo Gottes Wahrheit und Gnade die entscheidenden Größen sind.

Somit kommt jetzt nicht die Stunde der Dämonen! War die Vorbereitung gut und haben wir die richtigen Entdeckungen gemacht, indem wir die Anrechte aufspürten und beseitigten, die die Dämonen für ihre Präsenz brauchen, dann wird jetzt kein gewaltiger und langer Kampf stattfinden. Wir müssen nämlich wissen, daß die entdeckten dämonischen Kräfte durchaus ein Interesse daran haben, es auf eine lange und trickreiche Auseinandersetzung ankommen zu lassen.

Ihr erstes Ziel liegt darin, unentdeckt zu bleiben. Wenn sie nun durch die seelsorgerliche Diagnostik und durch die Gaben des Heiligen Geistes aufgespürt worden sind, versuchen sie, wenn man sich auf ihr Konzept einläßt, uns zu langen und ermüdenden und am besten auch lautstarken Auseinandersetzungen zu verführen. Wenn dann sogar noch einer der Beteiligten Angst vor alldem bekommt, was durchaus gelegentlich geschieht, dann haben sie in der Tat ein Teilziel erreicht. Am Schluß wird bei einem solchen Ablauf Verwirrung und Frustration zurückbleiben.

Von alldem ist hier nicht die Rede! Indem wir eine würdevolle Vorbereitung auf der Ebene von Wahrheit und Gnade vorgenommen haben, werden wir schnell zu unserem Ziel kommen. Die dämonischen Mächte sind dabei denkbar unwichtig. Alle Bedeutung liegt in der Kooperation des zu Befreienden und in der Kraft des Heiligen Geistes, mit dem wir zusammenarbeiten sollen. Die Tatsache jedoch, daß die dämonischen Kräfte für uns nicht von Bedeutung sind, weil sie ja doch nur ihrem Charakter gemäß negativ sein können, sollte uns nicht dazu verführen, daß wir uns geringschätzig und verächtlich ihnen gegenüber äußern. Das Wort Gottes legt uns in Judas 8 und 9 nahe, daß wir nicht verächtlich und schimpfend diese unsichtbaren Kräfte des Feindes ansprechen sollen:

> **Judas 8-9**
> **8 Ihresgleichen sind auch diese Träumer, die ihr Fleisch beflecken, die Herrschaft verachten und die Majestäten lästern.**
> **9 Michael aber, der Erzengel, als er mit dem Teufel stritt und mit ihm rechtete über den Leichnam des Mose, hat nicht gewagt, gegen ihn ein lästerndes Urteil zu fällen, sondern sprach: Der Herr strafe dich!**

Dieses Wort ist bitte nicht so mißzuverstehen, daß wir uns nicht gegen die finsteren Kräfte stellen sollen. Wir sollen wie Michael streiten und mit dem Feind rechten, aber wir sollen dem Feind und seinem Heer von unserer Seite aus in jener würdevollen Weise entgegentreten, die es verbietet, schimpfende und schmähende Worte zu gebrauchen. Das ist tatsächlich unter unserer Würde und unter unserem Stand. Wir wissen, daß wir die Werke des Feindes zerstören sollen und die Waffen Gottes dazu zu gebrauchen haben. Das reicht.

2. Die Auseinandersetzung

Die eigentliche Auseinandersetzung mit dem Feind sollte damit beginnen, daß wir uns der Gegenwart Gottes versichern und uns in ihr freuen. Ich schlage vor, daß jede Befreiungsauseinandersetzung mit einer kurzen Zeit der Anbetung anfangen sollte. Wir geben Gott die Ehre und laden den Heiligen Geist ein und machen vor uns und allen Beteiligten klar, daß wir nicht in der eigenen Kraft, sondern im Namen Jesu vorgehen.

Die Auseinandersetzung selbst besteht darin, daß wir befehlen. Im Namen Jesu ergehen unsere Befehle derart, daß wir zunächst den Feind bei seinem Namen ansprechen und ihn in der Autorität unseres Herrn binden. Unter Binden verstehe ich, daß wir die uns vom Herrn gegebene Macht über alle Gewalt des Feindes erklären und damit die einzelne dämonische Macht lähmen und inaktivieren. Sie ist uns also jetzt untertan und muß gehorchen.

Aber sie wird nur dann gehorchen, wenn der zu Befreiende sich tatsächlich zuvor durch Vergebung und Anerkennung der Gnade von der Haltung der Bitterkeit, Unversöhnlichkeit und Selbstgerechtigkeit gelöst hat. Diese Macht wird nicht gehen, wenn sie noch Anrechte hat.

Nach dem Binden der dämonischen Kraft pflege ich sie von der Person zu lösen, indem ich mit dem Worte Gottes erkläre, daß sie nun nichts mehr mit dem Gläubigen zu schaffen hat und nicht mehr mit ihm, der die Freiheit sucht, verbunden ist. Anschließend befehle ich im Namen Jesu, daß sie herauskommt.

Unter der Voraussetzung, daß die Vorbereitung gut und vollständig war, wird diese Macht augenblicklich sich manifestieren und gehen. Sehr häufig geschieht das so schnell, daß ich gar nicht Zeit finde, eine irgendwie geartete Formel von Binden, Lösen und Befehlen aufzubauen. Ich bin auch tatsächlich davon überzeugt, daß es nicht sehr wichtig ist, unbedingt diese einzelnen Anteile dieser oder einer anderen Befreiungsformel gewissenhaft zu berücksichtigen und in fester Form und Reihenfolge zu durchschreiten. Nicht das Ritual ist entscheidend und die Wortwahl, sondern die Tatsache, daß der Befreiung Suchende vorher die Wahrheit über sich und über seinen Herrn erkannt und angenommen hat. Ich muß das immer wiederholen. Das ist die entscheidende Voraussetzung.

Man muß wissen, daß die dämonischen Kräfte, bevor sie sich manifestieren und gehen, Ablenkungsmanöver in Gang setzen. Sie wollen damit das Verlassen der Person verhindern oder zumindest hinauszögern. Zu diesen Ablenkungsmanövern gehören folgende, von ihnen ausgehende Gefühlszustände und Innenerlebnisse, die sie dem Gläubigen in der Befreiungsszene eingeben:

Gedanken des Zweifels: „Das hat ja doch alles keinen Sinn. Was soll das überhaupt alles? Wo bin ich hier gelandet? Das wird ja doch nichts bringen."

Fluchttendenzen: „Am liebsten, ich verdrück mich jetzt schnell." Der Betreffende schielt vielleicht sogar zur Tür. „Ich bin hier fehl am Platze."

Gedanken der Lächerlichkeit: „Das ist alles unsinnig. Was für ein blöder Spuk. Das ist ja zum Totlachen."

Tatsächliches Lachen: Der Befreiung Suchende, der gerade noch in großer Not war und es eigentlich immer noch ist, beginnt auf einmal zu kichern, dann zu lachen, und nicht selten prustet es in Lachsalven nur so aus ihm heraus.

Gedanken der Verwirrung: „Das ist doch alles Nonsens. Die reden hier die Geister an, die in Wirklichkeit doch nur Symptome sind."

Man muß wissen, daß solche Abwehrformen der dämonischen Kräfte regelmäßig vorkommen. Wenn sie in Erscheinung treten, ist es meistens ein Zeichen, daß diese dämonischen Kräfte keine ernsthaften Abwehrmaßnahmen haben. Wenn sie auf seiten des Hilfesuchenden durch Haltungen der Lüge, der Gnadenlosigkeit, der Selbsterlösung noch Anrechte haben und dadurch gesichert sind, greifen sie selten zu solchen Maßnahmen.

Ich rate, wenn irgendwie möglich, daß man nicht allein eine solche Befreiung vornimmt. Aber das ist keine feste Regel. In meiner eigenen Seelsorge habe ich die weitaus meisten Fälle völlig alleine handhaben müssen. Wenn man aber zu zweit und zu dritt ist, geht es besser und macht noch mehr Freude, weil man sich abwechseln kann: Während einer befiehlt, befindet sich der zweite in der Anbetung und der dritte hat vielleicht vom Heiligen Geist klare Anweisungen, wie man die nächsten Schritte zu setzen hat.

Ich rate ab, längere Zeit als ein gemischtes Paar den Befreiungsdienst zu vollziehen, es sei denn, es handelt sich um Ehepaare. Es liegt eine spezifische Verführungsatmosphäre im Befreiungsdienst vor. Ich habe gehört, daß es danach zu Ehebruch gekommen sein soll. Allerdings habe ich keine eigene Erfahrung darüber, zum Glück.

Entscheidend ist die Kraft Gottes und nicht unsere Lautstärke oder unser seelischer Nachdruck. Wenn zu viel und zu lange und zu laut geschrien und gedroht wird, ist das Konzept wohl verkehrt. In den meisten Fällen habe ich bei solchen Situationen festgestellt, daß keinerlei Vorbereitung oder nur unzureichende erfolgt war.

Auf der anderen Seite gibt es auch keinen Grund, besonders leise und zurückhaltend aufzutreten. Es besteht ein Zusammenhang zwischen der Festigkeit unserer Haltung und unserer Stimme. So ist es absolut nicht verkehrt, mit erhobener Stimme zu sprechen, weil man damit nun einmal ausdrückt, daß man Herr der Situation ist. Dennoch halte ich es für wünschenswert, und es ist mir auch so sympathischer, daß wir mit Würde und normalem Tonfall unsere Kommandos im Namen Jesu geben.

3. Mögliche Manifestationen

Wie sehen die Manifestationen der stattfindenden oder stattgehabten Befreiung aus? In den meisten Fällen werden wir bei dämonischen Kräften, die jahre- bis lebenslang in einer Person wirkten und die sich mit dem Charakter verbunden haben, den Vorgang der Befreiung begleitet finden von sichtbaren und hörbaren Reaktionen des Respirationstraktes, also der oberen Luftwege. Die häufigste Ausdrucksform des Körpers beim Ausfahren der dämonischen Mächte ist ein langes und intensives Ausatmen. Fast gleich häufig ist das Husten, das nach meiner Sicht noch stärker als das Ausatmen beweist, daß tatsächlich die dämonischen Kräfte gegangen sind.

Daneben gibt es noch vielfältig andere Erscheinungen wie Schlucken, Würgen im Hals, Erbrechen (zum Glück recht selten) und weitere motorische Erscheinungen im Brust-, Hals- und Mundbereich, wie z. B. Schütteln des Kopfes, Erschütterung des Oberkörpers, Hinfallen auf den Fußboden. Noch wichtiger als diese Außenmanifestationen erscheinen mir die inneren, subjektiven Wahrnehmungen des Gläubigen, daß er sich befreit und entlastet fühlt.

Müssen nun in jedem Fall Befreiungen mit äußeren Manifestationen einhergehen? Diese Frage, die mich früher lange beschäftigt hatte, kann ich jetzt wie folgt beantworten: Dämonische Kräfte, die nur kurze Zeit in einer Person waren und von geringerer Bedeutung sind und sich nicht mit dem Charakter verbunden haben, produzieren selten sichtbare oder hörbare Manifestationen. Dämonische Kräfte geringerer Energie, die durch Okkult-Betätigungen oder dergleichen eingeladen worden sind, führen ebenfalls nur im Ausnahmefall zu körperlichen Manifestationen im Befreiungsgeschehen. Energiereiche und starke dämonische Kräfte werden auch dann, wenn sie sich nicht mit den ich-nahen Anteilen der Persönlichkeit verbunden haben (ich rede immer noch von den seelischen Bereichen der Persönlichkeit), nur unter mehr oder weniger starken körperlichen Ablösungsreaktionen ausfahren. Alle mit dem Charakter verbundenen bösen Geister produzieren immer die beschriebenen Manifestationen bei ihrem Ausfahren.

4. Die Reihenfolge

Welche Reihenfolge ist einzuhalten, wenn man an das Werk der Austreibung der dämonischen Mächte geht? Ich habe die Erfahrung gemacht, daß man sich an das Hauptsymptom mit den dahinter liegenden Hauptkräften heranpirscht, indem man nach und nach die geringeren und energieärmeren dämonischen Kräfte beseitigt. Es gibt so etwas wie eine dämonische Pfahlwurzel, an die man erst dann herankommt, wenn die anderen, oberflächlicheren dämonischen Aktivitäten beseitigt worden sind.

Eine durchaus sinnvolle Reihenfolge des Vorgehens ist die, daß man ungefähr nach der biographisch nachweisbaren Ordnung, in welcher die Kräfte gekommen oder eingeladen worden sind, auch in der Ausladung bzw. im Aufrufen und Befehlen vorgeht. Nur selten habe ich von dieser Reihenfolge eine Ausnahme gemacht. Man wird sehr häufig so vorgehen, daß die Mächte der Ablehnung, des Nicht-Angenommmen-Seins, des Verschmäht-Seins zuerst drankommen. Danach kommen die Kräfte der Minderwertigkeit, des Sich-Verlassen-Fühlens, Ausgestoßen-Fühlens und Ungeliebt-Fühlens an die Reihe. Anschließend muß man dann nach den in der Vorgeschichte erhobenen Befunden die Reihenfolge nach der gegebenen Zusammengehörigkeit und Abfolge bestimmen.

Wenn man so vorgeht, wird man immer eine gewisse geistliche Logik entdecken, die der Heilige Geist einem dann nach und nach vor Augen führt.

5. Was passiert, wenn nichts passiert?

Gerät der Prozeß der Befreiung ins Stocken, was man daran erkennt, daß auf einmal keinerlei Reaktionen oder nur schwache Resonanz auf die Befehle zustande kommt, dann ist es nicht angezeigt, den Einsatz von Stimme und Kraft zu vermehren oder zu verlängern. Es ist vielmehr geboten, dann eine Pause einzulegen und den Heiligen Geist zu fragen, welche Korrektur der Befreiung Suchende zu vollziehen hat. Entweder wird diesem spontan eine Szene aus Vergangenheit oder Gegenwart einfallen, wo er zu vergeben oder sich zu versöhnen hat, oder er hat eine Schuld zu bekennen oder sich von einer Haltung zu trennen. Oder das ist der Augenblick, wo der Heilige Geist durch seine Gaben, etwa das Wort der Erkenntnis oder die Gabe der Geisterunterscheidung, seinen Beitrag geben will.

Ich habe immer wieder die Erfahrung gemacht, daß der Heilige Geist sehr präzise hilft, indem er zu bestimmten Fragen anregt oder durch Bilder oder spontane Erkenntnisse auf zu klärende Sachverhalte hinweist. Wenn dann der Bruder oder die Schwester, die die Befreiung suchen, darauf reagieren, wird man häufig finden, daß das Befreiungsgeschehen anschließend ungebremst weitergehen kann.

Kommt es auch dann nicht zu einem Fortgang der Befreiungshandlung, dann liegen offenbar noch weitere Störfaktoren, sprich Anrechte für die dämonischen Kräfte vor, die aufgedeckt werden müssen. Es gibt keine wirkliche oder bleibende Erfahrung der Freiheit, ohne daß die moralischen Anrechte aufgekündigt sind. Jeder Versuch, dann mit Brachialgewalt den Sieg über die Finsternis herbeiführen zu wollen, führt in Verwirrung und Enttäuschung. Ich rate dem Leser dringend, diesen Weg nicht zu beschreiten!

Wahrheit und Freiheit gehören zusammen. Wer die Wahrheit nicht liebt, wird keine Befreiung erfahren können. Weil aber Gott für uns ist, wird er in jedem Fall uns in diesen brenzligen Situationen beistehen und durch den Heiligen Geist die notwendigen Hinweise geben, sofern der in Not Befindliche, um den es gerade geht, wirklich wahrhaftig ist.

6. Wer hat die Verantwortung?

Es sollte von Anfang an verabredet werden, daß der Seelsorger nicht die Verantwortung für das Erreichen oder Verfehlen der Freiheit hat. In vielen Fällen gelingt es einfach nicht auf Anhieb, die gesamte seelische Landschaft des Befreiung Suchenden zu durchleuchten und die notwendigen Voraussetzungen für die Freiheit zu schaffen. Wenn der Seelsorger sich weigert, die Verantwortung dann auf sich zu nehmen, wird er unbedrückt und ohne Schuldgefühle aus der Seelsorgestunde herauskommen.

Nicht die Vollmachtsfrage ist der entscheidende Faktor in dieser Art von Seelsorge. Die Vollmacht ist lediglich dann maßgeblich, wenn außerordentlich energiereiche dämonische Mächte vorliegen, was meistens nur bei Unbekehrten der Fall ist. Von solchen seltenen Fällen, die ich im ersten Kapitel nur kurz gestreift habe, gilt, daß sie nicht ausfahren, es sei denn durch Beten und Fasten. Ferner ist ein starker Glaube wohl die Voraussetzung für einen Sieg in einer derartigen Situation.

Aber darum geht es gar nicht bei den Fällen, von denen wir hier reden. Die entscheidende Größe ist die angenommene Wahrheit über einen selbst und über das, was Gott durch Jesus für uns getan hat. Die Verantwortung liegt somit ganz überwiegend auf der Seite desjenigen, der die Befreiung braucht. Das sollten wir ihm ruhig mitteilen und uns nicht scheuen, einen gewissen Druck auf ihn zu legen. Das ist nicht unanständig, das entspricht der Gesetzmäßigkeit der vorliegenden Situation.

Wird es offensichtlich, daß die Vorbereitung beim Hilfesuchenden nicht ausreicht, dann sollte man ihn mit aufmunternden und ermutigenden Worten zu einem nächsten Termin entlassen, jedoch ihm dafür einige Verhaltensmaßregeln oder gar Hausaufgaben mitgeben. Wenn man feststellt, daß das Wort Gottes noch nicht den richtigen Stellenwert in seinem Leben hat, müssen wir ihm die Aufgabe zuweisen, anhand des Wortes Gottes seine Identität festzumachen. Oder wir müssen ihm klarmachen, daß er von seinem Unglauben oder von seiner Negativhaltung und Erwartungslosigkeit durch Studien der wunderbaren und Glauben aufbauenden Verheißungen Gottes abrücken soll.

In anderen Fällen wird es sich obendrein als notwendig erweisen, dem Befreiung Suchenden Themen- und Lebensbereiche zu benennen, wo wir nach Eindrücken des Heiligen Geistes die Störzonen vermuten oder sehen. Wenn ich also jemanden ohne vollständig erfahrene Befreiung nach Hause schicke, begehre ich vom Heiligen Geist klare Eindrücke, in welchen Teilbereichen unsere Vorbereitungsarbeit noch Lücken hat und wo ungelöste Probleme sind. In aller Regel weist der Herr mich auf bestimmte Gebiete hin, die ich dann als zu bearbeitende Themen dem Betreffenden mitgebe.

7. Was tut der Heilige Geist?

Wenn die Befreiung durch unser Befehlen im Glauben und durch unseren geistlichen Einblick und auch mittels der Autorität, die wir vom Herrn bekommen haben, gut läuft, sollten wir uns doch immer wieder klar werden, wer der eigentlich Handelnde ist: Es ist der Herr, der die finsteren Kräfte längst besiegt hat und nun dem Heiligen Geist, dem Finger Gottes, das Handeln übertragen hat. Gewiß, wir haben im Namen Jesu zu reden und zu befehlen. Das nimmt uns Jesus nicht ab! Jeder Umgang mit der Welt des Finsteren ist nach den Zeugnissen der Schrift uns überlassen. Wir haben von Jesus alle Gewalt über alle Macht des Feindes bekommen. Aber wir müssen uns dabei auch im klaren sein, daß die ausführende Kraft, die in der Unsichtbarkeit der Befreiungsabläufe die Befreiung aktuell vollzieht, die Person des Heiligen Geistes ist. Gewiß sind dabei auch noch göttliche Engel beteiligt.

Auch wenn wir gut vorankommen und der Prozeß ungehindert läuft, kann es doch der Fall sein, daß einzelne dämonische Kräfte innerhalb bestimmter Komplexe, die wir gerade angehen, von uns übersehen werden und noch zurückbleiben. Das ist keine Katastrophe. Wer als Gläubiger und selbst Beteiligter diesen Prozeß der Befreiung aufmerksam mitverfolgt hat, wird dadurch so ermutigt sein, daß er nachher wesentliche Anteile dieser Aufgabe selbst übernehmen kann, wenn er feststellt, daß noch Restkräfte geblieben sind. Das ist in sehr vielen Fällen, vielleicht sogar in den meisten Fällen gegeben.

Auf der anderen Seite müssen wir uns auch vom Heiligen Geist mit der Erkenntnis beschenken lassen, daß wir Täuschungsversuche der dämonischen Welt durchschauen. Häufig genug kommt es vor, daß bestimmte Kräfte nur so tun, als ob sie gegangen wären. In Wirklichkeit haben sie sich eines Totstell-Reflexes bedient, sind kurzzeitig in den Untergrund der seelischen Bewußtseinslage getaucht und für den Heilung Suchenden selbst nicht aktuell wahrnehmbar. Solche Manöver können uns letztlich nur durch den Heiligen Geist aufgedeckt werden. Das sieht dann so aus, daß der Seelsorger oder gar der Belastete selbst einen spontanen inneren Eindruck bekommt, daß diese Kraft doch nicht gegangen ist, sondern sich versteckt hält. Wenn man dann nachsetzt, und es sind die Voraussetzungen gegeben, wird man diese Kraft entlarven und zur Manifestation und anschließendem Ausfahren zwingen.

8. Ehre richtig buchen

Ist die Befreiung abgeschlossen oder vielleicht so weitgehend in der Seelsorgesituation betrieben worden, daß der Betroffene den Rest selbst machen kann, wird natürlicherweise eitle Freude herrschen. Das ist erlaubt und durchaus der Situation angemessen. Ich selbst genieße den Sieg immer und freue mich besonders über die subjektive Entlastung und beglückende Befreiungserfahrung, die der Hilfesuchende dann in sich spürt.

Aber wir sollten auf der Hut sein. Jesus warnt uns ausdrücklich, daß wir nicht so sehr uns darüber freuen sollen, daß die dämonischen Kräfte uns untertan sind, sondern daß unsere Namen im Himmel angeschrieben sind. Es sollte jedem Gläubigen von Anfang an, also auch völlig außerhalb der Befreiungssituation bekannt und bewußt sein, daß er Macht über die dämonischen Kräfte hat. Wenn der Sieg da ist und Gott uns dazu gebraucht hat – was eine absolut normale Situation im Leben des Gläubigen sein sollte, und wozu man nicht ein beamteter oder besonders erfahrener Seelsorger sein muß –, dann müssen wir darauf achten, daß wir die dabei entstehenden Folgereaktionen aufteilen: Die Ehre gehört unserem Herrn und die Freude uns.

Natürlich freut sich auch unser Herr, und wahrscheinlich viel mehr als wir selbst. Wenn wir jedoch auch in Zukunft vom Herrn gebraucht werden wollen, dann müssen wir angemessen mit dem Bewußtsein umgehen können, daß wir Macht haben über die Kräfte der Finsternis. Es ist eine verliehene Macht im Sinne einer übertragenen Autorität. Die Ehre gehört letztlich unserem Herrn. Uns sollte es ausreichen, daß durch unseren Dienst mehr Freude und eine Ausweitung des Reiches Gottes entstanden ist.

Wenn Gott uns ehrt, dann ist das seine Sache. Er hat versprochen, uns mit Ehre und Wohlergehen zu überhäufen. Aber er soll es tun und nicht wir selbst.

Noch ein Wort zu der Atmosphäre einer solchen Gebets- und Befreiungssitzung. Sie sollte gekennzeichnet sein von der Gegenwart Gottes, seiner Freude und seiner Kraft. Es gibt keinen Grund, in einem verkehrten Verständnis von Heiligkeit und Angemessenheit, das Zusammensein im Sinne von großem Ernst und verhaltener Andacht zu gestalten.

Wir leben vom Sieg Gottes, den wir ja gerade in der Befreiungssituation erwarten und feiern wollen. Dementsprechend sehe ich keinen Grund, die Atmosphäre mit einem unnötigen Ernst zu erschweren. Ich achte sehr auf eine freie und lockere Atmosphäre, in welcher auch Platz ist für Humor, Scherze und Lachen.

Kapitel 9

Befreiungsdienst bei Psychosen

Die großen Psychosen, wie Schizophrenie, Epilepsie und auch das zyklische Manisch-depressiv-Sein gelten als die großen Herausforderungen der Seelsorge, an denen sich der wirklich erfahrene und erfolgreiche Seelsorger erweisen muß. Ich habe so manches Mal den Eindruck, daß Pastoren und Seelsorger ihre Stimme schier ehrfurchtsvoll und ängstlich senken, wenn sie auf diese Krankheiten zu sprechen kommen und von der Unerschütterbarkeit und Unbeeinflußbarkeit dieser Geisteskrankheiten überzeugt sind. Eine lange Zeit war das auch meine eigene Haltung.

Heute sehe ich das anders. Aller Respekt vor der Macht der Psychosen ist verflogen. Ich weiß, daß sie zu heilen sind. Eigentlich nehmen sie keine Sonderrolle ein, sie tun nur so, als ob sie eine Sonderbehandlung brauchten. Ich habe nicht die Spur eines Zweifels, daß hinter den großen Psychosen nichts anderes als dämonische Kräfte stehen, und zwar ausnahmslos.

1. Schizophrenie

Schon recht früh habe ich festgestellt, daß die Stimmen der Schizophrenen die Stimmen von Dämonen sind, die sich jedoch nicht als solche zu erkennen geben. Bereits in „Heilung durch sein Wort, Teil II“ habe ich von den Psychosen des schizophrenen Formenkreises gesagt, daß ich in einer überzufälligen Häufung in der Familienvorgeschichte dieser Psychotiker grobe Okkult-Sünden oder andere schwerwiegende Verfehlungen krimineller oder perverser Art entdeckt habe. Damals schien es mir, als ob in den meisten Fällen zwischen dem Initialereignis und der späteren Manifestation der Psychose ein bis drei Generationen liegen.

Auch heute habe ich noch diese Auffassung. Die Psychose scheint nach dieser Latenzzeit von wenigen Generationen aus heiterem Himmel auszubrechen. Waren in der Verursachergeneration die dämonischen Kräfte ungeschminkt am Werk, so äußern sie sich später in der Psychose in Gestalt von Symptomen, die nur noch fremdartig, aber nicht mehr dämonisch anmuten und insofern medizinisch-wissenschaftlich neutral erscheinen. Das ist wieder der uns wohlbekannte Trick, daß sich das Dämonische verbirgt. Soweit also meine Einsicht, wie ich sie früher zu diesem Thema hatte.

Im Verlauf der letzten Jahre habe ich dann in der systematischen und betenden Verarbeitung aller Seelsorgeerfahrungen mit Psychotikern weitere Erkenntnisse gewonnen, die die Psychose zum Teil in einem ganz anderen Licht erscheinen lassen. So sehe ich heute nicht mehr die wuchtige und fremdartige Kraft von extrem kraftvollen Dämonen, die eine Person so verdrehen können, daß sie nicht mehr Herr ihres Willens ist. Heute sehe ich viel stärker den Beitrag der Psychotiker selbst, also der Personen, in denen die Psychose wirkt und wütet. Das entspricht völlig dem Ansatz, der diesem ganzen Buch zugrunde liegt. Es sind nicht immer wieder nur die dämonischen Kräfte, die an allem schuld sind, was dann indirekt bedeutet, daß der Kranke oder Belastete gar nicht oder weniger schuld ist. Wir müssen ständig unser Augenmerk auf die Personen und ihre Verantwortung gerichtet halten.

Die zweite Entdeckung, die ich in der Sichtung meiner eigenen Erfahrung mit gläubigen Psychotikern gemacht habe, besteht darin, daß sie Menschen von einer ungewöhnlichen Disziplinlosigkeit sind. Darunter verstehe ich, daß sie in ihre Gedankenwelt und Willenstätigkeit absolut keine Sperren und Kontrollen einbauen. Jeder Gedanke, jeder sündhafte Impuls, jede verkehrte Regung, jede unnötige Idee, jede Angst, jedes zerstörerische und fremde Gefühl, jede lustvolle Verführung wird mehr oder weniger ungeprüft und ungebremst in die Seele hinein und aus ihr herausgelassen. Das ist verheerend. Das ist absolut typisch für die Psychotiker. Die Seelenhygiene der Psychotiker ist also völlig unterentwickelt. Ihr Bewußtsein und ihre Gedankenwelt gleicht einem Bahnhof. Alles kann rein- und rausfahren, wie es will. Die Prüfinstanz, die unser Herr in Gestalt unseres Gewissens uns gegeben hat, ist unterentwickelt, oder ihre Signale werden nicht beachtet. Die Auswirkungen einer derartigen Laxheit und Passivität sind, wenn man das Wort Gottes kennt, regelrecht berechenbar.

Es gibt natürlich Psychotiker, die in ihrer Kindheit aus heiterem Himmel von einer Psychose überrollt werden. Die Mehrzahl der Psychosen vom schizophrenen Typ kommt sogar so zustande. Wenn man jedoch genauer hinschaut, dann sieht man auch hier dieses Grundmuster, das ich eben vorgestellt habe.

Nach den Regeln des Wortes Gottes muß ein solcher Mensch, der alle möglichen zerstörerischen und Zweifel und Unruhe erzeugenden Gedanken hereinläßt, nach und nach alle Stadien von Belastung, Besetzung bis hin zum Dämonisiert-Sein durchschreiten. Zuerst kommen die Gedanken, dann die Attacken und dann die Präsenz der personalen Kräfte selbst. Weil dieses Verfahren so außerordentlich gut funktioniert, aus dem Blickwinkel der dämonischen Kräfte gesehen, geben sie sich nicht mit den üblichen Zielen zufrieden. Sie besetzen den Willen, das Bewußtsein, das Wahrnehmungsvermögen und vor allem die intellektuellen Instanzen der Seele, die Verarbeitungszentren der Sinneswahrnehmungen, ganz zu schweigen von dem Bereich der Emotionalität. Eines Tages ist dann dieser Prozeß so weit gediehen, daß die bis dahin schon vorhandenen Veränderungen nicht mehr unter der Kontrolle des Bewußtseins gehalten werden können. Es kommt zum Durchbruch des Befremdlichen, Dämonischen und Unwirklichen. Die Unordnung, die typisch ist für das Reich der Finsternis, bricht sich mit Gewalt Bahn, die manifeste Psychose ist geboren.

Ich kann nicht sagen, ob es einen spezifischen Faktor oder Grund gibt, weswegen die Psychotiker so undiszipliniert im Umgang mit Gedanken, Gefühlen, Impulsen und Sinneswahrnehmungen sind.

Möglicherweise liegt dieser geistlichen und seelischen Abwehrlosigkeit und Schutzlosigkeit die späte Auswirkung der oben beschriebenen Initialschuld in den vorherigen Generationen zugrunde. Es ist meinerseits eine Mutmaßung, die ich nicht beweisen kann.

Möglicherweise gibt es überhaupt keinen spezifischen Grund, der zur Psychose führt, sondern sie ist einfach nur die Folge von strafwürdiger und sündhafter Nachlässigkeit im Abwehren der Versuchungen und der Sünde.

Jedenfalls ist dieser Mechanismus in dem Leben der Psychotiker regelmäßig nachweisbar. Nicht immer sind es sehr oberflächliche Leute, bei denen die Durchlässigkeit ihrer geistlichen Haut auf Anhieb erkennbar ist. Es können zum Teil auch ernsthafte Personen von den Psychosen betroffen werden, ja, die Psychiatrie weiß gerade das zu berichten, daß es die grüblerischen und bemühten Astheniker sind, die besonders häufig von der Schizophrenie erfaßt werden.

Aber auch in diesem Fall sind es wohl dieselben Handlungen und Eigentümlichkeiten, die wir bereits kennengelernt haben, die unkorrigiert und im Verborgenen weiter praktiziert, die Psychose heraufbeschwören. Das Charakteristikum der für Psychosen des schizophrenen Typs anfälligen Menschen ist ja gerade ihre Grübeltätigkeit und ihre ruhelose und zwanghafte Denkarbeit. Diese unfruchtbare und ziellose Denkarbeit ist die Quelle der Psychose, denn durch sie werden die negativen und irrigen Gedanken in die Person hineingebracht.

So stelle ich fest, daß es mindestens zwei Faktoren sind, die zur Psychose führen: die herausragende Schuld in früheren Generationen und die auffallende Disziplinlosigkeit der Kranken selbst. Möglicherweise gibt es noch weitere Faktoren, die wir noch nicht kennen. Aber diese mir jetzt deutlich gewordenen Zusammenhänge ergeben ein völlig anderes Bild von der Psychose, das keineswegs mehr so abschreckend und therapeutisch unzugänglich erscheint.

Dementsprechend sind auch die Erfahrungen, die ich seit dem Erscheinen des Buches „Heilung durch sein Wort, Teil II“ gewonnen habe. Bei mehreren Psychotikern konnte ich erkennen, daß eine intensive Buße (das heißt vergeben und sich von Selbstbefreiungsmaßnahmen trennen) ein schlagartiges oder zumindest ein schnelles Abklingen der Symptomatik herbeiführt. Die Voraussetzung ist natürlich, daß der Betreffende, der die Heilung durch den Herrn haben will, die Entscheidung zur Wahrheit trifft.

Hans-Jürgen hatte eine lange psychotische Karriere hinter sich. Er war seit ca. 20 Jahren Christ und bereits Mitglied in unterschiedlichen Gemeinden. Ich lernte ihn näher kennen, als er gerade in einen neuen Schub hineinging. Meine ersten Bemühungen, ihn mit den Mitteln des Gebetes und der Befehle im Namen Jesu zu helfen, waren völlig vergeblich. Er erschien gänzlich uneinsichtig und machte die verrücktesten Sachen, er verhielt sich eben psychotisch.

Weil es kein Herankommen an ihn gab, blieb mir nichts anderes übrig, als für ihn zu beten. Nach wenigen Tagen gab es eine Auflockerung der Symptomatik, die es mir gestattete, mit ihm ins Gespräch zu kommen. Die psychotischen Symptome wie Verkennung der Umgebung, Wahnvorstellungen, querulatorisches Verhalten und Halluzinationen waren nach wie vor da. Aber Hans-Jürgen war in dem dann stattfindenden Gespräch bereit, sich von einigen schweren Haltungssünden der Vergangenheit zu trennen. Das Gespräch fand am nächsten Tag eine Fortsetzung. Nachdem ich ungefähr drei Stunden Fakten aus der Vorgeschichte und Offenbarungen seiner Fehlhaltungen entgegengenommen hatte und er sich seinerseits vor Jesus davon distanzierte und Gnade beanspruchte, konnte ich den dämonischen Kräften im Namen Jesu entgegentreten. Die Wirkung war eine augenblickliche. Hans-Jürgen lichtete zusehends auf, er konnte allein nach Hause gehen und war tatsächlich im Verlauf der nächsten Wochen bis Monate weitgehend frei von allen psychotischen Erscheinungen.

Er war nicht frei von manchen Merkwürdigkeiten, aber diese Auffälligkeiten hatten keinen Krankheitswert mehr. Weil er sich jedoch nicht in seiner Haltung grundsätzlich und bleibend umgestellt hatte, wurde er im Verlauf der nächsten Jahre noch einige Male von leichten Anflügen psychotischer Symptomatik erwischt. Einige Male kam er in dieser Bedrängnis zu mir, trennte sich dann wieder von seiner Schuld und erfuhr erneut Hilfe. Insgesamt war seine Entwicklung im Laufe der Jahre eine günstige. Der Kernschaden war aber dennoch nicht völlig behoben. Er sammelte mehr als andere Beleidigt-Sein, Mißtrauen, Vorwurfshaltungen und Impulse der Überheblichkeit ein. War dann ein gewisses Maß davon überschritten, stellten sich wieder psychotische Erscheinungen ein.

Dieses Muster, wie ich es bei Hans-Jürgen sah, habe ich seitdem immer wieder beobachten können. Es ist bei den Psychotikern, die keineswegs besonders schwer aus ihrer Psychose herauszuholen sind, unübersehbar, daß sie zwar schnell ihre Schuld erkennen, aber nicht auf der Höhe ihrer Einsichten leben. Sie holen sich die Geister der Psychose selber zurück.

In der bisherigen Erörterung habe ich die Art der innewohnenden Kräfte völlig vernachlässigt. Sie sind in der Tat sehr variabel und können buchstäblich alle Formen von Bosheit und Untugenden betreffen. Zweifelsfrei gibt es aber psychotische Kräfte im engeren Sinne, die nach entsprechend stattgehabter Vorbereitung durch andere Dämonen die Aufgabe haben, die Persönlichkeit aufzubrechen und dann zu zerstören. Das sind die Geister, die aus der Vorgeschichte der Familie bereitliegen und auf ihren Augenblick warten. So können wir verstehen, daß die Psychotiker, wenn sie sich wieder ihrer Neigung zur Sünde und Fahrlässigkeit ergeben, nicht irgendwas sich angeln, sondern jene psychotischen Kräfte, die in der Familienvorgeschichte und in ihrer eigenen Lebensvorgeschichte bereits wirksam wurden.

Somit muß ich heute sagen, daß es eigentlich nicht so schwer ist, jemanden aus seiner Psychose herauszuholen, sondern daß die Hauptmühe dem Ziel gelten sollte, die ehemaligen Psychotiker in der Gesundheit zu behalten. Sie verraten ihr Glück selbst und sind so wenig einsichtig. Die beste geistliche Umgebung für unsere Geschwister, die früher von Psychosen geplagt worden sind, sind Gemeinden, in denen Liebe und eine gute Ernährung aus dem Wort zusammenkommen.

Wir dürfen feststellen, daß der Sieg über die Psychose des schizophrenen Formenkreises möglich ist. In dem Maße, wie der Leib Jesu immer reifer wird und das Wort ungeschmälert austeilt, Liebe unter sich entfaltet und eine Gruppe von verbindlich lebenden Christen wird, werden die Psychotiker immer selbstverständlicher zur völligen Normalisierung ihres Verhaltens zurückgeführt werden können.

2. Epilepsie

Von der Epilepsie hatten wir bereits gehört, daß sie durch dämonische Kräfte bedingt wird, die wir zu den Todesmächten zählen. Eine Verwandtschaft zum Verhaltenstyp des Jähzorns ist dabei unübersehbar.

Der Epileptiker kann selbstverständlich wie alle anderen Christen befreit werden, wenn er folgende Aufgaben anfaßt:

1. Auch er muß lernen zu vergeben, zu segnen und sich von den Prägungen seiner Kindheit zu trennen.
2. Der Epileptiker hat wie alle anderen Gebundenen seine typischen Mittel, mit denen er sein Ich stabilisiert. Seine typischen Haltungen sind die der Klebrigkeit und plumpen Vertraulichkeit. Er hängt sich an Menschen, er saugt sie förmlich aus und belästigt sie ununterbrochen mit seiner sanften und bedrängenden Vertraulichkeit. So gewinnt er Macht über Menschen und holt sich Lust von ihnen. Dieses Verhalten muß er durchschauen und aufgeben. Statt Menschen muß Gott der Lieferant seiner Bestätigung und Liebe werden.
3. Natürlich ist dann der Abschluß der Befreiung auch bei der Epilepsie das Binden der dämonischen Todeskräfte und

Mordgeister im Namen Jesu. Bleibt der Epileptiker anschließend auf dieser geistlichen Ebene, wird seine Heilung eine vollständige sein.

3. Endogene Depression

Die endogene Depression hat einen ähnlichen Aufbau. Bei ihr findet man zunächst einmal den depressiven Charakter mit all seinen umgebenden Begleiterscheinungen wie Selbstmitleid, Empfindlichkeit, Größenideen, Bitterkeit, Liebessucht usw. Was diese Merkmale anlangt, ist der endogen Depressive genauso strukturiert wie alle anderen depressiven Menschen, die auf ihre Umgebung mit der Reaktion der Depression antworten.

Darüber hinaus gibt es eine weitere Komponente, die das streng Zyklische, das periodisch Wiederkehrende und die unnachempfindbare Tiefe und Ausweglosigkeit der endogenen Depression bewirkt. Das sind dämonische Kräfte von Depression, Todessehnsucht und Todeskraft, die der Vorgeschichte der Familie entstammen. Diese fallen periodisch mit elementarer Wucht über den endogen Depressiven her, wobei dieser einzelne depressive Schub innerhalb von Minuten bis Stunden, manchmal auch in Tagen bis Wochen hereinbrechen bzw. kommen kann.

Hier liegen ähnlich wie bei der Schizophrenie zwei Anteile im Entstehungshintergrund der endogenen Depression vor. Zum einen ist es die Auswirkung der Haltung des Depressiven, die, wie wir es mittlerweile bereits ausgiebig besprochen haben, von einer dämonischen Komponente derselben Art begleitet wird. Daneben gibt es dann tief im Untergrund der Person liegend jenen Komplex von dämonischen Krankheitskräften, die phasenhaft die Extremform der Depression bewirken. Durch ihn kommt jene Natur und Verlaufsform der Depression zustande, die mit dem Attribut „endogen“ gekennzeichnet werden soll.

Die Befreiung erfolgt in zwei Schritten. Zuerst einmal müssen wir, wie wir es jetzt gelernt haben, die Unversöhnlichkeiten, Verwundungen und Bitterkeiten aus dem Kindheitsalter sowie die Selbstbefreiungsmaßnahmen, wie sie für den Depressiven typisch sind, aus dessen Jugend- und Erwachsenenalter erkennen und durch das Blut Jesu überwinden. Wenn das geschehen ist, dann kommt der zweite Teil der geistlichen Behandlung, die eigentliche Befreiung, dran. Wir diagnostizieren weitere dämonische Kräfte von Depression, Angst, Selbstzerstörung und Todesmacht gemäß der Symptomatik. Unter der Voraussetzung, daß der Depressive bis dahin wirklich geistlich voll kooperiert hat, haben wir Zugriff zu diesen schier übermächtig anmutenden dämonischen Kräften. Auch sie sind besiegt. Ihre einzige Waffe ist die der Lüge. Sie wollen glauben machen, daß sie unüberwindbar seien.

Indem wir uns auf den Herrn verlassen und auf unserer Position als Sieger mit Christus beharren, binden wir diese Kräfte und jagen sie hinaus.

Solche dämonischen Kräfte können durchaus zu jener Kategorie gehören, von denen Jesus sagt, sie weichen nicht denn durch Beten und Fasten. Aber sie müssen weichen, wenn wir im Glauben an unsere überlegene Position ihnen entgegentreten. Die Wahrheit macht auch an dieser Stelle frei.

Auch der Depressive muß wie alle anderen Psychotiker peinlich darauf achten, daß er anschließend in der Disziplin des Heiligen Geistes lebt. Er muß voll Heiligen Geistes und voll des Wortes Gottes sein. Gerade in der Anfangszeit nach stattgehabter Befreiung ist es wichtig, daß der ehemalig Depressive ständig seine erkannte neue Identität in Jesus Christus sichert und im Glauben darauf seine neue Person aufbaut.

4. Hinweise für die Praxis

Für die Krankheitsform der Schizophrenie und alle ähnlichen psychotischen Erscheinungen wie auch für die endogene oder zyklische Depression gilt, daß die geistliche Therapie auf der Höhe des Schubes schwer möglich ist, da die Psychotiker nicht mitwirken können. Es mag in Ausnahmefällen auch dann eine Befreiung möglich sein, sie wird aber überwiegend auf dem Glauben des Seelsorgers und nicht auf der Wahrhaftigkeit und geistlichen Reaktion des Kranken beruhen. In einem solchen Fall müßte dann der Psychotiker anschließend seine eigenen Schritte nachvollziehen.

Als ich vor Jahren einmal am Ende einer dreiwöchigen Fastenzeit, zu der der Heilige Geist mich angeregt hatte, in eine süddeutsche Großstadt kam, wurde ich nach einem Vortrag einer Frau vorgestellt, die sich in einer schweren Depression befand. Es war offensichtlich eine extrem schwere Verlaufsform einer endogenen Depression. Die Umstände hatten es verhindert, daß ich mit ihr ein ausgiebiges Gespräch führen konnte. So habe ich ihr einfach im Namen Jesu die Hand aufgelegt und diesem Geist der Depression geboten zu weichen.

Wochen später schrieb mir die Frau, daß in dem Augenblick, als ich sie berührte, es sie wie ein elektrischer Stromschlag durchfuhr, und sie war augenblicklich von der Depression befreit. Aber sie hatte diese Chance nicht genutzt und die Befreiungserfahrung nicht mit eigenen Glaubensschritten und mit dem Leben im Worte Gottes und Wandel im Heiligen Geist untermauert. So fiel sie nach vier bis fünf Wochen erneut in die Depression zurück, die aber diesmal nicht so schlimme Ausmaße annahm.

Durch den brieflichen Kontakt, der sich dann ergeben hatte, konnte ich ihr vermitteln, wie man in der Wahrheit und aus der Gnade lebt. Soweit ich dann gehört habe, fand sie allmählich zu ihrer seelischen Gesundheit zurück.

Wenn es sich erst einmal herumspricht unter den Gläubigen in den geisterfüllten Gemeinden, daß die Psychose überwindbar ist, werden wir in Hunderten und dann in Tausenden von Fällen den Sieg Christi über die Psychose feiern können. Wir verlieren jegliche Scheu vor dieser Krankheit und werden gerade an den besonders schlimmen Fällen verdeutlichen, daß bei dem Herrn nichts unmöglich ist. Ich erwarte, daß wir durch den Heiligen Geist weitere Einsichten in die Architektur dieser Krankheitsformen bekommen werden, so daß wir im Laufe der Zeit noch schneller und selbstverständlicher die Psychosen aufrollen können. In letzter Konsequenz macht es keinen Unterschied, ob bestimmte dämonische Kräfte energiearm oder energiereich sind. Beide Formen von bösen Geistern sind besiegt. Wenn wir wissen, daß sie besiegt sind und wenn wir wissen, daß auch sie selbst wissen, daß sie besiegt sind, dann wird eine zunehmende Kühnheit sich unserer bemächtigen, und wir werden dem Teufel in dieser seiner Domäne die größten Niederlagen beibringen.

Kapitel 10

Körperliche Heilungen

1. Krankheiten mit dämonischer Ursache

Wenn das Hauptproblem ein körperliches Symptom ist, das jemanden zum Seelsorger führt und in dem diagnostischen Gespräch ermittelt wird, daß dahinter eine aktuell innewohnende Krankheitsmacht, also ein dämonischer Geist steckt, dann empfehle ich folgendes Vorgehen:

Es ist hochgradig wahrscheinlich, daß diese Krankheit eingebettet ist in eine Umgebung von mehreren seelischen Abnormitäten und charakterlichen Auffälligkeiten, die ebenfalls in ihrer Verursachung den bekannten Doppelaspekt aufweisen. Sie kommen durch frühkindliche oder kindliche Verwundungen und den nachfolgenden Selbsterlösungsregulationen plus den dazutretenden dämonischen Komponenten zustande. Wir dürfen nicht vergessen, daß seelische Verletzungen auch im mittleren oder hohen Lebensalter zustande kommen. Das körperliche Symptom von demselben Aufbau (also eigenverantwortliche Reaktion und zusätzliche dämonische Fremdsteuerung) stellt nur den Schlußpunkt und den Gipfel der stattgehabten lebensgeschichtlichen und krankheitlichen Entwicklung dar.

Demzufolge ist es sinnvoll, den Befreiungsdienst nicht mit dem körperlichen Symptom zu beginnen, sondern zuvor die biographisch früheren Fehlentwicklungshaltungen anzugehen. Denn sie dienen gleichzeitig als ein Bett und Unterbau für das umschriebene körperliche Symptom. Ich glaube zum Beispiel, daß ein Asthma-Leiden, eine Neurodermitis oder eine fortgeschrittene rheumatoide Arthritis erst nach Abräumen von vielfältigen Reaktionen der Sünde in Gestalt von Bitterkeit, Mißtrauen, Verachtung, Angst und dergleichen zugänglich sind. Dann allerdings sind sie ohne großen Aufwand durch die Kraft Gottes heilbar.

Das Vorgehen beim Heilungsdienst kann aber auch ganz anders aussehen. Manche durch Krankheitsgeister bedingten Krankheiten weisen keinen komplizierten Hintergrund auf. Dann ist es ausreichend, diese Kräfte mit einem Satz zu vertreiben und gegebenenfalls anschließend die eigentliche Heilung im Namen Jesu zu vollziehen. Solche Verhältnisse liegen z. B. bei Schleimbeutelentzündung (Bursitis), Wirbelsäulen-Leiden, Schmerzzuständen, Verspannungen, Schuppenflechte oder Multipler Sklerose vor.

2. Krankheiten ohne dämonische Ursache

Aber bei weitem sind nicht alle Krankheiten Ausdruck von innewohnenden dämonischen Kräften. Ich glaube, daß die meisten körperlichen oder vegetativen Krankheiten lediglich einen kurzen Anstoß durch außerhalb der Person befindliche dämonische Kräfte empfangen haben und daß anschließend die Krankheit von alleine weiterläuft – bis die in uns wirksamen Selbstheilungstendenzen, die ein Geschenk Gottes sind, die Oberhand gewonnen haben und so die Krankheit ausheilt. Wir müssen also nicht hinter jedem Symptom und krankheitlicher Erscheinung sofort einen Dämon wähnen. Dennoch sind die Handlanger der Finsternis viel häufiger am Werk, als die Vertreter der klassischen Seelsorgeliteratur das glauben.

Aber auch dann, wenn unsere schärfere und engmaschigere Diagnostik keine dämonische Präsenz hinter einem Krankheitssymptom zu erkennen vermag, bleibt der Sachverhalt, daß die Krankheit letztlich etwas mit Sünde zu tun hat – und sei es auch nur mit unserer Sündhaftigkeit – und daß der Anstoß immer vom Teufel kommt. In der biblischen Bewertung können wir den Krankheiten nicht einen wertneutralen Status zuerkennen:

Apostelgeschichte 10,38
und diesen Jesus von Nazareth gesalbt hat mit Heiligem Geist und Kraft; der ist umhergezogen und hat wohlgetan und gesund gemacht alle, die vom Teufel überwältigt waren, denn Gott war mit ihm.

Dieses wohlbekannte Wort, das mit wenigen Strichen ein so herrliches und sympathisches Bild von unserem heilenden Herrn zeichnet, faßt die Gesamtheit aller jener Krankheiten, die Jesus geheilt hat, so zusammen: sie alle sind Ausdruck eines Überwältigtseins vom Teufel. Manche Übersetzer benutzen statt des Wortes „überwältigt" lieber die Begriffe „bedrückt" oder „beherrscht", was vermutlich der ursprünglichen Bedeutung des griechischen Textes näherkommt. Es bleibt also dabei, daß auch die harmloseste Erkrankung, die nichts mit dämonischen Kräften zu tun hat, ihren Ausgang von einer Berührung mit der Welt der Finsternis genommen hat.

Nun haben wir in unserer Gemeinde mit jenen Krankheiten, wo das Dämonische nicht vorhanden oder nicht im Vordergrund war, einige seltsame Erfahrungen gemacht. Kommen Menschen zu uns in den Gottesdienst, die nicht gläubig sind, so erleben wir häufig, daß sie im Heilungsteil des Gottesdienstes, wenn wir ihnen die Hände auflegen, eine sofortige Gesundung erfahren. Dieser Vorgang ist sehr unkompliziert, läuft sehr schnell ab und ist somit sehr glaubensfördernd und erfrischend. Kommen indessen an Jesus Christus Gläubige zum Empfang einer Heilung nach vorne oder wird jemand, der durch eine Heilung gläubig geworden ist, vom Heiligen Geist aufgefordert, weitere bestehende Krankheiten der Heilungskraft Jesu auszusetzen, dann ändert sich das Bild.

Was ich jetzt beschreibe, hatten wir wirklich nicht gesucht oder erwartet. Es war eine Entwicklung, die innerhalb von wenigen Wochen sich uns aufdrängte und der wir dann nachgaben, weil wir merkten, daß der Heilige Geist dahinter war. Kommt zum Beispiel jemand mit einer Schulterverletzung oder einem Wirbelsäulenschaden innerhalb des Gottesdienstes nach vorne zum Heilungsangebot, so wird das Auflegen der Hände der Mitarbeiter häufig dazu führen, daß sich sofort leichtere Veränderungen im Sinne von Normalisierungserscheinungen einstellen. Der Betreffende verspürt sehr häufig ein Gefühl der wohligen Wärme und spürt dabei regelrecht, wie die Kraft Gottes in jenem Organbereich oder jener Körperzone wirksam wird, die zu heilen ist. Allerdings wird dabei nicht im eigentlichen Sinne gebetet. Das Händeauflegen ist die Anwendung von Kraft. Gebet in diesem Augenblick ist eigentlich ein geistlicher Kunstfehler, denn er beweist, daß der Beter davon ausgeht, daß er die Heilungskraft noch nicht hat! In den Evangelien und in der Apostelgeschichte gibt es kein Beispiel von Heilung durch Gebet.

Aber dann kommt es bald zu einem Stillstand des Prozesses. Das ist nun kein Grund, von einem weiteren Verfolgen des gegebenen Ziels, nämlich der völligen Heilung abzusehen. Vielmehr sollten wir dann den Heilungsuchenden die Fragen vorlegen, die wir in Kapitel 5 und 6 ausgiebig diskutiert und anhand von vielen Beispielen veranschaulicht haben.

So gut wie immer wird der Betreffende sofortige Entdeckungen machen, wo er in Bitterkeit war, wo er nicht vergeben oder nicht von Herzen vergeben hatte. Er wird seinen eigenen Selbsterlösungs- oder Selbstverwirklichungsbeitrag erkennen, der in Gestalt von Stolz, Arroganz, Sich-Zurückziehen, Bitterkeit, Minderwertigkeitsgefühlen, Depression usw. sich äußerte. Wenn dann der Bruder oder die Schwester sich davon distanzieren und die Wahrheit und Gnade Gottes beanspruchen, ist regelmäßig ein Fortgang der Heilung sofort zu verzeichnen. Es ist dann häufig gar nicht einmal nötig, daß man unbedingt mit den entsprechenden Formulierungen und Befehlen den Prozeß forciert. Die Heilungskraft des Heiligen Geistes, die dieser von Jesus nimmt, war ja schon eingeladen worden und wird spontan weiterwirken.

Das haben wir nicht nur einige, wenige Male erfahren, sondern regelmäßig erlebt, so daß wir kaum einen Fall einer länger bestehenden Krankheit ohne Einbeziehung dieser Vorbereitung angehen.

Das Verfahren kann dabei durchaus längere Zeit in Anspruch nehmen, nicht weil der Herr Mühe hat, schnell zu heilen, sondern weil die Gläubigen nur langsam die entscheidenden Fehlhaltungen und charakterlichen Deformierungen und Wesenssünden preisgeben.

Selbstverständlich ist dabei auch die Kombination von nicht dämonisch bedingten Symptomen mit Krankheitsmerkmalen, in denen sich dämonische Kräfte ausdrücken, möglich.

Die Art und Weise, wie Jesus durch den Heiligen Geist und über unseren Glauben heilt, ist also recht vielgestaltig. Wir müssen gegenüber den Anregungen des Heiligen Geistes sehr sensibel sein, damit wir die von ihm zugeflüsterten Hinweise aufnehmen und nicht immer selbst alles nach wenigen eingefahrenen Mustern bewerkstelligen wollen. Die Originalität Gottes beweist sich sogar darin, wie er heilt.

Benjamin war ein junger Mann aus gläubigem Hause, der aber zum Zeitpunkt, als er zum erstenmal in unsere Veranstaltungen kam, sehr weltlich lebte. Er hatte mehrere Verunstaltungen und körperliche Fehlhaltungen wie Skoliose (seitliche Wirbelsäulenverkrümmung), Hyperlordose (Hohlkreuz), Beckenschiefstand und ungleich lange Beine. Bei seinem ersten Erscheinen erfuhr er eine Heilung im Bereich der Beine, so daß diese gleich lang waren. Eine Woche danach bekehrte er sich zu Jesus und wollte dann auch die restlichen Deformierungen durch Jesus geheilt sehen. Im Verlauf eines ca. halbstündigen Betens normalisierten sich schrittweise alle Deformierungen. Benjamin mußte eine Anzahl von seelischen Fehlhaltungen und Verletzungen bekennen. Er vergab seinen Eltern, er vergab einzelnen Menschen aus seiner beruflichen und schulmäßigen Umgebung. Er bekannte sein Mißtrauen und seine Überheblichkeit sowie seine autonome Lebensführung. Nach jedem Schritt auf dem Weg dieser geistlichen Korrektur nahm die Heilung einen sichtbaren weiteren Fortlauf, bis sie schließlich vollständig war.

Es ist nun zu fragen, wie man diese Phänomene erklären soll. Ich halte es für möglich, daß ein Teil der schrittweisen Heilung doch durch Weggang von dämonischen Krankheitsgeistern zustande kommt, die wir nicht erkannt haben. Aber bei dem Gros der von uns so regelmäßig beobachteten Heilungsabläufe scheint der vorantreibende Faktor wieder einmal mehr Gnade und Wahrheit zu sein. Im Heilungsdienst können wir nämlich bei aller notwendigen Wertschätzung des Glaubens, der die entscheidende Kraft ist und durch den die Heilung ergriffen wird, häufig die andere Einsicht vergessen, daß der Heilung Begehrende auch empfangsfähig sein muß. Es ist eine Sache, ob man bereitliegende Verheißungen, die uns sagen, daß Jesus alles für uns getan hat – also auch unsere Krankheiten getragen hat –, für sich im Glauben beansprucht. Es ist eine andere Sache, ob dieses kostbare Gut – Heilungskraft genannt – überhaupt in unser Wesen hineinkommen kann.

Alles, was von Gott kommt, ist Gnade. Also ist auch jedes Angebot Gottes, das Heilung beinhaltet, Gnade. Gnade muß genommen werden, was die Bibel Glauben nennt. Aber wenn wir dann diese Gnade in unser Wesen einfügen wollen, gibt es häufig, sogar sehr häufig Schwierigkeiten, weil die im Glauben ergriffene Gnade in der Landschaft des eigenen Ichs einfach nicht zu installieren ist. Denn hier herrschen Gnadenlosigkeit, Selbstgerechtigkeit, Unversöhnlichkeit, Stolz und Frömmigkeit. Wir müssen erkennen, daß es zwei übergeordnete geistliche Gesetzmäßigkeiten oder Wahrheiten gibt, die über dem Heilungsgeschehen walten. Die eine heißt: „Dir geschehe nach deinem Glauben." Die andere lautet: „Selig ist der Barmherzige, denn er wird Barmherzigkeit erfahren." Dieses letzte Prinzip meint auch, daß wir ernten, was wir säen. Es bedeutet auch, daß der Gnädige Gnade empfängt und der Gnadenlose ohne Gnade ausgeht. Er empfängt also die von ihm im Glauben herbeigezogene Heilung doch nicht, denn sie hat keinen Platz in dem ungeistlichen Unterbau seiner Persönlichkeit.

In meinem eigenen theologischen Denken und in der Bewertung biblischer Wahrheiten nimmt die biblische Lehre vom Glauben eine herausgehobene Stellung ein. Wir sollen Menschen des Wortes sein, die wie Abraham sich völlig abhängig machen von dem, was Gott gesagt hat. Sein Reden enthält nur Gutes und beschreibt den größtmöglichen Segen für uns. Wenn wir uns vom Wort Gottes abhängig machen – was ja zu einem großen Teil auch bedeutet, daß wir seine uns schriftlich gegebenen Verheißungen ungeschmälert und wortwörtlich anerkennen –, dann erleben wir die großen Taten Gottes. Die Gläubigen, die das Wort Gottes hochhalten, sie sind wirklich Menschen des Glaubens.

Insofern habe ich persönlich eine eindeutige Position bezogen, von der ich glaube, daß sie nichts Einseitiges enthält. Sie ist vielmehr die Grundlage zu einem schrittweisen Erkennen und Aneignen weiterer biblischer Wahrheiten und Erfahrungen. Dazu zählt nach meinem Ermessen etwa die umfangreiche Thematik des Heiligen Geistes und seiner Gaben, aber auch die Erfahrung von Gottes Liebe als die Grundbefindlichkeit unseres Innenlebens und die Basis unserer Beziehungen.

Zu den schönen Entdeckungen, die ich im Laufe meines Glaubensweges machte, gehört aber auch die Erfahrung, daß Glauben und Gnade zusammengehören. Stolze Menschen, die ja gnadenarm sein müssen, können noch so gewaltige Glaubenshelden sein, die Ergebnisse ihrer Bemühungen werden mager sein. Der Heilige Geist unterstützt ein unausgewogenes Spektrum von geistlichen Prinzipien auf die Dauer nicht. Und wenn gar eine Lehre, so wertvoll und biblisch korrekt sie in ihrem Teilbereich auch sein mag, Wahrheit und Gnade ausklammert – ich rede von der Wahrheit, die uns sagt, was Jesus für uns getan hat, was wir also nicht mehr tun dürfen und wer und was wir in ihm sind –, dann hat man am Ende doch nicht viel gewonnen.

So bewerte ich unsere Beobachtungen als Ausdruck der Nachhilfe des Heiligen Geistes, der uns sagen will: Gnade, Wahrheit und Glaube sind die Voraussetzungen für das Empfangen aller göttlichen Geschenke. Wir müssen uns hüten vor einer Überbetonung des Glaubens. Dann zieht Gnadenlosigkeit ein. Wir müssen uns jedoch auch von der ausschließlichen Betonung von

Gnade fernhalten, weil dann das Nehmen, also der Glaube verlorengeht.

Hatten wir nicht schon mehrfach das Wort Jesu „Wenn ihr bei meiner Rede bleibt, so werdet ihr die Wahrheit erkennen, und die Wahrheit wird euch frei machen“ als Leitthema gesehen? Die Gesichtspunkte und Entdeckungen, die wir in diesem Kapitel betonen, sind eigentlich nichts anderes als eine weitere Variation desselben Themas: Wir müssen Heilung begehren. Sie kommt nur durch Glauben zustande. Der Glaube ist der Glaube Gottes, nicht unser eigener. Aber die tatsächliche Freisetzung und Heilung bewirkt Jesus durch sein Wort, das Wahrheit, Leben und Geist ist – also ein umfassendes Angebot von Gnade. Diese Erkenntnis bewahrt uns vor Überbeanspruchung, Anstrengung und Erschöpfung. Es ist doch gut, daß J e s u s uns heilt.

Kapitel 11

Die Sicherung der Resultate

Befreiungen können verlorengehen. Wie wir gesehen haben, kommt die Freiheit durch Gnade und Wahrheit zustande. Deswegen kann sie auch durch Unwahrheit und Gnadenlosigkeit verlorengehen. Jesus läßt keinen Zweifel daran, daß die unsauberen Geister, nachdem sie von den Menschen ausgefahren sind, den Drang haben – und unter Umständen auch das Recht haben – zurückzukehren:

> **Matthäus 12,43-45**
> **43 Wenn der unsaubere Geist von dem Menschen ausgefahren ist, so durchwandelt er dürre Stätten, sucht Ruhe und findet sie nicht.**
> **44 Da spricht er denn: Ich will wieder umkehren in mein Haus, daraus ich gegangen bin. Und wenn er kommt, so findet er es leer, gekehrt und geschmückt.**
> **45 Dann geht er hin und nimmt zu sich sieben andere Geister, die ärger sind als er selbst; und wenn sie hineinkommen, wohnen sie allda; und es wird mit demselben Menschen hernach ärger, als es zuvor war. So wird es auch diesem argen Geschlecht gehen.**

Wir müssen die Gesetzmäßigkeit in dieser Aussage unseres Herrn verstehen. Die ausgewiesenen dämonischen Kräfte können nicht gelegentlich zurückkommen, sie wollen in jedem Fall und ohne Ausnahme zurückkommen. Die Betonung liegt zunächst einmal auf „wollen". Ob sie zurück dürfen, das hängt davon ab, ob das Haus – sprich die menschliche Person –, nachdem es gekehrt und geschmückt ist nach der stattgehabten Befreiung leer bleibt oder nicht. Daraus ergibt sich für den Seelsorger und für den Gläubigen, der die Befreiung erfahren hat, mit absoluter Vorrangigkeit, daß er nicht leer bleiben darf. Aber womit anderem können wir, die wir Jesus nachfolgen, uns füllen als mit seinem Wort und mit dem Heiligen Geist? Das Wort Gottes sagt uns sehr deutlich, daß wir nicht nur einmal voll Heiligen Geistes werden sollen, sondern immer wieder.

Epheser 5,18b-21 (an den griech. Wortlaut angeglichen)
18b Werdet voll Heiligen Geistes:
19 indem ihr untereinander in Psalmen und Lobgesängen und geistlichen Liedern redet und indem ihr dem Herrn in eurem Herzen singet und spielet
20 und indem ihr allezeit für alles Gott dem Vater in dem Namen unseres Herrn Jesus Christus danksaget
21 und indem ihr einander untertan seid in der Furcht Christi.

Wer nicht die Grunderfahrung des Getauft-Seins im Geist gemacht hat und wer nicht weiß, wie er sich immer wieder vom Heiligen Geist füllen lassen soll – der zitierte Text sagt es ja eindeutig, wie das zu geschehen hat –, der ist tatsächlich hochgradig gefährdet, die alte Besatzung zurückzubekommen. Leer zu sein ist offenbar eine indirekte, aber voll wirksame Einladung an die unreinen Geister.

Genauso wichtig ist es, daß wir vom Worte Gottes erfüllt und bestimmt sind. Das Wort Gottes sagt uns in Kolosser 3,16, daß das Wort Christi reichlich unter uns wohnen soll. Wenn wir Menschen des Wortes werden, dann werden wir dadurch stark und können in der aus dem Wort Gottes kommenden Stärke den Feind überführen und überwinden (1. Johannes 2,14). Der Epheserbrief sagt, daß Jesus durch den Glauben in unserem Herzen wohnt (Epheser 3,17). Wenn die Bibel vom Glauben redet, dann meint sie den Glauben an das Wort Gottes und an die Liebe Gottes. Das sind dann die Bedingungen, unter denen die unreinen Geister keinerlei Neigung haben, zurückzukehren. Sie haben auch nicht die Erlaubnis dazu.

Dementsprechend sollten alle Gläubigen, besonders natürlich diejenigen, die eine Befreiung von Finsterniskräften erfahren haben, gelehrt werden, voll Heiligen Geistes zu werden und zu bleiben und sich mit dem Worte Gottes zu füllen und von ihm prägen zu lassen. Das sind die Garantien für bleibende Freiheit und für eine Zunahme an Freiheit, Herrlichkeit und Kraft.

Wenn ich eben von der weiteren Entwicklung der Persönlichkeit im Sinne von zunehmender Freiheit und Herrlichkeit gesprochen habe, meine ich damit allerdings nicht einen Fortgang des Prozesses in Gestalt von zusätzlichen Befreiungen. Vielmehr rede ich jetzt von der normalen Heiligung, die unter der Voraussetzung von zuvor stattgehabter Befreiung nicht mehr qualvoll, schwierig und zäh ist. Das Wort Gottes sagt mehrfach, daß Jesus uns bei der Heiligung hilft durch sein Wort, seinen Namen und den von ihm gesandten Heiligen Geist. Ja, Jesus selbst ist uns zur Heiligung gemacht. So ist also dieser wunderbare Prozeß der Heiligung eine Kette von Segnungen, bei denen wir fortlaufend vom Heiligen Geist angebotene Charakterveränderungen durch Glauben annehmen.

Leer bleiben ist also die eine Ursache für die erneute Invasion ausgefahrener Dämonen – Unwahrheit und Gnadenlosigkeit die andere. Wir haben es ausführlich und häufig genug herausgestellt, daß dämonische Kräfte für ihre Anwesenheit in einem Menschen Anrechte brauchen. Liegen diese vor, so haben die unsichtbaren Kräfte das Recht zu kommen und zu bleiben. Aber alle entwickelten Prinzipien gelten nicht nur vor der Befreiung, sondern auch nach der Befreiung. Vielleicht muß ich sogar sagen, daß sie dann eine besondere Bedeutung haben, weil offensichtlich die befreiten Personen in der Zeit unmittelbar nach dem Befreiungserleben besonders gefährdet sind. Es muß gleichsam ihre neue geistliche Haut erst wachsen und fest werden, was durch Einübung in Gnade und Wahrheit geschieht.

Ich konnte häufig beobachten, wie der Feind versuchte, durch Überraschungsangriffe den frei gewordenen Gläubigen zu überrumpeln und ihn zu dem alten, gewohnten Reagieren früherer Jahre zu verführen. Es scheint regelrecht so etwas wie eine Gesetzmäßigkeit zu geben, daß es dem Teufel gestattet wird, nach erfolgter Befreiung solche Versuchungskonstellationen heraufzubeschwören. Das sind dann auch sehr häufig die Situationen, in denen der Gläubige rückfällig wird und dann tatsächlich die alte Besatzung einlädt.

Das klingt natürlich recht bedrohlich, weil dadurch der Anschein erweckt wird, als ob die neu errungene Freiheit doch ein sehr gefährdetes und labiles Gut sei. Und doch gibt es keinen Grund zum Entsetzen und zur Resignation. Das trifft auch und gerade für die besonders sensible Zeit kurz nach der erfahrenen Befreiung zu. Denn es wird nicht Fehlerfreiheit von dem befreiten Gläubigen erwartet. Der entscheidende Gesichtspunkt ist die Disziplin der Gnade. Alles, was ich im thematischen Umkreis von Bindung und Befreiung vermitteln wollte, hat etwas mit Gnade und Wahrheit zu tun. Die Hauptwahrheit des Evangeliums besteht darin, daß wir aus Gnade gerecht werden und daß die Annahme der Gnade durch Glauben erfolgt. Zu dieser Wahrheit gehört auch, daß der Glaube nicht unsere Leistung ist, sondern von Gott kommt. Wir haben erkannt, daß der Hintergrund dämonischer Belagerung und Besetzung immer etwas mit der Selbstverwirklichung und Selbsterlösung zu tun hat. Das ist aber das Gegenteil von Gnade.

Wir müssen also wissen, wer wir in Jesus sind und daß alles, was wir bekommen und aufrechterhalten sollen, ein Angebot der Gnade ist. Wenn das stimmt, dann können wir durch unsere Sünde bereits empfangene Freiheiten nicht verlieren, weil wir sie auch nicht durch Wohlverhalten und moralische Leistungsfähigkeit bekommen haben. Wir bekamen sie ausschließlich durch Gnade.

So ist es keine Katastrophe, wenn wir nach der erfahrenen Befreiung durch Jesus wieder in alte Fehlverhaltensformen zurückgleiten. Zur Katastrophe kommt es allein dann, wenn wir nicht sofort Gnade beanspruchen und uns nicht vom Fehlverhalten trennen würden. Der Gerechte fällt siebenmal, aber steht auch wieder auf. Auch der Freigewordene kann siebenmal fallen (was ja ein anderes Wort ist für sehr viele Male), aber er soll immer wieder in der festen Überzeugung aufstehen, daß Gottes Erbarmen kein Ende hat und sofort wirksam wird, wenn er es im Glauben beansprucht. Der Gefallene soll nicht, sei es auch nur für Sekunden oder Minuten, unten liegen bleiben, um durch Gefühle der Zerknirschung und der Trauer einen Leistungs- und Bußbeitrag zu geben. Das ist dann schon wieder die Infragestellung der Gnade und die Vermengung mit religiöser Leistung.

Allerdings gibt es so etwas wie einen Lebensstil der Disziplin und der Besonnenheit. Darunter verstehe ich nicht Disziplin im Sinne von preußischem Drill oder dem Gebot der Ordnung als der obersten Tugend. Disziplin und Besonnenheit sind Eigenschaften des Heiligen Geistes:

> **2. Timotheus 1,7**
> **Denn Gott hat uns nicht gegeben den Geist der Furcht, sondern der Kraft und der Liebe und der Zucht (wörtl.: Disziplin).**

Ich kann mir nicht vorstellen, daß der Heilige Geist unser Leben disziplinieren will, indem er uns einen Lebensstil der Gesetzlichkeit, der strikten Ordnung und der seelenlosen Gefügigkeit auferlegt. Die Disziplin, zu der uns der Heilige Geist ermutigt, besteht vielmehr darin, daß wir in allen Lebenslagen, Herausforderungen und Versuchungen uns ständig auf Gottes Gnade besinnen. Es bedarf der göttlichen Disziplin und der stetigen Erinnerung durch den Heiligen Geist, daß wir nicht in die herkömmlichen Reaktionsmuster zurückfallen, wenn wir gefordert werden. Diese bestehen darin, aus Angst und in Hektik schnell alle Kräfte zusammenzuraffen, um der Herausforderung mit dem nächsten Einfall, dem nächsten Hilfsangebot anderer Menschen und den vorhandenen, eigenen Kräften zu begegnen.

Das ist doch die Beschreibung des Verhaltens des natürlichen Menschen. Ohne Jesus sind wir stetig bemüht, alle auftretenden Löcher verzweifelt und hektisch mit dem Material zu stopfen, das gerade da ist. Der Lebensstil der göttlichen Disziplin besteht aber darin, auf solche Versuchungen nicht hereinzufallen. Wir besinnen uns statt dessen, daß es keine Herausforderung gibt ohne die dazugehörige göttliche Verheißung und Antwort. Disziplin meint, ununterbrochen und grundsätzlich auf das seelische Reagieren zu verzichten und sich allein auf Gnade zu verlassen. Das will eingeübt sein, und das ist das Geheimnis der Sicherung der Befreiungserlebnisse.

Niemand muß zittern und den nächsten kommenden Einbruch der Welt der Finsternis regelrecht erwarten. In Christus überwinden wir bei weitem. Wir überwinden, weil wir uns auf die Zuverlässigkeit von Gottes Zusage und auf seine Gnade verlassen. Der das gute Werk in uns angefangen hat – auch das Werk der Befreiung – der wird es auch vollenden (Philipper 1,6). Nur wer die Grundlagen des Lebens, nämlich Gottes geschenkte Gerechtigkeit und alle Freuden und Segnungen aus Gnade nicht verstanden hat, wird nach der erfahrenen Freiheit in Unfreiheiten zurückfallen und muß davor Angst haben. Wer jedoch gelernt hat, göttliche Geschenke anzunehmen, für den gibt es keinen ersichtlichen Grund, fürchten zu müssen, daß Gott seine Erfolge in und an uns nicht halten kann. Er ist nicht im geringsten überfordert. Es ist für Gott ein leichtes, uns auf der Straße des Sieges und der Freiheit zu halten.